［英］萨拉·钱尼（Sarah Chaney） 著
潘文捷 译

我正常吗？

AM I NORMAL?

中国出版集团
中译出版社

AM I NORMAL by Sarah Chaney
Copyright © Sarah Chaney, 2022
Simplified Chinese translation copyright © 2024
by China Translation & Publishing House
ALL RIGHTS RESERVED

著作权合同登记号：图字01-2023-3444号

图书在版编目（CIP）数据

我正常吗？/（英）萨拉·钱尼（Sarah Chaney）著；
潘文捷译. -- 北京：中译出版社，2024.8
书名原文：Am I Normal?
ISBN 978-7-5001-7608-4

I.①我… II.①萨… ②潘… III.①社会学史
IV.①C91-09

中国国家版本馆CIP数据核字（2023）第216184号

我正常吗？
WO ZHENGCHANG MA?

出版发行：中译出版社
地　　址：北京市西城区新街口外大街28号普天德胜主楼4层
电　　话：（010）68359827；68359303（发行部）；68359725（编辑部）
传　　真：（010）68357870　　电子邮箱：book@ctph.com.cn
邮　　编：100088　　　　　　　网　　址：http://www.ctph.com.cn

出 版 人：乔卫兵　　　　　　　总 策 划：刘永淳
出版统筹：杨光捷　　　　　　　策划编辑：范祥镇　杨佳特
责任编辑：范祥镇　　　　　　　文字编辑：杨佳特
营销编辑：吴雪峰　董思娫　　　版权支持：马燕琦
封面设计：吴思璐

排　　版：北京中文天地文化艺术有限公司
印　　刷：中煤（北京）印务有限公司
经　　销：新华书店
规　　格：880 mm×1230 mm　1/32
字　　数：186千字　　　　　　　版　　次：2024年8月第1版
印　　张：8.75　　　　　　　　　印　　次：2024年8月第1次

ISBN 978-7-5001-7608-4　　　　　定　　价：55.00元

版权所有　侵权必究
中 译 出 版 社

献给萨迪和薇洛,她们很了不起,注定非凡。

关于调查与问卷的说明

　　为了突出本书提出的问题，从第 217 页到第 231 页，你会看到一批 19 世纪和 20 世纪调查问卷的历史原本，内容是从 1889 年对幻觉的调查，到 1949 年《大众观察》对性行为的调查。医生、科学家和社会学家尝试利用这些文件来在他们的同胞中，定义出何谓正常的身体、思想、情感和性生活。也许没什么能比这些材料更好地表明，"正常"这一概念是多么难以捉摸和易于变化。试试用"正常标准"来衡量一下自己，然后，你就等着失败吧。

前言
我正常吗？

从表面上看，这似乎是个相当简单的问题，是你可能经常问自己的问题。我的体型或体格正常吗？在别人面前哭正常吗？让我的狗舔我的脸？月经量大？与陌生人发生性关系？在公共交通上感到焦虑？饭后腹胀？这些及其他无数问题框定并描述了我们的生活。它们帮助我们协商与他人的关系，确定我们何时可能需要干预：寻求朋友的建议或去看医生。

它们也证明了"正常"这一概念是多么复杂。

我们问自己是否正常时究竟是什么意思？即使只拿上述段落中的问题来说，其含义也大相径庭。有时我们想的是，我们是否大致处于平均水平——或者也许略高或略低于平均水平，如果这看起来更符合社会期许的话。例如，我可能希望自己的身高略高于平均水平，而体重略低于平均水平。

其他情况下，我们想知道自己是否健康。我的血压正常吗？如果我某处疼痛，从医学上讲，是否意味着出了什么问题？如果你的孩子梦游，可能被归类为正常现象，并非因为它很常见（2004年的美国睡眠调查发现，只有2%的学龄儿童每周有几晚或有更高频率的梦游），而是因为人们不认为这不健康。

不过大多数情况下，我们问自己是否正常，是因为我们好奇自己是否像其他人一样。我算是人类中的一个典型吗？我对各种状况的反应和其他人一样吗？我的长相、衣着或谈吐是否与他人类似？如果越像他们，我的生活会更舒适吗？

这些问题会对我们的生活产生深远的影响。我曾是一个害羞笨拙的孩子，戴着英国医保系统配的厚塑料边眼镜，穿着深受喜爱的家庭编织的套衫，大部分时间都埋在书里，梦想着一个更美好、更神奇的世界。在20世纪90年代初，我开始上中学时，已经被划分为不正常，同龄人最清楚个中缘由。他们常叫我"恐怖菲比"，原型是《邻居》中的眼镜少女，她的父亲是一名殡葬师，因为养宠物蛇而吓坏了同学。16岁时，我就像一个皮球，里面几乎只充斥着对这个世界的愤怒。在学校的大部分时间里，我都戴着耳机，这样一来，我在学校的每张木课桌上刻下"狂躁街道传教者"[①]的歌词时，就不会有人和我搭话了。

这些听起来有没有很熟悉？如果有，也许我终究还是个正常的青少年。但是，像大多数青少年一样，我从来不觉得自己正常。就像许多被霸凌的年轻人一样，别人给我贴上了被排斥的标签，而我把它当作自己本身就有的（至少我是这么认为的），同时顽固地夸大那些霸凌者施加给我的差异，将自己边缘化。我认为，人们已经愚蠢地规定，用两个肩膀背背包或把袜子拉高以保持腿部温暖的人是"老古板"，所以两件事我都要做。我不想化妆，不想听流行音乐，而是想在每个令人愉悦的星期三埋头阅读新一期的《新曲快递》或《旋律制造者》，了解那些学校其他人听都没听说

---

① 狂躁街道传教者（Manic Street Preachers）：一支英国的摇滚乐团。——编者注

过的乐队。

尽管这样，我内心还是有一部分渴望变得正常。如果喜欢的乐队进入了排行榜前十名，我就觉得自己取得了一些成就——其他人喜欢我喜欢的东西！"正常"是神秘模糊的理想，它伴随着我整个早期成年时代，害怕不适应，害怕被遗弃而变得孤独，感觉如果我或与我有关的某件事神奇地改变之后，一切就会突然好起来——这些都使得对我正常的期待暴露无遗。可能在接近 30 岁时，我才真正开始质疑我对"正常"的理解。

拿起这本书的你，可能有过类似的恐惧，或问过自己类似的问题。那么，对与众不同的恐惧究竟是否正常？人们是否总担心会以这种方式实现特定的生活目标？我们什么时候接受与其他人的差异，什么时候害怕它们？而且，究竟谁能决定什么是正常？

接下来，我会揭示为正常而担忧的历史有多么短暂。当然，在某些情况下，人们总是通过周围的人评判自己，或者批评别人不能融入。但其实，这种情况在过去的 200 年间才开始大规模发生。受迅速崛起的统计学推动，这一问题借助医学、生理学、心理学、社会学和犯罪学被庄严纳入欧洲和北美的科学实践范畴。"正常"变得与我们的法律、社会结构及健康观念紧密相连。但在 1800 年之前，"正常"（normal）一词在英语中甚至根本与人类行为无关。它是一个数学术语，指的是直角。

19 世纪，统计学在欧洲和北美日益流行，激励着科学家测量人类，先找到平均值，接着定下一个标准。在制定标准的过程中，必然涉及对人类大部分生活进行标准化，定义究竟什么正常、谁正常，并由此暗示什么最具人性、最有价值。例如，许多国家实行了义务教育制度，人们才识别出有些孩子比同学学得更慢，而国家保险和职业赔偿计划的建立，要求医疗检查对正常健康状况做出愈发详细的定义。婴儿称重诊所产生了关于儿童成长的持久理念，智商测试开始确立智力标准，工厂和工业工作场所催生了理想工人和标准生产力水平的概念。西方国家的殖民扩张派出科学家在全球展开测量和定义，将自己家乡的人口与其他地方的人口比较——其方式几乎总是对白人有利。本书聚焦于欧洲和北美，只是因为那里是所谓正常人的诞生地：这些标准对世界其他地区也适用的假定，不过只是假定。

所以，这些研究者创造"正常人"这一科学概念的过程，也是其他群体被他者化的过程，他者与西方标准中人的"正确"行为方式相左。试图对人类测量和标准化的科学家、医生和学者大部分都是西方的、富裕的、（至少在公众面前）异性恋的白人男性。他们倾向于支持现状——他们的成功必须感谢现状——并在此过程中将其他群体边缘化。他们渴望的改变常常是有利于他们所处的专业知识阶层的改变。并不是说这总是有意的，也不是说这些人中不曾有谁支持过那些无特权之人。有些人自称社会主义者，有些人支持女权运动，谴责帝国主义侵略，或支持同性恋合法化。

然而，这些人中的大多数也认为，他们在社会阶梯中处于顶端地位不过是自然秩序使然。他们生来即处于人类进化的最高阶段——或者说他们对此深信不疑——并且慷慨地制定标准，以帮助其他人提高。当时为殖民主义辩护的一个论点是，被殖民者生活得到改善是因为接受了西方标准的指导——或按我们今天的话说，是因为被残酷地强加了西方标准。例如，在印度，数十万人被英国军队杀害，还有数百万人因英国政府为商业利益出口印度商品而死于周期性饥荒。同时，在印度的公立学校，殖民政府的教师自豪地描述了他们如何创造出"真正的"——或正常的——男孩，这些男孩是按照殖民者自身的形象，通过采用英式体育运动和服饰来塑造的。[1] 在美国，直到 1934 年，联邦政府对待原住民的政策都是"通过寄宿学校体系消除部落文化"，使其得到"适应和同化"。[2] 与此相对的是，在 17 世纪和 18 世纪，很多殖民国家的政府坚持本国国民必须和殖民地国民保持距离，到 19 世纪，正常化才逐步成为殖民统治的核心。

对今天的我们来说，过去的这些事例可能是大错特错。但是，回顾一下有多少人因为"正常"这一概念的变化而被杀害、被监禁、被裁定为精神病或被排除在社会之外，这仅仅是令人警醒的想法吗？还是说我们可以从这段历史中得到更多的东西？我相信可以。尽管我们不断完善和扩大我们对正常、自然或理想的定义，但我们之中有许多人从未停下来，思考这样的东西究竟是否存在。我们只是假设有一条无形的自然法则，正常人是存在的——也许与父母、祖父母告诉我们的稍有偏差，但还是存在的。

然而，这种所谓的正常可能甚至不是那么平常。2010 年，三位北美的行为科学家提出，今天的科学标准所来自的那一部分世界人口，可能是"世界上最 WEIRD① 的人"，令人惊讶的是，这与 19 世纪科学家研究的群体几乎无异。来自 WEIRD 社会的人只占世界人口的 12%，却在心理学研究中占 96%，在医学中占 80%。[3] 他们被假设是白人——即使有时候不是——因为在科学和医学领域，白人是一个中性范畴。[4] 维多利亚时代为"正常"的科学研究留下了

---

① 此处由 western, education, industrialised, rich, democratic（即西方的、受过教育的、工业化的、富有的、民主的）几个单词首字母拼合而成，同时 weird 本身有"奇怪"的意思。——译者注

历史悠久的遗产。

但是，当药物和治疗方法是为 WEIRD（及白人和男性）群体设计的时候，我们怎么能期望它们对其他人产生最好的疗效呢？[5]疾病在男性和在女性身上有不同表现，在不同肤色的人身上也不一样。直到 1990 年，药物通常只在男性身上展开测试——对研究人员来说这样做更便宜、更容易，因为不同于许多女性，男性的荷尔蒙水平不易波动。问题在于进入市场后，这些药物和治疗方法并不总是适合女性服用者。艾丽森·麦格雷戈博士的《重要的性别差异》一书描述了处方药可能因对女性有意外副作用而从美国市场撤出。例如，安眠药安必恩（Ambien）全面上市后，女性服用的剂量才被减半。人们意识到，女性对该药的代谢速度比男性慢。[6]这让女性醒来时更为困倦，药物仍在体内就驱车上班了，危险潜藏其中。但这点为什么没能提前发现呢？

一些科学家"例行公事地假定"，对 WEIRD 人群的研究结果可以推广到世界上其他 88% 的人之中，而其他人则声称 WEIRD 人群可能是"概括人类时能找到的最不具代表性的人口"。[7]那么，历史何以让这样一个极小的群体继续主宰着关于"正常"的叙事呢？

规范（norm）和标准（standard）的形成方式富有争议，通过探索这段历史，我希望鼓励你不仅质疑自己认知中的正常，也质疑我们为何如此愿意用这种规定性的判断来定义自己。我邀请你考虑"正常"是如何渗透到我们的生活中，它对我们有何影响，无论你是否来自 WEIRD 人群。如果你和大多数人一样，曾经担心自己的不同之处，我希望这本书能引发你的思考，让你得到解放。

担心自己是否正常或许很正常。不过这不应该阻止我们对此提出疑问。

目 录
CONTENTS

第一章 "正常"简史 *001*

第二章 我的身体正常吗？ *029*

第三章 我的心智正常吗？ *061*

第四章 我的性生活正常吗？ *090*

第五章 我的感受正常吗？ *123*

第六章 我的孩子正常吗？ *154*

第七章 社会正常吗？ *186*

尾　声 正常之外 *208*

致　谢 *214*

表格与问卷 *217*

注　释 *232*

第一章
"正常"简史

自然的错误

我们所知关于"正常"的故事始于1801年的元旦,主人公是意大利神父和天文学家朱塞普·皮亚齐。他在寻找火星和木星之间的行星时,发现了天空中的一颗新星。皮亚齐跟踪了这颗星的运动——他以罗马神话中农业女神的名字将其命名为谷神星(Ceres)——但到了2月11日,这颗星因距离太阳过近无法观测而消失了。同年10月(在互联网时代之前,新闻的传播速度要慢得多),皮亚齐发表的数据传到了24岁的德国数学家卡尔·弗里德里希·高斯的手中。

皮亚齐无法通过足够的测量来确定谷神星的轨道,高斯却用一个数学公式得出了一个平均值,将其绘制在一张图上时,大致形成一条钟形曲线,中部隆起达到峰值,两侧呈长尾状。高斯称,谷神星将出现在这条曲线显示的正中心处。下一个晴朗的夜晚证明,这位年轻的数学家是正确的。因为预测了谷神星的位置,这位德国人的名字很快就和钟形曲线联系在一起,如今它有时也被称为高斯分布①。然而,最初它的名字是"误差曲线"。1

几个世纪以来,天文学家已经认识到,在他们的领域里,测量是有误差的。他们的解决方法是进行大量测量。小错误比大错误更经常发生,正是这一点造就了高斯绘制的曲线的形状。到目前为止,一切都没问题。你自己可能在安装架子或做其他事时,也做过类似但非常简单的测量:在钻孔之前,一遍又一遍地检查测量结果。虽然总是会有几毫米的误差,不过无伤大雅。但是,天文学家——以及业余木匠——为精确地测量距离所做的努力,究竟与人类生活中的标准有什么关系呢?

我们把二者的碰撞归功于一位非常活跃的比利时统计学家:1796年出生于根特市的阿道夫·凯特勒。布鲁塞尔有一条以这位科学家命名的街道,那里也是前皇家天文台——凯特勒住了40年的居所——所在的地方。几年前我去过那里,前天文台大楼里的义工无疑会好奇为什么有人要给他们的办公室拍照。凯特勒街只是一条平凡的城市街道,不显眼,普普通通。把平凡视为理想状态的凯特勒,可能会对这一结果感到高兴吧。

阿道夫·凯特勒的青少年时期,比利时动荡不安,这激发了他理解人类社会的热情。他童年时,根特市由拿破仑一世治下的法国控制,但在这位统计学家19岁的时候,这座荷兰语城市成为尼德兰联合王国的一部分,后来,他进入了新成立的根特大学学习科学。到1830年,比利时革命爆发,作为皇家天文学家,他刚

---

① 又称高斯-拉普拉斯分布,法国数学家皮埃尔-西蒙·拉普拉斯在约30年前提出用误差曲线来预测一个事件的结果。

起步的事业陷入混乱——天文台几乎变成了兵工厂。[2] 这场革命让凯特勒从天文学转而踏上社会研究的道路,但他也给社会研究带来了天文学家的方法。

1835年,革命爆发5年后,凯特勒出版了他最著名的作品《论人及其能力的发展:社会物理学论文》[3]。在动荡发生不久之后,为了寻求人类社会的秩序,凯特勒将天文学家使用的误差曲线应用于测量人类。考虑到数据类别的巨大差异,这么做到底能否行得通当时还不明确。准确定位恒星的位置与测量人的身高是不一样的。"真实"的身高并不存在,只有人口中最常见身高的平均值。然而,重要的是要记住,天文学中真理和谬误不可共存,这一背景意味着,从一开始,人类的正常值就勾连着一种假设:正

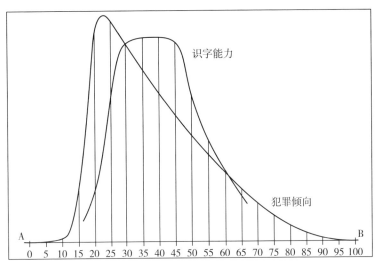

图1-1 凯特勒1835年出版的社会物理学著作中的一张图表,显示了(识字人口)大致的正态分布,以及一条更加偏斜的曲线,应该是在详细说明不同年龄段的犯罪倾向。

第一章 "正常"简史

常值是正确的并且平均的。那些不符合正常标准的人就成了错误——只是这次不是天文学家的错误，而是上帝或自然的错误。

于是，一张简单的图表开启了科学界对正常的迷恋。今天，钟形曲线在社会科学和生命科学领域仍然被广泛使用，你可能会隐约记得学校教过。但其起源清楚地表明，正态分布已经偏离了它最初的功能。毕竟，有很多影响测量人类的因素并不适用于测量恒星的位置。以身高为例。在英国，"平均先生"身高为5英尺①9英寸②，而"平均女士"为5英尺3.5英寸。⁴大约95%的成年人的身高在距离平均数值的2个标准差之内，也就是说，男性身高在5英尺4英寸到6英尺1英寸之间，女性在4英尺11英寸到5英尺8英寸之间。当然，95%的人口远非所有人。英国有300多万人不在该范围内，比巴巴多斯、文莱、吉布提、卢森堡和马耳他的人口总和还多。那么"平均人"又如何呢？任何性别流动或非二元性别人士都会从这种研究中消失。这只是正常的统计数据可以而且确实优待某些人口特征的第一个例子。

钟形曲线的界限和形状也会因被测量的群体而改变。如果我们把所有性别都放在一个量表上，就会得到不同的结果。③⁵ 将种族或年龄考虑在内，也会造成改变。还有重力因素：刚起床时测量还是在一天结束时测量，结果也会略有不同。毕竟，因为脊柱中脊椎骨的膨胀和放松，宇航员在太空中可以增高至多2英寸。

所以你很快就会发现，像正常身高这样一个看似事实的衡量

---

① 1英尺约等于0.3048米。——编者注
② 1英寸约等于2.54厘米。——编者注
③ 你可能会认为此图会形成两个明显的峰值（一个双峰分布）。不过如果人口样本很大，往往反而会形成一个不同形状的正态分布。

标准并不像乍看起来那么简单。尽管如此，作为总结人口特征的一种方式，钟形曲线仍然被经常使用——虽然它的创造者在透过望远镜观测太空时，从未想象过把它当成衡量人类属性的工具，更不用说把它作为确定正常人的准绳了。

平 均 人

那么，人们是如何，以及为什么开始用"正常"来定义自己的呢？在 1820 年之前，没人用这个词来描述自己或他人，也没有科学家和医生用它来理解人口。"正常"（normal）是一个数学术语，用于角度、方程和公式。人并不"normal"，线条和计算才是。

也许，有一些迹象表明，"正常"这个词的含义已经在发生变化。几年前，我为了追寻早期关于"正常"的科学研究而访问根特市时，发现自己就住在师范学校街（Normaalschoolstraat）附近。我当然和街道标志自拍了一张。1771 年，世界上第一所"师范学校"（Normal School）在维也纳成立，20 年后，最著名的师范学校巴黎师范学校也成立了。当时这些学校被视为模范教育的典型，尽管今天在欧洲大陆和美国，师范学校通常指教师培训学校。1865 年，美国伊利诺伊州的一个小镇被命名为诺摩尔镇（Normal），因为那里有一所教师培训学院。其他大多数叫诺摩尔的城镇也是如此——光是美国就有 4 个。师范学校的毕业生可能成了教育年轻一代成材的表率，这一想法开始推动"normal"一词走向后来的定义。

凯特勒发明了"平均人"这一伟大概念。根据统计分析，他认为平均人是人类最真实的代表。虽然我们可能会蔑视平庸，但对凯特勒来说，平均就是完美。"每种品质在适当的范围内，本质都是好

的。"凯特勒宣称,"只有在极端偏离平均值的情况下,才会变糟。"⁶

为了确定平均数,他需要适量的样本——而军队提供了完美的试验场。这位比利时统计学家使用了5738名苏格兰士兵的公开胸围数据。凯特勒说,把这些士兵的不同胸围数据绘制在图表上,得到的曲线与对同一个人进行了5738次略有偏差的测量所形成的曲线一样①。照他的比方,活生生的苏格兰士兵就成了误差曲线上的错误。他们不仅仅与平均水平有差距,而且是理想人类的残缺复制品,"好像他们的胸围是以同一个人为模板一样"。⁷误差曲线已经成为一条自然法则,而非仅仅是概率的一个统计学量度。从根本上说,任何偏离正常值的变动都是错误,是对造物主设计的完美人体形态的偏离(因为与后来许多倡导"正常"的人不同,凯特勒并非无神论者)。

凯特勒的美学理想和社会研究与他对艺术和雕塑的兴趣交叠了。他把那些苏格兰士兵称为"活生生的雕像",与公元前约100年的古代伯吉斯的角斗士(Borghese Gladiator)雕塑相比,尺寸不同的士兵就是一千个略有参差的复制品。⁸在他的科学论文中,这位统计学家也用了艺术语言,概述了从古希腊雕塑到文艺复兴时期的人体研究。他对身体形态的兴趣受到了文艺复兴时期的艺术家列奥纳多·达·芬奇和米开朗琪罗的启迪,以及德国艺术家、版画家阿尔布雷特·丢勒关于人体比例的论文的启发。⁹凯特勒档案中的笔记中还将埃及木乃伊及19世纪的比利时人与美第奇的维纳斯雕像进行比较研究。

---

① 凯特勒对待数据不是特别严谨,而且显然在复制原始资料时犯了不少错误。关于这个问题,见Stahl, "The Evolution of the Normal Distribution", *Mathematics Magazine* 79, no. 2(2006): 108-10.

然而，文艺复兴时期的艺术家们往往既追求完美又追求多样性（达·芬奇绘画生涯早期的作品里包括了"许多老妇人的脖子，老年男子的头颅"），[10] 在凯特勒的时代，科学上对完美的迷恋和艺术理想在寻找平均的过程中汇聚了。这种想法意味着残破雕像体现的古代理想不仅渗透到普通生活中，还渗透到统计学里。当代裁缝使用"贝尔维德尔的阿波罗"（Apollo Belvedere）——一座罗马雕像，如今在梵蒂冈博物馆的人潮中偶尔可见——作为常备模特来做样板。[11] 真人的身体往往难以媲美。

虽然凯特勒声称平均人反映了自然法则，但后来的欧洲人开始担心他们看到的周围人的身高、体形和外貌与古典理想之间的差距。他们惊恐地宣布，正常人不再是人口的平均水平（假设它曾经是），而是应该存在，但几乎不存在的。尽管凯特勒提出"平均人"不仅身体符合理想标准，道德上也完美无瑕，后来的一些作家却在不平常的身体上解读出了不道德、愚昧和疾病的意味。

通过把人类特征绘制成误差曲线，凯特勒不仅将统计学中对平均数的研究引入社会现象，还确立了这样的信念：任何偏离钟形曲线中心的行为都是某种反常。他的"平均人"是第一个"正常人"。可是，平均人是一个悖论。他既是自然现实的反映，又是人类要努力实现的理想，因为他的身心毫无瑕疵，是健康的完美代表。

健康调查

正常的反面是什么？这取决于语境。如果我们所说的正常是平均，那么反面可能是极端或特殊。如果正常意味着普通，它的反义词可能是不寻常或奇怪。然而，在医学术语中，正常的反义词是病态。如果正常意味着健康，那么不正常一定意味着患病。

这种对立观念在19世纪20年代才真正进入医学领域，成为医生理解健康和疾病的常见方式。根据历史学者彼得·克莱尔和伊丽莎白·斯蒂芬斯的说法，直到20世纪，"正常"才成为日常用语，那时，这个词已经在统计学中用来指平均数和描述理想的健康水平。[12] 正常/病态的二元对立从此塑造了人们对身心健康、性生活和儿童成长的态度。

这也许是"什么是正常"这个问题对今天的我们来说最令人不安的地方。如果我们不正常，是否就意味着我们有病？对人口健康和疾病的关注也是19世纪初统计工作急剧增加的一大主要原因。在凯特勒向世界发布"平均人"之前的几年，霍乱大流行肆虐欧洲，期间这种对数字的痴迷首次变得非常普遍。

1832年9月15日，霍乱蔓延到了苏格兰集镇邓弗里斯，距离英格兰边境约25英里①。这种细菌性疾病通过受污染的水传播，引起严重且常会致命的腹泻。起初，这场瘟疫似乎磨磨蹭蹭，每天只有一人死亡。"在一万多人的人口中，这个死亡率挺高，但并没有令人十分惊恐。"当地报纸的编辑威廉·麦克道尔在35年后出版的邓弗里斯历史记录中写道。[13] 这是人们首次将实际死亡率和人口通常的死亡率做比较，与之前看待其他流行病实际致死人数的态度相比，看待霍乱实际致死人数的角度不同了。

麦克道尔出生于1815年，霍乱爆发时应该是个少年，他对随后的恐慌记忆犹新，并在书中进行了传神的描述。他告诉我们，

---

① 1英里约等于1.609千米。——编者注

9月25日宣布了14个患病病例和9个死亡病例,"所有人都感觉到实实在在的瘟疫就在他们中间,大家瑟瑟发抖"。高中大门紧闭,每条街道上都有灵车,教堂空无一人,因为人们担心会从坟墓中感染疾病。到10月3日,"死亡无情地侵袭着这里",小镇笼罩在一片"巨大棺布"般的阴云之下。到疫情结束时,有837人被诊断感染了霍乱,其中一半以上(421人)死亡。然而,从制作的棺材数量来看,麦克道尔认为死亡人数接近550人,超过了本镇居民人口的5%。

在这次爆发的霍乱中,邓弗里斯的疫情严重程度并不罕见。新鲜的是相关数字记录。整个欧洲广泛报道了霍乱造成的死亡,这也是哲学家伊恩·哈金所称的1820至1840年间"雪崩般的统计数字"的一部分。[14] 统计数字是这段时期的特点。从统计人口到记录犯罪、教育、疯癫和疾病情况,统计信息在这一时期得到了广泛的使用和理解。

这并非死亡率第一次被记录下来。16世纪初,每周出版的《伦敦死亡清单》就刊登了整个城市因不同原因死亡的人数(包括急腹痛、风寒、寄生虫等各种原因),以此警告平民,还记录下了黑死病的爆发。然而,在19世纪,数据统计开始在欧洲呈现出前所未有的规模。英国和法国分别于1801年开展第一次全国人口普查。法国和比利时在19世纪20年代建立了通过数字进行社会研究的传统。英国于1832年成立了国家统计局。[15] 这时,死亡率或出生率的变化就可以用来与有关人口的"正常"情况做对照了。

这种数据的收集和正常值的出现离不开发挥了核心作用的巨大官僚机器。"平均人"是以统计分析和大量人口数据为基础的。虽然各国记录统计数据的方式各不相同,引发的争论从未平息——

就像在 2020 年新冠大流行的早期阶段发生的那样——但数字本身的重要性如今已被广泛接受。19 世纪之前根本不是这样。

当然，在这样一个统计学的时代，凯特勒并不是唯一在平均或通常之中看到意义的人。在 19 世纪 20 年代的法国，医生弗朗索瓦-约瑟夫-维克多·布鲁塞的巴黎讲座吸引了大批观众。讲座中，他描述了正常的身体状况和疾病之间的差异。这位张扬的革命家和自由派告诉听众：没有单独个体的感染。所有的疾病都是由于人体组织受到过多或过少的刺激造成的。[16] 如哲学家奥古斯特·孔德后来所说："布鲁塞之前，病理状态所遵循的法则与正常状态完全不同，因此，对一个状态的探索不会影响另一个状态。"[17] 在布鲁塞之后，正常和病态的身体状况更多地被视为一个连续体：二者程度不同，而非种类有别。这种想法很快就会以钟形曲线的形式表现出来，而且发挥了相当大的作用。

虽然这些关于新医学体系的宏大主张在当时听来非常摩登，而且不乏争议，但建议的治疗方法却是人们熟悉的古老手段。这位法国医生获得了"医学吸血鬼"的绰号，因为他笃信放血的力量。19 世纪 20 年代，放血疗法在法国大行其道，甚至出现在时尚界：绣有水蛭图案的裙子被称为"布鲁塞裙"。[18] 今天，我们可能会认为布鲁塞是个庸医，但他真心相信这些吸血动物有疗效。他经常因为各种毛病为自己放血，一次用五六十只水蛭来治疗他的消化不良。

虽然活体水蛭吸血术使布鲁塞成名，并成为许多漫画的主题，但他的新医学体系却没有那么广为人知。在法语世界之外，这位医生的政治立场使他的科学观看起来颇为可疑：他的水蛭吸血法被说成是法国大革命的血腥遗风。[19] 虽然一些法国和比利时科学家

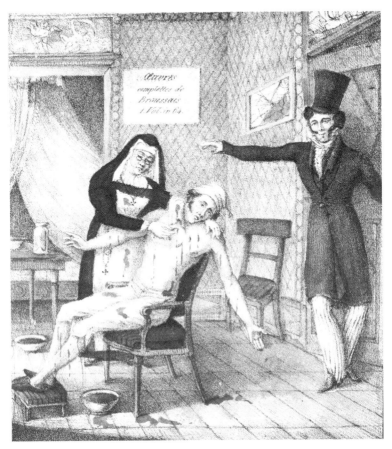

图1-2 漫画,布鲁塞要求护士给病人加50条水蛭,病人抗议说他一滴血都没有了(无具体日期,可能是1832年之后)。

开始采用布鲁塞的正常身体状态概念,但这位医生的影响最初仅限于这些国家。直到奥古斯特·孔德加入,这一思想才在欧洲传播开来。

奥古斯特·孔德是凯特勒同时代的人。他于1798年1月19

日出生在法国南海岸附近的蒙彼利埃，仅比这位比利时统计学家小两岁。革命政治思想也对孔德产生了巨大影响。孔德的哲学体系中，解决的一大主要问题就是如何在后革命时代进行社会重组。他甚至提出了一种新的世俗形式的宗教：实证主义。[20]

孔德声称，布鲁塞的医学体系具有普遍意义，这就好比凯特勒利用天文学家的误差曲线的做法。1828年，这位哲学家翻开布鲁塞新出版的《论刺激与疯狂》，宣布他支持如下观点：疾病状态和正常状态受同样的原则支配，但存在强度上的偏差。该观点不仅适用于身体内的疾病状态，按照孔德的说法，它适用于一切。

孔德对这篇特定的论文感兴趣是有原因的：他刚从一次精神病发作中恢复过来。1826年4月12日，孔德的朋友和同事——据孔德的传记作者说，其中包括布鲁塞本人——聚在这位哲学家的寓所外，等待为期一年的系列讲座中的第四次讲座开讲。[21] 窗帘不曾拉开，大门始终紧闭，人群最终散开，猜想着演讲人应该是病了。在接下来的一周里，几个朋友收到了这位哲学家写下的相当杂乱的短笺。最终，孔德的妻子卡罗琳——年轻的哲学家在去年2月娶的一位前洗衣妇——在蒙莫朗西郊区找到了她的丈夫，那是他最喜欢的巴黎地区。他当时正在自己的旅馆房间里纵火，卡罗琳认为她的丈夫疯了。4月18日，孔德被诊断出患有狂躁症，并被送入一家私人精神病院。

年轻的哲学家在这里被注射了镇静剂并被隔离起来。为了平复他激动的情绪，医生开出的疗法有泡澡、冷水淋浴，当然还有水蛭。尽管采取了这些最现代的治疗措施，12月2日，孔德还是因无法治愈而出院。在回家的路上，他告诉妻子和朋友，奥斯特利茨桥就是伊斯坦布尔的金角湾。当一行人中有人纠正时，孔德给了他一拳。在家里，奥古斯特不开口说话，与世隔绝，陷入各种幻想。一次晚餐时，他与妻子和母亲争吵起来，并试图用餐刀割断自己的喉咙。卡罗琳决定采取一种当时看来不同寻常的做法：她消除了一切显示出家中有疯癫患者的迹象。她解雇了奥古斯特的精神病医生派来的护理，拆掉了窗户上的铁栅栏。她与丈夫吃同样的药，这样丈夫就不会认为受到区别对待了。她很快就声称，这位哲学家开始好转，6周后，卡罗琳认为他完全康复。

如果有这么简单就好了。实际上，完全康复似乎花了将近两年的时间，1827年初，他还经历了一次严重的抑郁，且再次试图自杀。[22]正是在这段时间前后，孔德就布鲁塞的专著写了一篇论文，谈到自己从"个人经验"中获得的领悟。[23]正是这种经验使他支持正常和不正常是程度不同而非种类不同的论点。

这种思想转变意味着什么？对孔德来说，身体状况可以是正常的或病态的，不仅如此，人类的任何行动、习俗、惯例、信仰或概念都可以被纳入同一尺度衡量。虽然在此之前人们肯定会嘲笑或回避邻居做出不符合社区预期标准的行为，但反常行为可等同于疾病的想法，迫使人们需要顺从潮流。这种转变也意味着——即使这不是孔德的本意——这些决定背后的社会准则是固定不变的。

社会期望一直在变化。你可能看过社交媒体上的流行梗，其中列出了维多利亚时代精神病院收容病人的原因，从过度学习到失恋，不一而足。虽然表述方式相当具有误导性——当时的医生认为这些是忧郁症、妄想症或狂躁症等不正常精神状态的根本原因，而不是疾病本身的症状——但它们确实显示了人们是如何总是通过一个时代的社会准则来解释反常行为的。人们曾认为，学习，尤其是阅读医学或古籍，对女性特别危险，这一点总能逗乐我这个研究医学史的女性。1898年，伊迪丝·科顿拒绝戴帽子出门，这被认为是精神疾病的迹象，因为戴帽子才是理所应当的。[24] 与她同时代的年轻姑娘艾米·多雷尔在母亲于1881年去世后，开始"不断地去教堂"，而且"总是读《圣经》"，这些行为在早些年或其他社会可能显得很正常，只要那时或那个社会中的人们惯于参加宗教活动。[25] 虽然维多利亚时代晚期的医生肯定争论过古怪（eccentricity）和疯癫（madness）之间的界限，但由于布鲁塞和孔德的存在，他们丝毫不怀疑这两种状态是有联系的，是健康曲线上的变化。[26]

但是，在这条显示了古怪与疯癫、健康与疾病的变化曲线上，被挑出来的不仅仅是个人。大约在同一时间，有关正常人的历史翻开了一个更加险恶的篇章，在这一过程中，关于谁是正常人，以及什么行为和信仰可以被接受的概念扩展到了整个群体和社会。因为关于正常人的故事也是关于排斥的故事，所以它常在阶级、种族、性别和宗教信仰等领域运作。科学家们期待"证实或完善社会学规律"，由此首先了解进而控制人类的道德和智力机能。[27]

正常状态的界限

1899年12月20日，作家威廉·科纳高兴地看到《泰晤士报》上刊登了一则广告，招募志愿者到南非作战。尽管他的年龄已经"超出了陆军部认可的规定年限或其他具有同等行动能力的年龄，至于超出多少我无意透露"，但他还是立即报名了。[28] 经过一些小的官僚主义障碍——包括有间办公室因家具未到而关闭——他最终获得了面试机会。随后还有体检以及步枪和骑术测试。"一些优秀的人没能完成。"科纳——或者说士兵6243号，即他本人——在他的大英帝国义勇骑兵队第34连（米德尔塞克斯郡）历史记录中说。这"很遗憾，因为医生、靶场军士和骑术教练都不是万无一失的，而且无论服役的士兵身体是否健康，其他方面还有许多资质可以补充"。他的结论是"一个有志报国的人却要面对这么多困难"。[29]

威廉·科纳的体检无疑包括测量身高和胸围。在军事冲突期间，因为需要更多兵力，军队往往会降低入伍要求，科纳超龄入伍可能就是这样。在1861年，准士兵至少得有5英尺8英寸高，但到1900年，这个标准已经降低到5英尺3英寸。[30]即便如此，如科纳指出的那样，依旧并非人人都可以达到标准。

对于一些评论家来说，这证明了工业化的城市生活导致劳动者体质衰退。据辩论家阿诺德·怀特记述，1899年10月至1900年7月期间，曼彻斯特有11000人试图报名参加布尔战争。足足有8000人直接遭到拒绝，而在通过的3000人中，只有不到一半的人"达到了军事当局要求的适度肌肉力量和胸围标准"。[31]这样的例子暴露了"城镇居民的典型身体特点：发育不良，胸膛狭窄，体力不足"。[32]

怀特的数据——他没有提供来源——后来一直受到质疑，甚至当时的读者也并非人人接受。在政治界，他能制造麻烦是众所周知的。他在《效率与帝国》一书中阐述了反犹主义和优生学观点，其中不乏令人不快的细节。[33]尽管如此，对布尔战争动员中英国男性身体的关注确实导致了议会的质疑，促使政府开始调查。身体退化尤其是穷人身体退化的威胁，加剧了几十年前就开始的道德恐慌，这表明自19世纪中期以来，人们是如何用体型和体格的变化来说明或证明自己对社会怀有更广泛的恐惧的。

19世纪和20世纪之交，对退化的恐惧蔓延整个欧洲，正如作家威廉·拉思伯恩·格雷格所说，科学家们开始担心"自然选择在人类身上的失败"。[34]由于查尔斯·达尔文曾宣称，人类具有"适应新生活条件的伟大能力"——建造住所、制作衣服或发明工具和武器。格雷格认为，自然选择无法像在其他物种中那样在人类中发挥作用。[35]动物生病或受伤就会死——但人类却有医生和医院。动物找不到食物也会死——但人类却守望相助。达尔文总结说，这证明了人类道德的优越性，有助于物种的精神进化。其他科学家则对此秉持异议。然而，他们大多同意，文明本身正在改变人类身体和精神的标准。

从法国医生贝内迪克特·莫雷尔关于身体、智力和道德遗传特征的论文（1857年），到生于匈牙利的医生、记者马克斯·诺尔道对知识界和艺术界的攻击（1892年），退化成为19世纪末的热门词汇。这种讨论最常见于劳动者的身体衰退——正如关于布尔战争应征者的争论——并普遍与现代性和城市生活关联。虽然身高和体重经常被当作身体退化的指征，但其他无数的身体指征也是如此。在《伦敦人的堕落》（1885年）中，苏格兰外科医生康德黎描述了伦敦人如何因烟雾弥漫、过度拥挤的生活条件而变得苍白、憔悴、发育不良，又悲惨可怜。在这种黑暗、污染的环境中，一个21岁的男子只长到5英尺1英寸高，胸围28英寸，比凯特勒描述的具有伯吉斯的角斗士那样理想身材的苏格兰士兵整整窄了12英寸。小伙子的头很小，脸色"泛着蜡黄"，眼间距狭窄，有明显的斜视，而且非常严肃（如果康德黎乘坐8点的早班伦敦地铁，他无疑会被周围那些体质衰退、面孔严肃而蜡黄的乘客吓到）。

身体衰退这一主题也深入到维多利亚时代的小说中。在罗伯特·路易斯·史蒂文森的《化身博士》（1886 年）中，一位受人尊敬的专业人士一喝下药水，就会进入原始的本能状态。海德在身体上和精神上都与杰基尔博士不同。海德"脸色苍白，身材矮小"——就像康德黎笔下的伦敦年轻人一样——"给人一种畸形儿的印象，可是又说不出有哪些不正常的地方"。[36] 虽然海德先生的出现是由于杰基尔错误地相信科学进步的必然性，但他也是城市的产物。杰基尔博士住在威斯敏斯特区宽敞的卡文迪什广场，这里是伦敦的医学中心。在查尔斯·布斯 1889 年的伦敦贫困地图上，这条街道被标成黄色，表示此地最富有。[37] 然而，医生为海德准备的房间则在附近的索霍区，那里是伦敦西区阴暗肮脏的地带。在维多利亚时代的民众心目中，罪恶、城市和身体的衰退是相辅相成的，用历史学者朱迪思·渥克魏兹的话说，伦敦成了"恐怖快感中的城市"。[38]

在维多利亚时代博学家弗朗西斯·高尔顿的工作中，关于退化与正常的科学研究发生了碰撞。高尔顿——查尔斯·达尔文的表弟——是最早将误差曲线称为"正态分布"的科学家之一（在 1877 年），除此之外他还有许多其他科学贡献。[39] 他发展并普及了统计学的重要理论，创立了心理测试，并为指纹学的发展做出了贡献。他还创造了"优生学"（eugenics）这个词。高尔顿自称"优生学"为"种族科学"，鼓励"健康的人"（他和他的富人朋友）生育更多的孩子，让"不健康的人"（工人阶级、有色人种和任何不符合随机确定的身体或精神标准的人）生育更少的孩子，甚至禁止某些人群的繁衍，以此来提高国民素质。这并不是一个边缘项目：在 19 世纪末和 20 世纪初，优生学渗透到了西方科学和医学的大部分领域。而且，至少在1950年之前——那年该项目终于改名了——备受尊敬的伦敦大学学院（UCL）还设有高尔顿国家优生学实验室。①

这两项研究无法分开。高尔顿对统计、常态、身份和遗传的兴趣与他对优生学的关注和推广紧密相连。这一点经常被忽略。2014年，伦敦博物馆举办了夏洛克·福尔摩斯展览（大部分内容相当精彩），最后一个展厅里放置了一系列高尔顿收藏的科学设备。"夏洛克·福尔摩斯忙于破案时，科学家弗朗西斯·高尔顿正在伦敦进行科学研究。"展览标签上这么说（当然，我说的是大意）。"此处展出高尔顿的一些设备，夏洛克·福尔摩斯可能会用类似的物件。"大多数参观者可能从未听说过高尔顿。如果他们离开时还能记得这个人的话，可能会想，"真是个天才！"他们不会去深究，他的指纹识别技术是如何被用来推进殖民统治的，也不会思考优生学在世界范围内对被认为是"他者"的人产生了怎样的灭顶之灾。

高尔顿不仅对平均数感兴趣，也对差异感兴趣。[40] 他在朋友中分发香豌豆的种子，按母株的大小分类，以便测量遗传对植株高度的影响。他在1884年的国际卫生博览会上设立了一个临时的人体测量实验室，公众可以支付少量费用来测量他们的身高、握力、视力和其他数不胜数的特征——轻松为自己取得了成千上万的参观者的数据。他将正态分布应用于无数人类特质和特征，范围之广

---

① 2018年，伦敦大学学院对该校的优生学历史进行了调查，因为媒体披露，自2015年以来，伦敦大学学院一直在举行关于优生学和智力的秘密会议。调查的结果是重新命名了高尔顿演讲厅（以及与高尔顿的门徒卡尔·皮尔逊有关的教室），但很可惜其他方面几乎没有什么改善。请参见 Anna Fazackerley, UCL Eugenics Inquiry Did Not Go Far Enough, Committee Say, Guardian, 28 February 2020.

甚至超过了凯特勒。[41]事实上，高尔顿非常肯定遗传和天才密切相关，以至于他声称自己研究中"天才"的正态分布情况，与使用工业家、社会改革家查尔斯·布斯的数据得出的社会阶层的正态分布情况完全相同。他说，如果阶级和天才是一样的（竟有如此荒谬的说法），那么维多利亚时期社会的阶级结构就是自然——且你猜得没错——正常的。高尔顿的弟子卡尔·皮尔逊尽管在年轻时宣称信仰社会主义和女权主义，但也同意"靠临时收入维持生计的赤贫者"同样是那些最没有天分的人，而且"从公民价值的角度来看，是对社会无用的人"。[42]有关正常的标准可能会又一次轻率地判决一个人有没有价值，其依据则完全是间接证据。

高尔顿关于正常的研究并非都和统计学相关。我早就发现他的"合成"照片特别有趣。1878年，在进化论心理学家赫伯特·斯宾塞的帮助下，高尔顿报告说他找到了一种方法，可以从一群"在大多数方面都很相似"的人中"提取典型特征"。[43]这种方法靠的是19世纪70年代摄影所需的长时间曝光。高尔顿会拍摄8张同等大小的人像照片，将它们依次摆成一摞固定好，保证每张照片的眼睛大致处于同一直线上。如果一张图像需要曝光80秒才能得到精确的拷贝，那么高尔顿会每隔10秒移走一张照片，这样每张照片就只受到短暂的曝光。冲印底片时，它显示的照片"并不代表任何特定的人，而是描绘了一个虚构的、拥有任何特定人群的平均特征的人物"。[44]平均人就此现身。

高尔顿早期制作的是暴力罪犯的肖像，他希望这些合成图能突出其"犯罪特征"。与他同时代的意大利犯罪学家切萨雷·龙勃罗梭描述了这些特征，包括腮帮子鼓起、鼻子扁平、颅骨角状，以及眼窝深陷等，"这与鹰钩鼻结合在一起，常常使罪犯呈现出猛

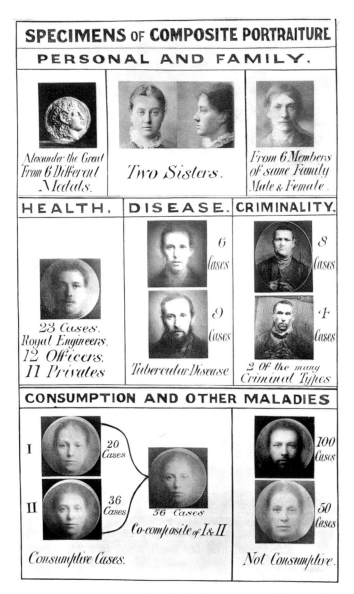

图 1-3　高尔顿于 1883 年出版的合成图选，旨在展示典型病患与罪犯的面貌。当时人们普遍认为肺痨（肺结核）是遗传性的。

禽的面貌"。⁴⁵令高尔顿惊讶的是,合成图没有突出这些属性,反而柔和了这些特点。罪犯的"特殊邪恶面孔"逐渐消失,"面相之下人类共同的特性得到了体现"。虽然这可以理解为典型罪犯并不存在,但高尔顿并不准备放弃遗传生物学。对高尔顿来说,合成图代表的"不是罪犯,而是容易犯罪的人"。它不是每个人的平均,而只是某些不正常的人的平均。⁴⁶高尔顿相信,他的照片支持如下观点:"平均"的犯罪特征真实存在,人们可以从体貌特征识别出有犯罪倾向的人。从精神病人到肺结核患者,许多其他"类型"的人也可以被识别出来。这些群体不正常的性格或心智会表现在合成脸上。

但是对于高尔顿及其追随者来说,究竟什么是正常的?关键是要记住,在高尔顿开始用钟形曲线表示正常这一概念之前,他对何为正常已经有了相当具体的想法,正如彼得·克莱尔和伊丽莎白·斯蒂芬斯的研究表明的那样。⁴⁷这个倾向我们已经见过一次又一次了。高尔顿和他的科学家同僚甚至在开始计算平均数之前,就把那些他们认为不正常的数字从数据中删除了。儿童——他们会随着时间推移成长发育,这种变化趋势令人恼火——长期以来一直令统计学家感到棘手。但是女性也同样棘手。高尔顿"改造"了他收集的女性数据,使其可以与男性数据直接做比较——例如,女性身高数据的增长必须用他设计的公式计算,以便数据仍旧符合钟形曲线。

这种调整不仅是一种便于比较的统计学手段。它还因此设定了一种标准:男性是生物学上的正常人,女性的数据必须照此调整。当然,白人男子也是比较其他种族时所依据的标准。在维多利亚时代晚期,中产阶级的白人专业人士成为新的平均人。他——

因为只有男性才是平均的标准——是医生、科学家、作家、银行家、商人、律师或企业家。从统计学上讲，他不是最常见的人，但他被认为是具备正常特征的理想之人，是其他人的标杆。正是他这样的人才能有余力遵从康德黎的医嘱，骑自行车，打草地网球，使潜藏于城市中的海德先生的幽灵无从现身。他也可以像精神病学家乔治·萨维奇那样加入阿尔卑斯山俱乐部，让朋友们赞许他为"充满活力的登山者"，他"攀登峭壁，在荒野上纵马奔驰……在冰天雪地里穿梭滑行，感到其乐无穷"。[48]

与此相反，某些社会阶层和族群的人"无法"达到中产阶级专业人士的理想身高、体重或胸围，人们普遍认为这是一个社会问题。许多维多利亚时代的人认为，发育迟缓不是由环境和条件造成的，而是由生物遗传和道德败坏造成的。因此，根据优生学理论，必须禁止某些人生育。虽然英国从来没有实行过结婚许可证制度——尽管大批医生、科学家、政治家及其他评论人士都主张应当实行——但在20世纪前几十年，美国和欧洲其他国家都出台了强制执行通婚限制和绝育的法律规定。1907年，美国印第安纳州通过了世界上第一部强制绝育法，目的是禁止那些身体和精神被认为"不健康"的人拥有自己的孩子。[49]

这种对身体衰退的痴迷与围绕着种族、阶级的歧视和焦虑密不可分。科学家们将"退化的"英国白人与所谓的原始种族进行比较。他们根据头骨的大小和形状，以及身高、体重和身体特征，将种族和阶级排出优劣高低。[50]维多利亚时代的作家称非洲为"黑暗大陆"，并在伦敦东区找到了它的孪生兄弟。[51]"今年夏天，文明世界的注意力被斯坦利先生讲述的'最黑暗的非洲'的故事吸引。"救世军创始人威廉·布斯写道。他的话在今天听来令人震惊，但当时布斯的大多数白人读者却不假思索地全盘接受。布斯谈到了刚果盆地"树木繁茂的荒野"，那里"天空黑沉，空气阴湿，充斥着炎热沼泽的蒸汽，人类不过是发育不全的侏儒和残暴的食人族，终生潜潜藏藏地活着，直至死去"。[52] 布斯认为探险家亨利·斯坦利的这段鄙夷之词理所当然，并总结：" 就像有最黑暗的非洲一样，我们不也有最黑暗的英格兰吗？"[53] 对布斯和其他传教士来说，宗教是摆脱这种"不文明"状况的"出路"。对斯坦利来说——今天的人们更熟悉那句"我想，您就是利文斯通博士吧？"① 而非其在比利时殖民非洲中部期间的作用——国际贸易是促进文明开化的力量。当然，对于高尔顿和他的同事来说，科学是正常化的重要工具。

尽管高尔顿的优生学理论已经声名狼藉——虽然比你想象得更晚——但白人、男性、顺性别的正常人这些刻板的等级观念仍然存在于科学和医学的大部分领域，以及我们今天仍在使用的图表和度量中。它们支持着我们仍可在互联网和社交媒体上轻易找到的消极态度和刻板印象。此外，我们不假思索接受的一些标准也建立在19世纪和20世纪初严重扭曲的研究之上。例如，健康体重和血压的数据源于20世纪上半叶美国保险公司收集的统计数据，这些公司的保单主要由富裕的美国白人购买。直到最近，人们才认识到BMI（身体质量指数）和健康之间的联系存在身体类型差异：对欧洲白人来说是"正常"的体型，对亚裔来说可能有较高的糖尿病和心脏

---

① 1871年，亨利·斯坦利曾经带人去非洲寻找失踪近6年，已经被媒体宣布去世的利文斯通。在找了近8个月后，他在坦噶尼喀湖附近的乌吉吉（Ujiji）找到了利文斯通。斯坦利缓步走向他，摘下帽子，说了声："我想，您就是利文斯通博士吧？"——译者注

病风险，而黑人妇女即使体型更大，健康风险依旧较低。[54]

今天，高尔顿的收藏被装在一个相当不起眼的储存柜中，像是你可能会放置办公文具的那种。高尔顿的大部分文件和照片都在伦敦大学学院图书馆的特别收藏中，这个柜子里装着一些不适合归档的零碎物品——高尔顿去世时办公桌上的东西、与他的主要发现相关的设备，以及各种杂乱的个人物品。

其他更险恶的物品是后来加入收藏的，诉说了优生学遗留的罪恶。一个长长的金属盒上简单地贴着"欧根·费舍尔教授的头发颜色表"。里面有30束不同的合成头发，每束都整齐地对应着一个数字标签，这是费舍尔的发色测量表。1908年，德国科学家费舍尔在纳米比亚使用过这种测量表，以判断殖民地混血儿的相对"白度"。他的研究采取了一种激进的优生学方法。他建议禁止异族通婚，支持对当时德属西南非的赫雷罗人和纳马人实行种族灭绝。1912年，根据费舍尔的建议，所有德国殖民地禁止异族通婚。费舍尔对优生学的推广一定程度上激发了阿道夫·希特勒写下《我的奋斗》，他的研究工作为充斥着反犹主义的《纽伦堡法案》提供了科学上的支持，该法案成为"二战"期间对犹太人大屠杀的依据。这位科学家于1940年正式加入纳粹党。[55]

由于费舍尔是在1908年，即高尔顿去世的前几年使用这个头发测量表的，所以它很可能是寄给卡尔·皮尔逊而非高尔顿本人的。① 然而，这个测量表确实显示了优生学在20世纪的接受程度。

---

① 皮尔逊和费舍尔确实互有通信。1932年，费舍尔写信给皮尔逊，祝贺他被授予鲁道夫·魏尔肖奖章，并询问费舍尔的同事能否来英国为优生学教育学会做一次演讲。请参见 Letter from Fischer to Pearson, October 1932, UCL Special Collections (PEARSON/11/1/6/21).

《卫报》在 2018 年刊登了伦敦大学学院正在对优生学调查的消息时，还报道了一位讲师的反对意见，其观点是把高尔顿"与纳粹联系在一起是感情用事者的肆意污蔑"。[56] 然而这些藏品自身足以显示出高尔顿的门徒与纳粹科学家存在直接联系：明显少于六度分隔理论提出的建立联系所需的人数①。

第二次世界大战后，伦敦大学学院的国家优生学实验室延续下来。同样延续的还有欧洲其他地区和北美部分地区的优生学绝育计划，其目的是禁止某些被判定为"不正常"的群体生育。仅举一例，捷克共和国从 1971 年开始对罗姆人妇女强制绝育，最后一个已知案例发生在 2007 年。[57]

维多利亚时代的博学家弗朗西斯·高尔顿和纳粹科学家欧根·费舍尔可能是非常不同的人，工作的环境也非常不同。但他们的故事及其遗产表明，"正常"这一概念可以变得多么危险，而这又具有怎样的力量。高尔顿和费舍尔都凭借他们对身体和精神分类的兴趣来决定谁是正常人，并排挤甚至迫害那些不符合这些标准的人。而且，最邪恶的是，他们提出改造人类的方法，以制造出理想中的白人精英：这是所谓正常人历史中令人不寒而栗的一章。

我正常吗？

1997 年我中学毕业时，内心深深松了一口气。我就要摆脱年

---

① 最多通过六个人你就能够认识任何一个陌生人。这就是六度分隔理论，也叫小世界理论。——译者注

少时欺负过我的霸凌者和小镇上沉闷的守旧者了。我就要搬到伦敦上大学了。在我看来，伦敦是一个神奇的城市，人们可以做自己喜欢的事，没人会有意见。作为一个深受震撼的青少年，我对周围的多样性感到惊叹。作为一个异性恋的白人女性，我无疑也对自己周围的许多种族歧视、恐同、残障歧视和恐跨现象视而不见。有时，我的确是在不知不觉中助长了这些现象。我不了解殖民主义或优生学的遗产，也不了解种族主义的标准是如何继续塑造社会结构的。我对正常的概念是基于个人经历的、天真的和以自我为中心的。我甚至拒绝自称女权主义者。

我当时认为，在伦敦，你可以成为想要成为的人。这个城市充满多样性，这些多样性又保护在令人安心的匿名性之中。每个人都能找到适合的东西，在不断流动的人群中寻找到安全处所。现在我仍然爱着伦敦，它仍然像我的家一样，这是在我长大的肯特郡的小镇从来没有过的感觉。但是，搬进南伍德福德的一栋高层公寓后，满心浪漫幻想的我迎来了当头一棒——"这里几乎就是埃塞克斯！"我和我的同学们苦涩地达成一致。我和其他 12 个十八九岁的女孩同住一层楼。出于某种原因，我本以为她们会比我的中学同学更愿意接受新观念。但她们并没有。她们说长道短、咯咯傻笑、刻薄地评头论足——有时当面说，有时则躲在学生公寓破旧的门和薄墙背后说。即使那些不属于小团体的人也会在话说到一半时停下来，用目光谴责我。"你太安静了！"她们总是这么抱怨。这感觉像是一种严厉的训斥，像是我与她们不同的标志。我从来不敢用真心话回答她们："那又怎样？"

荒谬的是，我知道其中有些浓妆艳抹、喜欢肤浅八卦的女孩和我一样担心融入的问题。我隔壁的邻居会在和朋友们嬉笑怒骂之后，在深夜向她的男朋友哭诉。"我讨厌这里！"隔着墙，我都能听到她的哭号。她过了一个学期就退学了。到了年底，我发现还有很多人不喜欢这个我以为挺受欢迎的团体。也许到头来她们并非最理想的？

不过知道这两件事并没有改变我的恐惧。成为正常人的想法是如此根深蒂固，无法根除，哪怕我知道了霸凌我的人和我有同样的担忧，哪怕那些我认为"正常"的人并没有特别受欢迎。即使我获得了拒绝她们的力量，我还是希望"纠正"自己。

我们对正常的想法介于对个性的渴望和被群体接受的需要之间。融入环境或许并非总能实现，但它可以带来价值，有时则会损害我们的心理和身体健康。但是，我们逐渐意识到，伴随我们成长的标准并不像我们曾相信的那样具有普遍性，如果这一点还不足以动摇我们对正常本身的信心，也许关于正常的历史可以。

要是知道人们并不总是把世界分为正常和不正常，当年还是18岁害羞青少年的我肯定会感到惊讶。一个17世纪的康沃尔郡渔民可能会把自己与当地其他渔民、家人或邻居进行比较，但他肯定不会担心自己在某个描述正常状态的重要图表中的位置。在短短两个世纪前，人们甚至根本不用正常这个词来描述人类属性或经验，至少可以将这个概念的力量削减一点。

多年来，随着我深入阅读医学和科学史、殖民主义和性别、酷儿理论和残障的社会模式等相关书籍，我对正常的概念逐渐变得不那么自我和狭隘。我意识到，尽管我有过种种经历和焦虑，我还是享受了特权的。我的出身使我幸运地比许多人更接近西方所谓的正常标准——哪怕在英格兰南部富裕地区的一所公立精英学校读书时，我感觉自己远非正常人。

正常既关乎个人，也关乎政治。批判"正常"，最好始于意识到我们在其中的位置，仔细审视我们成长过程中的期望和假设，并观察它们是如何扎根于建制、法律、政治和社交活动的。这就是本书试图做的。

但到底谁能决定什么是正常呢？凯特勒、布鲁塞、孔德、高尔顿、皮尔逊和他们的科学家同僚都会声称，没有人做过这样的决定。他们认为自己是在客观、冷静地记录一些事实存在，无论是上帝的总体规划、自然规律还是进化科学。可是他们收集统计数据的方式，以及用来分析统计数据的框架，全部都依赖于人类的解释。他们以富裕的西方白人男性为基础，囊括了某些标准，抛弃了另外一些标准，以此创造出他们所谓的科学标准。

尽管按照这些 19 世纪科学家的想法和方法，正常是人类和人类行为的标准，但实际上，对于什么是正常的身体、正常的健康或正常类型的人，并没有明确的答案。所有这些东西的确定都取决于社会期望和态度，而它们因时间的推移和文化的不同而产生了巨大的变化。本书的其余部分将说明，这些标准的变化带着我们一次又一次地回到这个问题：正常真的存在吗？

第二章
我的身体正常吗?

我一直不喜欢买鞋。

我的脚太大,不容易找到适合的尺码——找到适合的尺码已然很难,但问题不止于此,售货员不约而同的反应也是一个原因,他们轻则惊疑,重则完全不相信。每次我轻声问出"这双鞋有9码的吗",都得到一声"9码?!"的惊叫做回应时,少年的我内心就枯萎一次。是的,我有一双大脚。英国码9码,欧洲码43码,美国码11码[①]。所以我年少大部分时间都穿着同一双男女同款的运动鞋或者DM鞋[②],直到它们散架。

现在我还是讨厌买鞋。

然而令人吃惊的是,在为此困扰的25年左右的时间里,我遇到了不少穿9码或10码鞋的女性。可直到现在,鞋店售卖的尺码还是没有发生改变。一些廉价的高街品牌偶尔会有9码的鞋,然而英国大多数女鞋的最大号就是8码。我们的脚却明显在变大。2014年足病学院(the College of Podiatry)的一项调查显示,英国人的脚比20世纪70年代大了两码:男性平均尺寸从8码变成10码,女

---

① 即脚长27cm,相当于中国常用鞋码的43码。——译者注
② 指Dr. Martens,马丁博士,一个马丁靴品牌。——译者注

性则从 4 码变成 6 码。[1] 这表明，比起 50 年前，较大的鞋码已经更为普遍。如果我们假设英国的足部尺寸分布情况和美国一致，那么女性的"正常"鞋码（占人口 95%）应该是 3 到 9 码。[2] 所以说，9 码是正常的。

普普通通的鞋子说明了几件事。首先，正常的身体这一概念不仅受常见体型的影响，也受到一系列文化因素和期待（包括鞋店决定出售什么）的影响。这两种关于正常的感受影响了我们对脚应该有多大的概念，但文化期待的影响力尤其大。毕竟，如果青少年时期我可以轻松买到鞋子，而且大家听到我的码数时压根眼睛眨都不眨一下，那么我可能绝对不会认为自己的双脚大到惊人。也就是说，消费者曾经的选择对我们形成何为正常身体的观念起到很大的作用。如果人人自己量体裁衣，和他人比较尺寸就没有那么重要了。

第二件事就是，我们体格和体型的改变也被用来说明或证明人类更大的恐惧。BBC（British Broadcasting Corporation，英国广播公司，后文简称为 BBC）就上述鞋码调查发表过一篇文章，文章从探讨脚的变化忽然转向了所谓的"肥胖流行"。该文引用足病学院的洛伦·琼斯的话，称"脚越来越大的原因在于，英国人口整体变得更高更胖了"，BBC 将其解读为"出于代偿因素，我们的双脚变长变宽了"。然而我们并不清楚该调查在测量鞋码的同时有没有测量身高体重，也没有明确证据表明它们之间存在关联。媒体无疑是把大脚看作身体机能下降的证据——完全忽视了足病学院研究的重点，即不适合的鞋子伤脚。类似大脚与肥胖有关的联系在正常身体的历史上反复出现。我们已经看到，人们如何把不同的身体部位解读为人类或国家衰退的证据，利用它们为殖民扩张正名，或支持以种族和性别为由划分文明等级。

最后，医学也在我们与自己身体的关系中发挥了作用。在同一个时刻，我们感到自己既是身体的一部分，又与它不同。正如法国哲学家保罗·瓦莱里所言，我们可以说我们的身体"是属于我们的事物，但是对我们来说它并不完全是一件事物，我们属于它的程度胜过它属于我们"。³ 我第一次看见这句话是在栗山茂久比较古希腊医学和中医历史差异的一部著作里①。这本书引人入胜，书中表示在不同的医学传统中，对身体的解释和设想完全不同。公元 1 世纪和 2 世纪，古希腊医生看见了肌肉，中国医生看见了针灸疗法的经脉和穴位。栗山茂久告诉我们中医甚至没有表示"肌肉"（muscle）的词。

这并不是说某一种传统的看法是"正确"的。观察大多数人的体表，都体现不出这两种医学模式。事实上，在当时的医疗实践中，不去区分不同类型的肉体是很常见的。古希腊人是个例外，他们的人体解剖学根植于描绘裸体男子肌肉偾张的艺术传统，甚至在解剖学上没有肌肉的地方也要描绘出一条条凸起的肌肉。⁴ 因此，我们看待身体的方式，与我们判断所见之事是否正常一样，都与历史和文化密切相关。

美丽迷思

1945 年 9 月，《克利夫兰实话报》以"你是诺玛，典型的女人吗？"为题发起一场竞赛。参赛者需提交身高、体重、胸围、臀围、腰围、大腿围、小腿围和脚的尺寸。比赛目的是寻找一位条件最符

---

① 指《身体的语言：古希腊医学和中医之比较》。——译者注

合性学家罗伯特·L.迪金森、雕塑家阿布拉姆·贝尔斯基于1942年创作的雕塑。⁵ 雕塑的名字是诺曼和诺玛①（Normman and Norma），既体现了平均值，又体现了理想人类的体貌特征。他们的身体数据来自成千上万美国男人和女人的测量结果，因此被认为代表了正常的美国人。两者的样本都经过严格挑选：年龄在18到20岁之间的年轻人，身体健全，而且——令人深省的是——几乎全为白人。这对雕塑在向公众展示时甚至被贴上了"美国本土白人"的标签，进一步将正常美国人与白人联系起来，同时将欧洲殖民美洲之前的美国人民从历史中抹去。⁶

近4000名女性参加了比赛，但没有一个人与诺玛的尺寸精确匹配。冠军玛莎·斯基德莫尔只是各方面最接近的人。虽然诺玛是作为平均数的代表及全美理想女性的范本而出现的，但事实证明，作为一个真实的人，诺玛是完全虚构的。⁷ 不幸的是，这一真相并没有颠覆正常女性之美的理想标准。

早在诺玛之前，与外表有关的要求对女性的影响就比对男性更大。19世纪，当精神病院检查员访问贝特莱姆皇家医院时，他们批评的往往是衣着不整的女病患。这并不意味着男病患更整洁，只是因为社会评判男性和女性外表的标准不同。对于当时的英国女性来说，披散头发或不戴帽子出门能够揭示她们的精神状态或性格，而同样的标准往往并不适用男性的类似行为。

我不记得有哪个时候我意识不到这种双重标准。我成长于20世纪80年代，作为一个女孩，我知道人们对我和我的男性朋友的期望不同。3岁时，我应对这个问题的方式是，坚持说我不是莎

---

① 意思是正常男人和正常女人。——译者注

拉，而是一个叫马克的小男孩。我最喜欢的衣服——后来我的朋友保罗偷走了它——是一条紫色的领带。在上小学前，我和我最好的朋友约好，除了讨厌但强制要穿的校服之外，我们永远不穿短裙和长裙。我对坚持认为需要"大个子壮男孩"来帮她在教室里搬东西的老师很生气，因为我们才6岁，班里有同样多大个子的强壮女孩。接着，8岁时，我被告知，因为我是个女孩，所以不适合继续在学校踢足球，我的沮丧转向了内部。我越来越希望自己是

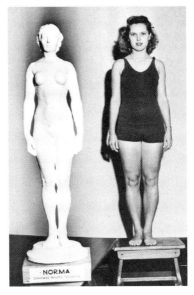

图2-1　玛莎·斯基德莫尔，1945年"诺玛"相似者比赛冠军，摄于平均女性诺玛的雕像旁。

个男孩。青少年时代，我经常把卧室的镜子转过去对着墙。我穿上一层又一层衬衫和宽松的T恤来掩盖我讨厌的身体，但那时正值格朗基时尚风格①的尾声，所以谁也没注意到。直到二十好几，我才开始反思生活中性别和外表之间的复杂关系。也许到头来并不是我的身体不正常，也许是这个世界对待女性的方式出了问题。

自20世纪90年代以来，许多研究表明，在西方世界，女性对身体的不满已经成为一种常态。⁸大多数女性担心自己的外表，这种担忧介于标准（我的服装尺寸正确吗？）和理想（我的皮肤、

---

① 和颓废音乐相关的一种时尚，特征是宽松的衣服、破旧的牛仔裤等。——译者注

头发或牙齿是否完美？）之间。当然，男人也会担忧外表，还有许多人的担心超出了性别的二元概念。对那些并非生来就是女性的女性来说，旁人对她们外表的期望尤其苛刻，而对那些自我认同为非二元性别的人来说，旁人对他们性别的态度可能非常明显。外表仍然通常——而且往往以令人不快的方式——与性别挂钩。

弗朗西斯·高尔顿做过一项"美貌"实验，对象当然是女性，而非男性。在伦敦大学学院的弗朗西斯·高尔顿收藏中，有一对被谨慎地藏在地下室抽屉里的"登记器"。当我提到高尔顿"猥琐的美貌手套"时，馆长立即知道了我说的是哪件物品。这副精巧的皮手套经高尔顿改装，能够秘密计数：左手套的拇指上有根针，四个手指上则是一片毡垫。高尔顿在毡垫上放了一张纸条，然后用针触碰不同的手指，就可以在无人知晓的情况下记录他看到的东西。根据高尔顿的门徒卡尔·皮尔逊说，"有机会就计数"是高尔顿的座右铭，这倒有点像电视节目《芝麻街》里的吸血鬼伯爵。9

当高尔顿决定对英国各地妇女的美貌度进行分级时，这副猥琐的手套就派上了用场。这位著名的统计学家站在不同城市的街角，每当有女性经过，他的手就在衣兜里可疑地抽动起来。高尔顿把女人的外表分为吸引人、中等、令人反感三级。根据这项完全主观的研究，这位科学家想要绘制出一张英国的美貌地图，不过从未完成。10 尽管如此，高尔顿确实得出了结论，他家乡伦敦的女人最美，阿伯丁的女人最令人反感。伦敦女士的发型、妆容和服饰比一个风吹日晒的渔港女的打扮更吸引一位首都居民，这倒并不令人大吃一惊。但亲爱的弗兰克①没有被逮捕，这的确堪称奇迹。

---

① 弗朗西斯的昵称。——编者注

虽然以现代标准来看过于低俗，但我们不必责备高尔顿个人对女性的物化。他只是做了一件符合当时普遍观念的事。维多利亚时代的男科学家倾向于认为，女性天生就该待在家里生儿育女。而年轻女性的主要作用就是吸引丈夫，因此就进化论的角度而言，她的美貌具有价值。达尔文的性选择理论认为，女性的美貌在人类的婚姻中起着重要作用。他提到"一代代男性选择在他的种族看来最有吸引力的那些女人"。[11] 奇怪的是，这一观点与他所描述的动物界情况形成了直接对比——为了吸引配偶，雄性动物会更加艳丽或长出装饰性的器官。雌孔雀可以在令人眼花缭乱的雄孔雀中进行选择，但在人类中，情况显然相反。

达尔文虽然调整了他的理论以适应社会期望，但他确实承认不存在一个关于美的普遍标准。然而，尽管他花了很长时间来描述世界上其他地方认为美丽的面部特征和肤色，那些欧洲人认为有吸引力的特征如此明显，根本不需要描述，唯一值得描述一下的特征是女性的长发。[12] 这要归功于旅行家、社会达尔文主义者威廉·温伍德·瑞德，他声称女性的长发既受到普遍欣赏，同时也是性选择的结果，因为男性"不断选择长发的妻子，才产生了女性飘逸的发丝"。[13] 也许里德不知道男人完全可以留长发，女人也完全可以剪短飘逸的发丝。和达尔文一样，他认为长发是一种生物特征，而不是一种社会标准。男人们应该记住——女性优雅的外形、娇嫩的面容、优美的曲线与赛马匀称的体型、奔驰的速度、园林花卉的绚丽多彩、果园水果的美味一样，都是我们的创造。[14] 男人们做得真好，培育出如此完美的女人和赛马。

尽管这些作者对女性的美说得极其模糊，但他们举的例子都体现了殖民时期形成的种族差异等级制度。例如，达尔文认为扁平的鼻子没有吸引力,文化史学家桑达·吉尔曼认为这种态度可追溯到18世纪末的人类学研究。[15] 18世纪的荷兰解剖学家佩特鲁斯·坎普尔提出了一种以鼻指数和面部角度来衡量美的理论。面部角度是两条线的夹角。第一条线是额头、鼻子、上唇的连线。第二条线是经过下巴的水平线。坎普尔认为,最美丽的面孔中,这两条线呈100度角。[16]

这同样与古典艺术有关——古罗马雕塑的面部角度为96度,而古希腊雕像的面部最完美,呈100度(尽管他们的模特儿是否真的如此美丽,坎普尔本人也持怀疑态度)。18世纪的欧洲人则不那么美,约为80度。即便如此,这项研究声称为欧洲白人是现代最美种族的观点提供了科学依据。其他种族的面部角度甚至更小。因此,尽管达尔文请人们关注不同文化的美丽标准,他和他同时代的大多数人还是把不同种族的面部特征分为三六九等。大眼睛、椭圆脸、高鼻梁、窄嘴唇和轮廓分明的下巴是美的,因为它们与西方文明相关联:这是荒谬的第22条军规——因为这些特征也证明了西方白人女性比其他人更美。西欧再次成为评判一切的正常标准。

这不仅仅是审美标准的问题。对维多利亚时代的人来说,美很重要的另一个原因是人们相信,脸上可以看到性格。瑞士作家、哲学家、神学家约翰·卡什帕·拉瓦特在1775年提出的面相学称,面部特征能够显示个体的性格。到了19世纪后期,人们认为面相既能揭示遗传特征,又能揭示个人性格。例如,美国面相学家塞缪尔·R.威尔斯给出了许多缺点毕露的女性肖像,毫不掩饰地批判她们所属的种族和阶级。

在威尔斯的书中,公认代表女性美的丹麦的亚历山德拉公主——她在1863年嫁给了维多利亚女王的长子——与萨莉·马金斯（Sally Muggins）进行了对照，正如后者的名字所示，她是一个具有凯尔特人血统的头脑简单的傻瓜[①]。弗洛伦斯·南丁格尔——另一位西方理想女性的代表——与一个爱尔兰人的刻板形象进行了对照，后者的虚构名字是布丽奇特·麦克布吕泽，同样不讨喜。这里的南丁格尔与她本人的照片相比，眼睛更宽，脸颊更圆润，鼻子更挺拔，与麦克布吕泽的扁平鼻、眯眯眼和凹陷的脸颊相比，是女性的理想面庞。与南丁格尔不同，麦克布吕泽"生活在精神和身体的地下室里"，她每个可见和不可见的品质都与美相对——

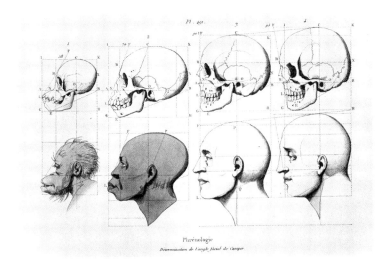

图2-2 佩特鲁斯·坎普尔的"美"的面部角度，用来从种族主义的角度证明进化等级，来自介朗的《自然和自然历史词典》(Dictionnaire pittoresque d'histoire naturelle et des phénomènes de la nature)，约1830年。

---

① muggins 有"蠢人"的意思。——编者注

粗鲁、粗糙、不修边幅、无知而野蛮。[17]

威尔斯并不是唯一鄙视爱尔兰人的人。英国作家和社会改革家查尔斯·金斯莱在1860年7月访问爱尔兰时写道："他心神不宁，因为我看到在那绵延数百英里的可怕国家里，生活着无数人形黑猩猩。"虽然他们面目可憎，但金斯利称爱尔兰人在英国统治下"更幸福、更好，吃住都更舒服了"。[18]这里我们又一次看到，所谓的身体劣势为富裕殖民者的仁慈统治提供了借口（顺便忽略了英国因为在近代大饥荒中的应对不力和漠不关心，让无数爱尔兰人陷入贫困和饥饿）。要是"黑猩猩"是黑人，金斯莱用种族主义口吻直言："人们就不会受这么深的触动了。"

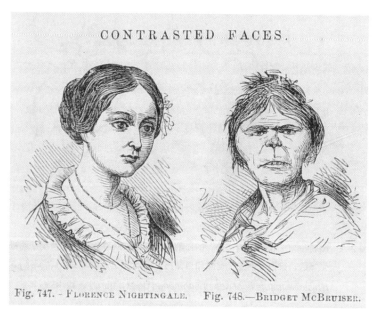

图2-3 在塞缪尔·威尔斯的《新相学》（1867年）中，布丽奇特·麦克布吕泽（右）的丑陋漫画肖像，与弗洛伦斯·南丁格尔（左）的肖像作对比。

维多利亚时代晚期以来,我们对美和正常外表的想法——以及两者之间的联系——肯定已经改变了。我们中的大多数人都不觉得自己像赛马一样被培育长大,也不去追求理想的面部角度,而且可能认为坐在公共汽车的上层或剪短头发没什么争议,维多利亚时代的"新女性"做这些的时候却是骇人听闻。关于美的文化观念也有变化。1999 年,印度成为超级美丽大国。在 1994 年至 2000 年期间,五位印度女性赢得了"环球小姐"和"世界小姐"选美比赛,催生了南亚的选美产业。[19]

然而,今天美的标准依然是推崇白人的体格与体型。为了所谓的"纤瘦白人的标准",印度模特儿都变得更瘦了。[20] 在韩国——世界整容之都——随着年轻女性将她们的脸美白到理想的白度,皮肤美白霜和美白手术已经成为大生意。而且,在整个西方世界,女性通过化妆、整容手术或节食来改变自己身体的比例仍然高于男性。事实上,研究表明这种增长在有色人种女性中尤其明显,她们比自己的母亲和祖母更关心体格与体型。[21] 当黑人女生仍然因为留着自然的头发——没有按白人头发的标准拉直——而被学校遣送回家的时候,这是在明确提醒我们,殖民主义依然在渗透西方的外貌标准。[22] 两个世纪的科学种族主义让白人女性成为美的标准,这个文化惯例在今天仍旧无意识地延续着。

肥胖与健康

几年前,我与一个心理健康艺术团体合作开展了一个项目,带领公众参观科学博物馆画廊,重新诠释其中的展品。他们每个人的故事一直伴随着我。我记得一位名叫彼得的先生在一间主题为营养和健康的展厅里发言。彼得说,他曾经是马拉松运动员,服用抗抑郁药后重了很多。现在,路人会因为他的外表对他说三道四。一天,彼得在等待回家的火车时,打开了一根巧克力棒。"你真的需要吃这个吗?"一个陌生人粗暴地问道,"试试节食吧!"当他气喘吁吁地来到月台时,又有人这样说。

彼得的话一下子点醒了我,因为我也注意到了抗抑郁药对身体的影响。回想起来,根据我在照片中的样子,我大概可以说出不同任何时间点我在服用什么药物。体重突然增加,脸部浮肿?是米氮平。体重快速下降加上皮肤迅速长斑点?是瑞波西汀。全科医生第一次给我开米氮平治疗失眠时,他对体重增加这个常见副作用相当不屑一顾:"如果你做运动,健康饮食,就会好起来的。"我继续虔诚地做着从19岁起就一直跟练的运动视频(我是习惯性动物),吃着与20多岁的伦敦人一样的大概平衡的饮食。我重了两英石(约为12.7千克)。精神抑制药对体重的影响甚至超过抗抑郁药。奇怪的是,尽管有这些知识,但直到我听了彼得的演讲,我才真正意识到体重可能与个人意志力以外的因素有关。在成长过程中,我不知不觉地接受了充斥在西方社会的肥胖羞耻。

你可能会问,肥胖与正常有什么关系?既息息相关,又毫无关系。在过去的两个世纪里,西方社会对体型较大的人的态度已经发生了明显的变化。在18世纪,胖是不寻常的,却令人向往(因为是财富的标志)。今天,胖是常见的,却不令人向往(是病态的标志)。在这两种情况下,肥胖要么是正常的,要么是不正常的,这取决于你如何定义这个词。对瘦的态度也发生了变化。对于维多利亚时代的妇女来说,细腰是令人向往的,为此她们穿上了紧身胸衣——但憔悴的脸庞意味着疾病或贫穷。今天,瘦削健美的身体被认为是成功的象征,高效商业女性只靠自己的内驱力就能活——不需要粮食,这真是难以实现的迷思!

今天说到"正常体重"时,我们会想到一个理想的标准,而不是常见的状态。但我们如何决定什么是最优的?对体重的统计研究可以追溯到凯特勒。令人惊奇的是,今天广泛用于确定特定身高下健康体重的身体质量指数(BMI),靠的是凯特勒在1832年设计的方程式。几十年间,它被称为凯特勒指数。凯特勒将体重(千克)除以身高(米)的平方,使不同人群的身高体重关系可以进行比较。他感兴趣的不是肥胖症,而是人类发展。他的档案中有一整个文件夹记录了他的女儿玛丽、外孙女塞西尔和朱丽叶(均为玛丽的孩子)每年的身高和体重。他问道,一个特定年龄段的预期身高和体重是多少?

凯特勒认为,体重自然会随着年龄的增长而增加,直到成年后的某个时刻,老年衰弱开始出现。即便如此,这位统计学家用来获得平均数时所使用的数字仍然存在很大差异。"身材好的人的体重极限值"范围是男子49.1千克至98.5千克,女子39.8千克至93.8千克。[23]虽然最大值和最小值肯定与平均水平相差甚远,但这些男性和女性仍被描述为"身材好的",所以可以推测他们也是正常的。根据今天对这一指数的使用,并非所有凯特勒的研究对象都算是健康的。即使我们假设最高的女性体重最大——不一定真是这样——她5英尺8英寸高,BMI值为31.3,已经达到了肥胖的标准。但是,如果凯特勒没有得出这样的结论,他的公式和健康体重之间的这种联系从何而来?

直到1972年,也就是一个多世纪以后,一群研究人员才将凯特勒指数推广开来,并在此过程中重新命名为身体质量指数。[24]新的名称也改变了公式的目的。凯特勒的公式只是为了比较大数据集，而不是为了判断个体。通过使用"身体质量"一词，安塞·基斯和他的同事们使该公式成为对个人身体的描述。从那时起，这种测量方法一直是最流行的确定身体健康的方法，尽管定义健康的边界一直在变动，且变得更有利于体重轻的人。最初推出时，健康的BMI被认为是 $20kg/m^2$~$30\ kg/m^2$。现在是 $18.5kg/m^2$~$25\ kg/m^2$，下降得非常多。

我们在这里实现了飞跃。身体质量指数从1832年对人口的描述性测量变成了1972年健康体重的指数。这是怎么发生的？谁决定了正常体重是多少以及它和健康的关系？不断变化的文化期待起到很大的作用。艾米·尔德曼·法瑞尔的《肥胖羞耻文化史》显示，在把超重和健康联系起来之前，关于胖子的负面修辞就已经存在。事实上，情况恰恰相反。由于从维多利亚时代晚期开始，人们逐渐认为超重是不健康的，以前存在的关于懒惰、贪婪、落后的胖子的刻板印象被融入关于身体健康的新医学模式。[25]

今天，胖往往与贫穷导致的不良饮食有关。虽然这似乎承认了健康的食物往往更昂贵，但懒惰的沙发土豆这一不讨喜的刻板印象也很普遍——想想哈里·恩菲尔德的《懒人韦恩和韦尼塔》，这对20世纪90年代的喜剧夫妇，整天穿着肮脏的、沾满食物的衣服瘫坐在沙发上。在19世纪末，与不正常体型有关的负面刻板印象更多针对新富的中产阶级。由于管不住他们的新财富，新贵们的腰围渐长。或者说，所谓的应当苗条的上层阶级如此认为。[26] 与此相反，医生还是认为体重增加是一个人一生中的自然现象。肺结核等消耗性疾病在当时很常见，所以体重增加往往被看作是健康的标志。美国医生塞拉斯·韦尔·米切尔在1877年首次出版了一篇臭名昭著的论文,内容是治疗神经疾病的休息疗法,标题引人瞩目,叫作"脂肪与血以及如何制造它们"。米切尔声称"增加脂肪几乎总是等于增加血液",即健康。他的疗法就是通过增加强制卧床休息的时间和大量饮用牛奶来治疗神经症状。[27]

随着对体重增长的负面态度愈加流行,中产阶级越来越担心他们的体型。1880 年,减肥大师威廉·班廷利用大众对肥胖的担忧宣传起了他自己的节食法。"一个肥胖的人吃得好、喝得好、睡得好,没有痛苦可言,也没有特别的器质性疾病时,判断力似乎就瘫痪了。"班廷抱怨说。[28] 虽然医生认为没有病理症状就是健康,但班廷不同意。"班廷节食法"在维多利亚时代晚期的英国风靡一时。它有点像维多利亚时代的阿特金斯饮食法——后者在一个世纪或更晚之后出现——主要成分是肉类,但可能比后来的同类饮食法多了点干红葡萄酒。

20 世纪之交新兴的节食产业利用了人们对正常外表日益增长的迷恋。从 19 世纪末开始,减肥药和减肥疗法大量涌现,到 20 世纪 20 年代,当瘦削、平胸的女性身体成为新版本的"正常"时,它们更是变得特别流行。这些产品的广告强调了消费者融入大众的需要。"肥胖是一种不正常的状况。"1878 年艾伦减肥药(Allan's Antifat)的广告警告说。艾伦减肥药是一种美国的蔬菜制剂,声称可以防止身体将食物转化为脂肪。[29] 同时,"神奇塑身衣"在 1914 年承诺"减少异常"——"如果你身材肥胖或者……有任何不正常之处,千万别错过神奇塑身衣。"[30] "一战"时的医学界也开始认同这些观点。医学博士威廉·霍华德·海伊在 1936 年告诫:"大自然不是按照西瓜的模样来创作她的最高造物的。""肥胖是如此多余,所以肥胖者应该被当作正常人的反面教材。"[31] 肥胖而非疾病,

图2-4 19世纪末，艾伦减肥药的广告，左边丰满的主妇形象是"使用前"，右边的少女形象是"使用后"，暗示体重减轻，人也会变得更为得体。

成为定义不健康、不正常身体的新方式。

这种对脂肪的憎恨与种族和阶级密切相关。"我们的女人骨瘦如柴吗？"美国时尚杂志《时尚芭莎》在1896年问道。结论是不，美国白人的瘦削是优点，因为只有非洲的野蛮人才想要结实、肥胖、赘肉。[32]正如社会学家萨宾娜·斯特林思在《害怕黑人的身体》一书中说的那样，在18世纪和19世纪初，"种族科学"的分类系统从新的角度描述了欧洲人和非洲人的身体差异，且往往集中在体格上。这些关于体格和体重的说法被当作支持奴役非洲人的依据，因为他们所谓的"贪吃"是理性的反面表现。

法国博物学家朱利安-约瑟夫·威莱在1837年声称黑人"长相愚蠢，他们只知道要吃好，总是在消化，无法思考"。[33]威莱赞同人类学的多元发生说理论，这是19世纪早期科学界普遍相信的理论，认为人类种族具有不同的起源。然而，即使在"单源论"（人类起源于一个共同的祖先）成为进化学说的主流后，像威莱这样的多元发生说支持者作出的当代种族分类依然大受欢迎。因此，某些群体——如南非的所谓"霍屯督人"［荷兰殖民者给科伊科伊人（Khoikhoi people）起的名字］——被 18 世纪的旅行者形容为苗条，但在 19 世纪初，由于人们强调"肥胖"是"原始"特征，所以这些群体被重新描述成了胖子。[34] 因此，判断胖瘦的标准不是人的实际体格和体型，而是是否属于某个群体，它既和体重秤上的实际数字有关，也同样关乎种族、阶级、权力和控制。

但医生是如何判断肥胖的界限呢？从一开始，这一决定就完全源于与他人的比较。正常的体型第一次出现在新兴的保险业的图表中，是根据一个人的同胞的平均体重计算出来的。当然，保险公司关注的是财务结果，而不是个体的健康。他们制作体重、身高和血压表的目的在于不让那些可能有更大死亡风险的人投保，并让那些索赔可能性较小的人支付较低的保费。只要公司有利润，即使很多高风险的人并没有比那些被认为是低风险的人死得更早，也没有关系。由于这些公司帮助收集了大量数据，他们的数字成了医疗指南依据的统计数据。所以说，早期的正常体重表只是用每个身高的人口的平均数作为指导——换句话说，是那些购买了人寿保险的人的平均数，这些人绝大多数是白人。

大都会人寿保险公司（MLIC）于 1912 年在美国制作的第一批表格被医生、护士和营养学家使用了几十年。大约在这些表格出版的同时，继 1891 年商店里出现体重秤之后，私人家庭也开始出现体重秤。[35] MLIC 公布 1942—1943 年度新数据时，他们根据约 400 万投保人的寿命，将平均体重变成了人们现在所谓的"理想"

体重。然而，MLIC 的研究人员遇到了一个问题。他们无法将数据纳入正态分布。³⁶ 直到他们不仅按性别、年龄和身高划分，而且还按三种不同的体格大小划分，才取得成功。这表明正态分布的概念是多么强大——只有当数据符合该模型时，才有说服力，即使这意味着要对分类修修补补！从来没有人明确指出普通人——或他们的医生——应该如何确定体格大小。人们必须符合数据所创建的类别，而不是相反。无论他们是否被计算在内，情况都是如此——这意味着黑人和西班牙裔美国人也必须符合由白人身体创造出的平均数。

从 20 世纪 50 年代开始，医学界愈加重视体重和健康，主要是因为正常体重和正常血压之间的联系。1959 年美国精算师协会的"体格与血压研究"强调了这点，影响了整个西方世界。该研究声称，肥胖、高血压和高死亡率之间彼此关联，依据是对 490 万份保险单进行的大调查。这些被联系起来，也不是第一次了。事实上，研究介绍中指出，进行这项研究是因为相信这些特征相互关联，而且近年来因肥胖和高血压导致的死亡业已上升。³⁷ 该项研究的数据形塑了未来几十年中健康体格的概念。尽管如此，超重还是以平均数为基准计算的。超重是指体重比平均数高 10%，而肥胖则是指体重高出 20%。

身体质量指数本应通过对所有人进行简单、客观的计算来消除平均数。基斯认为这将有助于摆脱"令人厌恶"和"令人讨厌"的肥胖，这种说法不断强调肥胖的负面性。³⁸ 然而，众所周知，BMI 无法应用于某些运动员，例如橄榄球运动员，因为简单的计算无法区分脂肪和肌肉。它也没有考虑到黑人的肌肉质量和骨密度往往高于白人。³⁹ 就像其前身一样，BMI 并非最可靠的健康衡量标准：它不能衡量我们的健康水平或情况。在 MLIC 的表单中，有些超重的人并不比更瘦的人死亡风险高,尽管有的超重者死亡风险确实更高。同样,不是每个 BMI 值在肥胖范围内的人都不健康,即使有些人确实如此。2003 年的一项研究表明,黑人妇女在 BMI 值达到 37 之前,并不存在预期寿命减少的重大风险。[40] 然而,这种特殊的正常标准——即以瘦削白人的体型为理想——的历史揭示了一代代人是如何因为他们的体形不符合某些由文化决定的标准而遭到污名化的。

小 于 零

我人生中一直听到朋友们哀叹买衣服有多难。有人不能买过膝的靴子,因为她的小腿比一般人粗。另一个人买过比她腰围大两码的裤子,不然裤子永远到不了她的脚踝。还有人抱怨高街商店的袖子太宽或胸围太小——"它们是给平胸的青少年设计的!"虽然每件衣服都有各种尺寸,我们能找到适合自己的衣服却是个奇迹。

消费社会的兴起,提高了成为"正常"尺码的难度。在 19 世纪末之前,大多数人都是自己做衣服,或者让人量身定做。在 19 世纪 80 年代的伦敦,解剖学家之女珍妮特·马歇尔把大部分时间花在了缝纫上:为舞会和活动做礼服、改礼服和装饰礼服。[41] 甚至到了 1918 年,弗吉尼亚·伍尔夫还抱怨她的姐姐瓦妮莎忽视了她和罗杰·弗莱在查尔斯顿举行的演出,因为她"几乎是沉默地坐在那里,在灯下缝制裙子"。[42]

大众市场为我们提供了简单的成衣,这就需要个体去适应服装,而不是服装适应个体。这是从制服开始的,首先是需要大量制服的军队。军官们对提供给他们的标准尺寸的制服感到沮丧。

"我想在这里再次声明（像我此前的报告中常说的那样），"美国上校乔治·克罗根在1831年8月的报告中抱怨说，"发给士兵的许多马裤都太小太短了。"[43] 尽管如此，成衣还是很方便的，男式大衣和西装的供应变得更广了，它们的尺寸通常是根据同一支军队的统计数据来确定的。到1847年，巴黎有233家不同的制造商生产成衣。在纽约，由亨利·布克于1818年创立的布克兄弟（Brooks Brothers）公司在1849年推出了成衣西服。

根据历史学者罗伯特·罗斯的说法，这些单品的流行主要归功于营销。[44] 在1860年的宣传手册中，伦敦E.摩西父子（E. Moses and Son）公司是众多声称自己是"伦敦或世界上第一家建立成衣系统的公司"之一。这一广告将成衣西服与技术进步挂钩，目的在于迎合现代的快节奏生活。"如今，成衣制作就像铁路运输一样迅速。"E.摩西父子公司声称，80%的英国男人现在都在购买成衣，这可能有些夸张（他们的原话是"80%的英国人"，但毕竟那时候男人就是标准）。[45]

西式服装迅速传遍世界。罗斯称，在1880年至1950年期间，非洲"半个大陆的居民都彻底改变了穿着"。[46] 虽然塞拉利昂、加纳和尼日利亚的一些城市居民自19世纪60年代以来就一直从伦敦的裁缝那里购买西装和男式长礼服，但这些国家对成衣的需求依然日益增长。在其他地方，西服也取代了传统服装。1872年，日本政府宣布，男性政府官员必须穿西服上班（之后很快扩展到企业和学校职员）。1925年，新土耳其的奠基人凯末尔·阿塔图尔克宣称："文明的、国际化的服装配得上且适合我国，我们将穿上它。"[47] 西装现在不仅有固定的尺寸范围，还业已成为全球标准。

有趣的是，女性的服装仍然因国家而异。即使越来越多的男性穿着相同的西装三件套,日本女性仍然穿着和服,纱丽依然流行于印度。而在欧洲,直到 20 世纪中期,许多妇女还穿着自制或找裁缝做的服装。1944 年英国切斯特的一项调查显示,许多妇女仍在自己制作衣服和针织品,或者付钱找裁缝做。[48]

这里诺玛再次进入了我们的故事:这座 1945 年的美国"平均人"的雕塑,它的各种尺寸是从家庭经济局 1940 年收集的 14698 名美国白人公民的测量结果中产生的,目的是为女性成衣尺寸制定第一个标准体系。[49] 报告最终采集了 58 项身体数据,虽然难以抉择哪些可以用来设定尺寸,但还是圈定了"体重、身高、胸围、腰围和臀围"几个重点。这并不是说其他测量项没有个体差异,但毕竟"不方便在一个穿着全套衣服的女人身上测量大腿最大围"。[50] 胸部、腰部和臀部就这样成了女性服饰的主要测量处,至今如此。如果你曾经像我一样,为了把大腿塞进裤子里而不得不购买宽腰裤子,你可能会对这个决定感到沮丧。

从 20 世纪 50 年代开始,大规模服装生产成为常态,诺玛的测量结果被一项覆盖了更多美国妇女的研究结果所取代,后者建立了一个 8 到 38 码的尺寸体系,并针对不同的体型进行了调整(和"体格与血压研究"一样,但这种针对不同体型的做法已经随着时间神秘地消失了)。这意味着,不仅女性身体在每个阶段都必须符合一套特定的平均值,而且正常身体的尺码也被设定了上限,即可以买到的最大尺码。虽然尺码数字的确定相当随意,但随着女性熟悉这些数字的含义,服装制造商意识到,如果人们能够购买较小的尺码,他们的服装将更受欢迎。因此,与每个码数相应的尺寸不断加大,不同的供应商之间也出现了很大的差异,真正的标准尺寸已成为过去。

当然，服装尺码也因国家而异。我记得在21世纪初，当媒体上出现0码风波时，我感到非常困惑。人们把女性身体意象的降低和进食障碍的增加归咎于0码，特别是在2006年乌拉圭模特路易斯·拉莫斯死亡之后。由于英国高街商店里最小的衣服是8码（极少情况下也有6码），我无法弄清楚这个0码是怎么来的，或者说，从生理上来说，怎么可能有人会这么小。结果0码实际上就是极少情况下的6码。英国女性的14码通常是美国的10码、德国的40码、意大利的46码、韩国的66码。要是说小号、中号和大号的话，在这个服装全球流通的时代，没有人知道该买什么码！

最后，记住诺玛的教训。也许雕像的尺寸可能来自用作首批服装标准尺寸的平均数，但最终没有一位女性的尺寸和雕像一模一样。一件14码的衬衫既是为每个人量身定做的，同时也不是为任何人而做的。那么，你它真正合身的可能性到底有多大？

人的额外魅力

1899年1月6日，伦敦奥林匹亚展览中心举办了一次"愤慨会议"。会议由安妮·琼斯召集，她的祖上是早期移民美国弗吉尼亚州的家族之一，她本人也是巴纳姆贝利马戏团"地球上最伟大的表演"中的一名演员。1897年马戏团开启了一轮欧洲巡演。这次是巡演第二次来到伦敦。演出内容包括动物表演、杂技、空中和马背表演以及当时流行的怪胎秀。安妮·琼斯准备了一系列的决议，反对表演中的"怪胎和特殊人类艺术家"这一描述。琼斯小姐抱怨说，"怪胎"的意思类似于"可怕"。这个词用在人身上毫无意义。琼斯总结道，如果女人长出她那样的胡子会令人害怕，那么男人长胡子也会令人害怕——但没有哪个拥有像她这样的漂亮胡子的男人会认为自己很可怕！报纸报道说，与会的每个成员都支持这项提议。

表演者的结论是，怪胎这个词是一种侮辱，是不公正的称呼，因为"无论幸运与否，与他人相比，我们在身体和脑力上都拥有或多或少的特征：或多或少的四肢，或多或少的毛发，或多或少的躯体"。安妮·琼斯认为，这些特征并不可怕，也并非不正常，而是"个人的额外魅力或行动的辅助"。此外，"在许多人看来，我们中的一些人确实发展到了更高阶段，是更优秀的人，因为我们中的一些人被赋予了普通人没有的非凡特征"。[51] 怪胎不过是视角问题。

在"怪胎的反抗"——报纸如是称呼这场会议——之后的一周，该团体再次集会，投票选出替代"怪胎"的名字。大家提出了十来种名称，尽管大多数都只得到一票，如"悖论"和"珍奇"。"人类奇迹"很受欢迎，但"神童"（prodigy）以 21 票遥遥领先。[52] 这两个词都反映了表演者拥有的非凡特征。然而，这两个词也可能比我们今天想象的更接近"怪胎"一词一些。"地球上最伟大的表演"的广告将该团队称为"著名的奇妙怪胎集"。就像在这个巡回马戏团中表演的大象一样，"怪胎"被当作自然界的奇迹来展示。

怪胎秀的全盛时期从 19 世纪 40 年代一直持续到 20 世纪。正如研究残障历史的学者罗斯玛丽·格兰德 - 汤普森解释的那样，某人并非生来就是一个怪胎。怪胎是通过舞台、服装、推销员的口才、精心制作的背景叙述和专家证词从"普通他者"中创造出来的。[53] 不正常的身体和正常的身体一样，都是背景和态度的产物。先天性差异和自我修饰之间没有区别:"无臂奇迹"和"文身女士"同样都是怪胎。殖民主义和日益流行的进化论使民族性成为19世纪后期怪胎秀展示的关键[54]:从"埃及杂耍者""旋转的苦行僧""摇头晃脑的苏丹人"到喜欢读"俄国冒险故事"的狗脸乔乔(费尔多·杰夫提丘)。[55]背景故事几乎和面孔一样重要,哪怕它是完全虚构的。在"世界马戏团杂耍"中,"来自尤卡坦半岛的双胞胎"皮普和弗利普实际上是在美国佐治亚州出生的珍妮和埃尔维拉·斯诺。[56]

随着进化论的深入人心,表演传单开始将一些神童介绍为人类和猿类之间的"缺失环节",这是达尔文主义的一个流行实例。由"地球上最伟大的表演"的创始人之一 P. T. 巴纳姆推出的小节目"这是什么?"中,表演者号称是人类进化史上的祖先,他是由巴纳姆的代理人在非洲某个位置不详的地方发现的。然而,至少从1877年开始,这个角色是由一个有学习障碍的美国黑人扮演的。[57]类似这样的表演,利用了科学种族主义,声称有色人种的进化程度低于白人。节目越来越多地展示——并利用——由探险家、传教士和科学家运送到美国和欧洲的非西方人,而一些神童也是非裔美国奴隶。① 在1904年圣路易斯世界博览会上展出后,一个名叫奥塔·本加(Ota Benga)的刚果姆布迪人甚至被放在布朗克斯动物园的猴子馆展示,与一只名叫多洪(Dohong)的训练有素的猩猩同居一处。非裔美国人团体的领导人抗议展览奥塔·本加是种族主义。然而,团体中的大多数人都设法将自己与和被展览的人区分开来,因为他们是受过教育的美国黑人,而那个人在他们看来是未开化的非洲男孩。[58]

---

① P. T. 巴纳姆的第一个表演者是乔伊丝·希斯,1835年她被巴纳姆买下,(据说)她曾是乔治·华盛顿的保姆,当时已经161岁了。

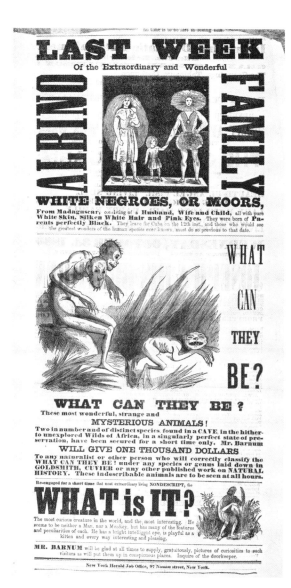

图 2-5 P. T. 巴纳姆的表演传单,强调了"怪胎秀"是如何建立在从种族主义角度解释进化科学的基础之上的,1860 年。

第二章 我的身体正常吗?

奥林匹亚展览中心的愤慨会议表明，一些表演者开始重新认识自己的差异。然而，到了20世纪初，科学观点占了上风——神童和表演者身上时而被赞美时而被利用的差异，成为需要解决的医学畸变。正常标准变得越来越狭窄和刻板，正如托德·布朗宁在1932年拍摄的电影《畸形人》中，发行商添加的令人寒战的引言中说的那样："再也不会有这样的电影了……因为现代科学和畸形学正在迅速将这种自然界的错误从世界上消除。"[59]

身体差异正在成为一种可以被"解决"或隐藏起来的东西。"怪胎"在舞台上获得赞叹的同时，所谓的《丑陋法》（Ugly Laws）将矛头对准了身体异于常人者，残障人士的身影从美国的街道上消失了，他们被迫闭门不出，或者用上了笨拙但不碍眼的义肢。

历史学者苏珊·施韦克追踪了这些法律的历史，有时它们也被认为是都市传说。《丑陋法》的实施范围遍布美国多个州市，时间跨度是1867年到1974年，最后一次有记录的逮捕发生在美国内布拉斯加州的奥马哈。[60] 在这最后一次、距今近得出乎意料的例子中，警察逮捕了一名无家可归者，因为他身上有"污痕和伤疤"，然而该市检察官质疑了关于丑陋的定义，官司就没有打下去。[61]《丑陋法》认为残障是不正常的、令人不快的，但主要针对的是乞讨人员。由于不正常的身体及其谋生的方式，残障的乞丐、街头乐手和推销员被认为是一种公害。《有碍观瞻人员法令》（Unsightly Beggar Ordinances）也出现在了英国和德国，虽然不一定成为法律，但至少在报纸上有所提及。[62]

然而矛盾的是，由于工业化和战争的双重危害，身体与他人不同的人越来越多了。"从两年前开始，就常常能看到失去一段下肢的人。"在1863年，美国医生和诗人奥利弗·温德尔·霍姆斯指出:"唉,现在几乎人人都有残障的朋友或家人了。"⁶³然而,随着身体上的差异变得更加普遍,污名化也更严重了。1881年,芝加哥的法律宣布,残障乞丐是"有碍观瞻或令人厌恶之物",并决定要在街道上消除这些所谓的破坏性影响。⁶⁴从1867年旧金山通过最早的法令,到1905年内华达州里诺市加入这一行列,一大批美国城市通过了《丑陋法》,1891年,甚至整个宾夕法尼亚州都通过了此法。⁶⁵

虽然警察经常无视这些法规,但一些残障人士却因此失去了生计。有一个出生时有杵状指和内翻足的年轻人,是贫穷的波兰移民的儿子,从小到大全靠兄弟姐妹带着才能四处走动。16岁时,他开始了"似乎唯一可能的工作"——在街角卖报。他的生活很简单,直到工作被"一项禁止伤残者在街角兜售时暴露畸形之处的法规终止"。① 幸运的是,一位友好的药剂师允许这位年轻人借用他店里门口的地方,并且,在1916年克利夫兰福利联合会的调查员去采访时,这位"漂亮的"三十五岁年轻人仍然在卖报纸,对工作很满意,而且无意接受医疗干预。他告诉调查员,"对我来说生活已经挺令人满意的了"。⁶⁶

这个年轻人的态度在"上流社会"是不可接受的,"上流社会"的人希望掩盖残障。奥利弗·温德尔·霍姆斯说:"某种程度的突出可能获得同情,但暴露在吊灯下是绝对不能被容忍的。"⁶⁷不仅在美国是这样。19世纪至20世纪期间,在整个西方世界,近到英国,远到俄罗斯西部,设计义肢不仅是为了实现功能性,也是为了实现

---

① 目前还不清楚克利夫兰通过这项法规的确切时间:资料中没有标明,施韦克在研究中也没有找到日期。

美观性。⁶⁸ 只有在隐藏的情况下，残障才是可以被接受的。克利夫兰福利联合会自豪地宣称，"总体上，残障人士的能力、职业和收入表明他们的生活是多元且正常的"。⁶⁹ 与其说社会要适应个人的需要，不如说是残障人士有责任隐瞒或克服他们的"不正常"。

然而，大多数人的生活并不像克利夫兰的调查结论那般轻松简单。1911 年，英国伯明翰只有 20% 的身体残障男子有工作，且收入微薄。⁷⁰ 所以，虽然医疗干预的可能性日益增长，残障人士在工作中的接受度却并未提高。特别是在北美，人们认为医学治疗加上努力工作可以使任何人克服残障，这导致对许多残障人士的负面态度愈发严重。其他国家也实行了惩罚性措施，迫使与众不同的人"正常化"。20 世纪 70 年代以前，英国不鼓励听障儿童使用英国手语——使用手语甚至会遭到惩罚。直到 2003 年，英国手语才被列为小语种。今天，我们还生活在这些排斥态度和行为的阴影下：英国几乎有 43% 的残障人士不从事经济活动，而非残障人士中这个数字只有约 15%，且紧缩政策和福利削减对残障人士的冲击尤为严重。① 第一波新冠大流行期间，政府对"易感群体"的态度就是这种不友好策略的最佳例证，这导致了残障人士群体的死亡率尤其高（2020 年英国死于新冠的人中有六成是残障人士）。⁷¹

融入社会的要求也可能是沉重的负担。美国总统富兰克林·D. 罗斯福（1882—1945）也许是最著名的所谓"战胜"残障的例子。像世界上许多其他人一样，罗斯福因小儿麻痹症留下了严重的残障。尽管在世时，他得过小儿麻痹症的事就家喻户晓，

---

① 2017 年，联合国委员会对英国政府在紧缩时期未能维护残障人士的权利表示严重关切。

但他还是小心翼翼地把自己的残障程度掩藏了起来。这位政治家从来没有留下过坐在轮椅上的照片（尽管他使用轮椅），到轮椅无法出入的场所时，会有保镖秘密将他从后面的楼梯抬入或由扶着他做出他自己走过来的样子。罗斯福本人认为残障是弱小的表现，至少对政治领导人来说是如此。他认为，拐杖激发"恐惧、反感和怜悯"，他决心"在人前表现出轻松站立的样子，这样他们就会忘记我是个瘸子"。[72] 直到 1994 年，即他去世 50 年后，罗斯福的残障程度才被公众所知。[73]

罗斯福创造的神话，在美国自给自足和个人成就的理想加持之下，使得问题进一步恶化，因为他成为美国许多小儿麻痹症幸存者不可能效仿的榜样。医生、家人和治疗师都敦促病人以罗斯福为榜样。"在罗斯福阴影之下"的小儿麻痹症幸存者采取了一系列策略来掩盖小儿麻痹症的可见影响，"假装自己是正常人"。[74] 这可能产生严重的影响，从走路而非使用轮椅引发的身体损伤到效法他人引发的情感负担，不一而足。美国高中生、小儿麻痹症幸存者斯坦利·利普舒尔茨曾经"假装正常，不能让自己落后于任何人"。直到后来，利普舒尔茨才醒悟过来，"不幸的是，假装是有代价的"。"那时候谁知道呢？"利普舒尔茨想，"成为'正常人'就已经占用我大量的体力和心力了。"[75]

什么是正常的身体？

快 30 岁的时候，我曾在一个大学的公众参与团队工作过一段时间。我们举办活动和培训，帮助学者与其他人谈论他们的研究——这并不总是容易的。在那之前，我从未真正思考过许多公共机构和教育机构对残障人士是多么不方便。毕竟，我从来没有必要想这个问题。那时我有一位同事坐轮椅，我陪她在校园里走了一圈，看看哪些教室能用来办活动。我们参观的所有地方都标明可以使用轮椅。但是，我很快发现，这不是真的。我们乘坐背面的电梯，在前所未见的通道上迂回前行，遇到的障碍除了让我们一路受挫之外，似乎没有其他目的。我惊叹，光是要对该机构本应直接提供的东西进行核实，同事就不得不浪费大量时间。她耸了耸肩，出乎意料地大度——她已经习惯了。对她来说，这是日常所需。

坐地铁回家的路上，穿过成群狂奔着的上班族时，我又想起了这段经历。我在想，如果那些为上车晚两分钟而抱怨的人，需要额外再穿行一条通道才能坐上电梯，他们会如何应对增加的时间呢？到了外面，走下人行道时，我甚至没有去找最近的路缘坡。但一位朋友告诉我，伦敦威斯敏斯特区对用轮椅的人来说是场噩梦，因为这里路缘坡很少。从一个地方到另一个地方的旅程可能会增加一倍——甚至两倍——因为穿过一条马路需要来回折返。而这是在英国第一部《残障人士歧视法》（1995年）出台数十年后，距残障的社会模式首次提出也有近50年时间了。

在关于"正常"身体的这段历史上，对残障的治疗和理解往往是有争议的，而且常常令人不安。在19世纪和20世纪初，关于残障的叙述游移于怪胎秀的"奇迹"和克服逆境的励志故事之间。在这个时代，《丑陋法》几乎无缝融入了医疗改善健康的叙事。不存在社会包容差异的可能：社会期待的是个人克服或至少隐藏任何异常的身体特征。

虽然一些神童——比如在1899年举行愤慨会议的那些——长

期以来一直在质疑人们看待他们的方式,但直到很久以后,对他们的排斥才开始在更广的层面上受到质疑。对我来说,我与艺术家和活动家佩尼·佩珀几年前的一次谈话很好地概括了残障的社会模式。"有些人说'有障碍人士'(people with disabilities),"她告诉我,"我更喜欢'残障人士'(disabled people)这个词,因为它传达了这样的信息:障碍不是我们拥有的东西。我们的残障是由社会造成的。"当残障活动家在20世纪70年代末提出这个想法时,残障的社会模式颠覆了通过个性医疗实现正常化的医疗模式,它指出,需要改变的是社会,而不是残障人士。

事实上,虽然人们往往认为,正常就是拥有和别人类似的外表和身体机能,但融入正常人不一定是最优选择。1906年,剧作家萧伯纳让一位医生朋友检查了他的眼睛,并得知自己视力"正常"。萧伯纳"自然而然地认为这意味着和其他人的一样",朋友"赶紧向我解释说,在视力方面,我是特别且非常幸运的人"。朋友解释说,只有10%的人拥有完美的视力,90%的人都不正常。[76]萧伯纳拥有的天赋能力是普通人不具有的。然而,有人会把不戴眼镜的人归为不正常吗?[77]如果没有,为什么不呢?

完美视力,就像完美的身体,几乎是每个人都无法达到的理想。毕竟,我们没有人是诺玛或诺曼,即平均的男女。然而,这一盛行了20世纪大部分时间的特定模式,使我们把自己与平均水平的差异视为个人的失败。我们哀叹自己无法挤进一条腰围32英寸的裤子,却从未考虑过一件衣服包含众多隐性尺寸。也许到头来,我们的腰围就是32英寸,只是大腿、小腿或腿长并非与之相对应的平均尺码。20世纪40年代,当军事工程师将飞行员的身材数据与驾驶舱的各种平均尺寸进行比照时,他们发现在4063名飞行员中，没有一人在所有 10 项尺寸中都处于平均范围内。

因此，有问题的不仅仅是衣服。我的姐夫比一般人要高得多，他外出旅行时，很难找到一张足够长的床。工作中，当我需要帮助设计一个封城期间也能自行理发的项目时，一位同事有很多经验可以借鉴，因为多年来，她在老家威尔士一直找不到可以给非洲卷发做修剪和造型的发型师。消费社会中，从门把手和电灯开关的正常高度，到熟食中的含盐量，一切都按照平均水平制作。这些平均数不仅不可能考虑到我们这些被社会变为残障之人的需求，而且，它们可能只是极少数人的最优选择。

不过，纵观历史，正常和不正常的身体一直都不仅仅关乎个人。自 19 世纪下半叶以来，体格、身材和外表的变化被用来说明或证明人类更大的恐惧。从身体退化到"肥胖流行"，人们认为，平均的身体和特殊的身体都标志着国家和社会的衰落。身体说明了人们对工业化城市生活和道德滑坡的担忧，对公共卫生的失败和国家过度介入社会的担忧，对底层社会、女权主义和种族融合的威胁的担忧。然而，所有这些对差异的恐惧都依赖于一个潜在的、常常不被承认的事物：关于什么样的身体最正常的假设。答案是：白人、中产阶级、通常是男性且从无残障的身体。这种关于正常的"理想"概念至今仍是西方社会的基础。认识到它的存在，是推翻它的第一步。

第三章
我的心智正常吗?

我在医院空荡荡的走廊里站了足足十分钟,左瞧瞧传单架,右看看指示牌和海报。上了锁的无窗房门旁置有探视规则,我的目光被其吸引,看到上面写着探访时间是下午5点到晚上9点。所有探访者必须在晚上9点前离开病房。现在是下午6点,没问题。

终于,我按下门铃,蜂鸣器响起,门被打开,我进入一个小前厅。在一个玻璃挡板后面,有一个几乎看不到她身体的女人,玻璃挡板前面的架子上有本访客登记簿。我告诉她,我来见朋友,她一言不发地让我通过第二扇锁着的门,没有要求我签到。

里面的走廊更宽,但也同样难以形容。我感到困惑,也非常害怕。我不知道应该去哪里,也没有人可以问。幸运的是,当我向右转时,我看到朋友向我走来。她眉开眼笑——她不知道我今天会来,她在正确的时间出现在正确的地点,只是偶然。她身后跟着一个护士,护士警惕地盯着我。我的朋友抱住我,问护士是否有地方让我们可以说说话。护士看起来更怀疑了。

"她是谁?"她查问道。

"萨拉是我的朋友!"朋友介绍道。护士听了解释,让我们进到一个可以坐下来交谈的侧室。我不知道她把我想成了什么人，需要报以如此敌意。

在上锁的精神病院探望朋友，最古怪的地方就是这个地方本身。与之相比，住在这里的人的任何怪癖都显得微不足道。探访了几次后，我得出结论，这个病房是为了把人逼疯而设计的。所有信息都存放在无法获取它们的地方：安全大门外放着传单，上锁的员工厕所里贴着解释你有权去见精神健康倡导员的海报——这个厕所还是我的朋友说服了另一个心存疑虑的工作人员后，我才能用的。工作人员不回答最基本的问题，或者推脱掉一些简单需求，比如使用洗衣房或给手机充电等。另一位病人指给我看一扇单面窗户，可以从走廊上看到收治室。"我昨晚一直在那里——你不知道有没有人从里面看着你，也没有人告诉你。"她忧郁地说道。住户们不是无精打采地瘫坐在休息室电视前的沙发上，就是在屋顶花园吸烟。没有人遵守到处贴着的禁烟标志。

作为唯一的访客，我显得有些与众不同。我是那晚，也许甚至是那天或那周发生的唯一趣事。我和朋友坐在杂草丛生的花园里，一个又一个人走过来打断我们的谈话，详细讲述他们过去人生的故事，无论那些故事是真实的还是想象的。

第一次访问接近尾声时，我和朋友又回到了入口附近站着。玻璃办公室里的人甚至都没有看我们一眼。我们问另一个病人怎么出去，但她不知道。时间一分一秒地过去，到了九点半，探视时间早已结束。我开始怀疑：如果我只是站在这里聊天，我会不会被当作在病房里过着单调生活的一员？毕竟，我从来没有签到。也许永远不会有人允许我离开。

然后一个男人出现在护士站的窗口，朋友敲了敲玻璃。她问道:"我的朋友可以走了吗?"那人看着我,打量了很久,最后点点头。我与朋友拥抱告别,她往后退,好让男人打开门。

访问21世纪精神病院的经历让我想起了20世纪70年代著名的心理学研究报告《精神病院里的正常人》。"如果理智和精神错乱都存在,我们该如何认识它们?"作者大卫·罗森汉恩问道。[1]确实,我看望朋友所在的病房,其规则和程序似乎都很奇怪。几个世纪以来,"疯人院"也一直是社会的寓言,以至于在英语中,贝特莱姆皇家医院(Bethlem Royal Hospital)的旧名贝德莱姆(Bedlam)词义扩大,等同于"混乱"和"不安"。威廉·贺加斯的道德故事《浪子生涯》最后一幕中,汤姆·拉克威尔被禁锢在贝德莱姆,放荡的生活方式让他发疯。人们通常认为这幅作品是1735年该院的真实写照。但就像贺加斯的大多数作品一样,也

图3-1 贺加斯的《浪子生涯》中最后一幅版画(第8幅),展示了汤姆·拉克威尔(标题中的"浪子")因放荡滥饮的生活方式而被禁锢在贝德莱姆(1735—1763)。

可以把这幅版画理解为社会评论。一位病人头戴王冠、手拿权杖，另一人膜拜着十字架，两位富有的女士则前来探望。到最后，宗教、民族主义、政治和阶级制度可能正和疯人院本身一样疯狂。

自1973年首次发表以来，罗森汉恩的研究已成为心理学的经典。据其报告，8名"假病人"设法进入美国5个州的各种精神病院。他们都抱怨听到了声音，常常是模糊的，但他们会重复像"空""洞"和"砰"这样的词。8个人都被医院接收了，其中大多数人被诊断为精神分裂症，在医院住了7到52天不等。尽管实验要求包括罗森汉恩本人在内的参与者在入院后要表现得"正常"，但没有人被工作人员发现是假病人——尽管他们同病房的人往往更加怀疑。出院时，大多数人没有被视为痊愈，而是"精神分裂症得到缓解"。

多年来，许多人对罗森汉恩的研究提出了疑问和异议——甚至最近人们还怀疑他大部分的假病人是捏造的。[2] 尽管如此，罗森汉恩的结论启发了20世纪六七十年代反精神病学运动的关键人物。R.D.莱恩、大卫·库珀和托马斯·萨斯等不同背景和信仰的精神科医生，都公开质疑精神病院及其做法。他们也对正常性这一概念本身进行了辩论。"焦虑和抑郁是存在的。心理上的痛苦是存在的。"罗森汉恩澄清说，"但正常和不正常、理智和精神错乱，以及由此产生的诊断，可能没有许多人认为的那么有实质性区别。"[3]

虽然人们常常认为正常心理的不确定性诞生于反精神病学运动，但罗森汉恩并不是历史上第一个对疯狂与理智的界限提出质疑的人。至少在过去的150年里，精神病学家、心理学家，当然还有他们的病人，一直在争论正常和不正常心理之间的分界——以及它究竟是否存在。我们对自己精神的正常程度，可能比对身体的正常程度还要不确定，身体至少可以给我们提供差异的具体证据。毕竟，即使在当今拥有神经科学和脑部扫描的时代，精神科学很少能给任何"不正当行为"的起源提供生物学或生理学证据，这意味着在今天，精神疾病——如1870年一样——主要依靠非常规行为和经验定义。那么，我们如何决定什么正常，什么不正常？

听见声音

路易斯·博克斯被周围的世界深深困扰。路易斯是位想象力丰富的年轻作家，住在伯爵府街区的一间家庭旅馆里。至少，搬进去的时候他认为那是一间家庭旅馆。现在却不那么确定了。那是1891年12月的事。路易斯走过黑暗的伦敦街道，衣领迎着刺骨寒风翻起，侦探们跟在他后面。他经过时，人们都嗤之以鼻，路易斯经常听到他们说一些讽刺的话。"今天早上他看起来挺高兴嘛！"有一天他在拐弯时听到有人讥笑。"他走了！"当路易斯快到家时，另一个声音说。他知道这些人是什么意思。人人都觉得路易斯·博克斯是开膛手杰克，是杀害东区妇女却逃脱法网的凶手。

路易斯意识到，这间家庭旅馆被警察收买了。在这里，路易斯遇到了各种阴谋诡计，目的是让他承认他没有犯下的罪行。房主是法国人，但路易斯很快意识到他不是普通法国人。这家位于伯爵府街区的家庭旅馆的主人不是别人，正是著名的神经学家让－马丁·沙可！有一天，沙可认为博克斯听不到，就告诉一个共谋者，路易斯已经意识到他是谁了，这无疑证明，这位年迈的神经学家已经来到伦敦，就是为了成为这间家庭旅馆的房东。

正是沙可设计了用来折磨路易斯·博克斯的实验，好让他招供。博克斯在床上接受电击。房间里有几部电话，壁橱背面有一块暗板。作家听到沙可与警察讨论他以前的生活。有时，医生会模仿血滴落下的动作，仔细观察博克斯，看这对他有什么影响。其他时候，共谋者们会在他面前闪动灯光，给博克斯看有伤风化的照片。路易斯的结论是，沙可也可能对他进行过催眠，看他是否有杀人倾向。

路易斯·博克斯的故事听起来就像20世纪20年代《少年报》冒险年刊中的那种惊险刺激的小说。但这却是一个年轻人的真实故事，他在1891年12月住进了贝特莱姆皇家医院。这家医院是英国最古老的精神病院，成立于1247年。到博克斯所处的时代，这家慈善机构已经从其位于丰教门的原址搬迁了两次，新址位于兰贝斯区一片绿树成荫的地方。如今这座建筑是伦敦的帝国战争博物馆（1930年，该院再次搬迁，也是最后一次搬迁）。这是一座漂亮的建筑，有一个华丽的圆顶，医院富有的院长们在此处声称，曾经困扰贝特莱姆的丑闻，已成为遥远的过去。曾经为了鼓励来访者向这家慈善机构捐款而开放的公众参观，被认为是不人道的，并于1770年终止。19世纪50年代初，金属类和帆布类束缚装置也从病房中移除了。尽管如此，医院上锁的大门对许多住院者来说仍然是多余的禁锢。19世纪70年代，一位被称为"肯特郡涂鸦者"的病人画医院的素描时，把医院画成了鸟笼，笼子外面的医生掌握着唯一的钥匙。

路易斯·博克斯最终被关进了贝特莱姆，当时他被无休止的迫害吓得惊魂未定、心情沮丧。他告诉他的兄弟和几位医生，摆脱困境的唯一办法就是自杀。这些人认为路易斯有妄想症，但这丝毫没有减轻路易斯本人的痛苦。路易斯的故事交织了维多利亚时代晚期心理学的许多不同元素：1888年的白教堂谋杀案、实验心理学、唯灵论和催眠术、新技术——电力和电话——甚至还有对心智的新理解。博克斯最终得出结论，虽然他没有有意识地谋杀任何人，但他可能无意识地谋杀过。随着关于心智的新心理学方法越来越重要，随之而来的还有一种观点：并非所有行为都由有意识的想法促成。在19世纪90年代，无意识、潜意识和双重意识的理论被用来解释自动行为或隐藏记忆。

在种种不利的情况下，路易斯·博克斯要想做个正常人极其困难。他经历的世界并不正常。事实上，如果我们也相信他受到了迫害，他的反应可能会显得完全合理。在前精神健康护士和小说家内森·法勒2019年关于精神分裂症的非虚构作品《心田》中，这一点得到了极大的重视。法勒完全按照受访者的经历讲述他们的故事。精神病学的中心"是人"，法勒指出，"那是他们的故事"。[4] 如果你确定房东正在拿你做实验，我想你也会感到非常痛苦。有可能，哪怕最后意识到情况并不像你所想的那样，这种感觉还会继续存在。

15年前，类似的事也曾发生在我身上。那时候我工作压力很大。某个休息日，我正坐在图书馆里写作，突然意识到房间另一边有两个不认识的女人在谈论我。我一边假装工作，一边仔细观察她们。我假装无动于衷，起身在稍近的书架上寻找一本书。虽然只能听到十分之一，但我依然认定她们在散布关于我的恶意谣言。如今，我很确定那是工作的压力使我变得偏执了。然而，那一刻的记忆，以及随之而来的情绪我依然记得清清楚楚。我甚至可以看到她们对我侧目而视，尽管这可能从未发生过。

我们如何解释和应对所处的社会环境，在很大程度上是一个认知问题。这些认知本身是由围绕着何为正常的一些偏见和假设形成的，往往基于阶级、种族和性别。然而，"异常行为"往往是精神病学里的决定性考验。美国精神病学圣经 *DSM-III*[①] 的创作者们在 1980 年坚定地指出，"精神分裂症概念的核心是这种疾病干扰了正常的社会功能"，认为无法表现正常是确诊严重精神疾病的决定因素。[5] 但是我们如何判断这种干扰的程度？甚至究竟什么是正常的社会功能？这两件事都来源于我们对周围世界的体验。这些体验会因我们所处的时代、国家、年龄、性别、种族和背景而不同。正常的功能没有普遍性。

也许在一些读者看来，路易斯·博克斯的幻想生活显然并非正常，即使你能理解这对路易斯本人来说完全真实。那么，对早几年前，即 1886 年一个更加平凡的早晨的描述呢？住在英国普朗斯蒂德市里彭别墅的约瑟夫·柯克先生在衣服穿到一半时，被一声巨响吓了一跳。柯克以为有人使劲关上了他家地下室前门，这是门闩上锁发出的声音，因此他恼怒地想送奶工一定是迟到了。这种情况最近经常发生，这意味着仆人玛丽不得不在早餐前出去拿牛奶。柯克先生穿好衣服，迈下楼梯向厨房走去，途中正好碰到玛丽。这个女孩穿着外出服——棕色草帽和黑布夹克，里面套着浅色印花连衣裙。当柯克到达厨房门口时，玛丽从他身后经过，走向洗碗间。柯克先生对送奶工的气还没消，他对妻子大声表示

[①] DSM 是《精神障碍诊断与统计手册》(*Diagnostic and Statistical Manual of Mental Disorders*)的缩写，由美国精神病学会（APA）于 1952 年首次出版，通常以首字母和版次表示（第 1 版至第 4 版用罗马数字 I–IV，第 5 版改为阿拉伯数字）。目前的版本，即 DSM-5，出版于 2013 年。

不满："所以玛丽又不得不出去拿牛奶了。"柯克的妻子惊讶地摇了摇头。"玛丽今天早上没有出去过，"她坚定地告诉他，"她现在在早餐室里干活呢。"约瑟夫·柯克意识到，他所看到和听到的玛丽一定是"非常生动逼真的幻觉"。[6]

幻觉——听到或看到别人没察觉的东西——今天被广泛认为是严重精神失常的症状。然而，幻觉也是许多其他情况的症状，如发烧、感染或药物引起的精神错乱。当我年迈的婆婆开始看到动物爬上墙、缥缈的身影在她的客厅里纵火时，我和我的伴侣不知所措，后来治疗尿路感染的抗生素彻底解决了这些问题。尽管如此，当独居在几英里之外的婆婆又一次开始出现幻觉，吓得不知如何是好时，我们不得不反复与全科医生争论，而全科医生却始终拒绝开抗生素处方 。一位医生说："我无能为力，这是痴呆病。"——哪怕我们知道这不是痴呆病，也告诉过他了。

视力突然恶化也会引起幻觉，即所谓的邦纳综合征，因为大脑试图填补视神经收到的信息中意外的空白。而且，即使是拥有20/20[①]视力的人，看到的东西也不是眼前世界的客观图景，而总是经过感知的过滤。第一次在 YouTube 上看到丹尼尔·西蒙斯著名的选择性注意力测试时，你有没有看见从篮球运动员旁边走过的大猩猩？[7]我们感知到的并非总等同于正在我们面前的事物。

所以，幻觉根本不一定是精神疾病的证据。但它们是否也与正常兼容呢？十几年前，我参加了一个帮助人们理解和支持工作场所心理健康的试行培训课程。有节课我记得特别清楚。课程开

[①] 在距视力表 20 英尺处，"正常"的视力能够看到的东西。等同于小数记录法视力表中的 1.0，标准对数视力表中的 5.0。——译者注

始时，领头人鼓励我们两两一组，分享日常经验，这可能有助于我们理解一些精神疾病的极端情况。"这个怎么样？"我向我的搭档——一位光是待在房间里就显得相当焦虑的中年保安建议道："你以为听到有人喊你名字，但转过身来却没有人在那里。"他立刻面露惊恐。"但那不是……正常的吗？"他结结巴巴地说。是的，毕竟这就是练习的全部意义所在。

他担心别人可能认为自己不正常，这反映了今天普遍存在的一种假设，即看到或听到并非客观真实的东西是令人担忧的病态。临床心理学家玛丽·博伊尔在20世纪末写道："人们普遍同意，虽然各社会群体的反应不同，但现代西方社会特别反感幻觉。"[8]

相反，在某些宗教教派中，人们可能通过禁食、剥夺睡眠、施加痛苦或社会隔离来寻求神秘体验。在不同历史时期，听到或看到别人看不到的东西，并非一律被判定为精神疾病。当历史学家迈克尔·麦克唐纳探索17世纪早期占星医生理查德·纳皮尔的档案时，他发现虽然许多人因精神痛苦或非正统行为向纳皮尔求助，但是幻觉经常不被认为是一种问题。[9]麦克唐纳的结论是，在当时的宗教和文化背景下，人们更容易理解这些经历。听到上帝的声音是一种精神体验，而看到超自然的生物或目睹魔法，即使是医生也不会深究。

约瑟夫·柯克在1886年看到女仆幻象一事被英国心灵研究协会（SPR）汇编的《幻觉调查》报告列为许多"正常人的幻觉"之一。SPR成立于1882年，旨在用科学方法调查各种超自然现象。虽然SPR的一些成员认为维多利亚时代晚期的超自然现象是巨大的骗局，但其他成员对"更广泛的规律或更大范围的现象……可能存在，并可能仍然有待发现"的建议持开放态度，正如精神病学家、SPR 的支持者丹尼尔·哈克·图克诗意地说的那样。[10]"具有本协会的成员资格,"SPR 章程中写道,"并不意味着接受对调查现象的任何特定解释,也不意味着相信在物理世界中存在着除物理科学承认的力量之外的其他力量的作用。"[11] 真相可能尚待发现……但同样也可能不是。与《X 档案》中的福克斯·穆德不同的是,SPR 正在小心翼翼地做两手准备。

他们的调查始于 1889 年,完成于 1892 年。调查问道:"你是否曾经在认为自己完全清醒的情况下,清晰记得看到过一个生命体或无生命物体,或被其触摸过,或听到一个声音,且就你所知,这种印象不是任何外部物理因素造成的?"在 17000 名受访者中,有 2272 人回答他们有过这样的经历,约占总数的 13%。[12] 当然,人们很容易对 SPR 的抽样——就像许多维多利亚时代的调查一样,传播在很大程度上依赖于研究人员的朋友关系网——或者对他们利用调查探索心灵感应的机制的目的提出异议。不过,这次调查是对视听幻觉的首批统计研究之一。

《幻觉调查》的结论是,虽然幻视、幻听不是大多数人的日常经历,但也不能证明它不正常。作家埃德蒙·格尼说,认为幻觉是病态的这一观点阻碍了人们尝试理解幻觉。格尼写道:"那些从未遇到任何幻觉的人的头脑中,有一种模糊的偏见。这些人往往很难让自己相信,一个理智的、健康的、清醒的头脑真的可以瞬间脱轨,可以在静谧里捏造出声音,在空白中虚构出人物。"[13]

20 世纪的研究发现了与 SPR 类似的结果,报告称 10% 至 50% 的人在一生中的某个阶段会出现视觉或听觉的幻觉。[14] 这些经历当然并非总是良性的,然而它们也不一定是令人痛苦或不愉快的,哪怕是在当下的世界。在人们努力将其融入自己的生活或向他人解释时，它们才往往成为问题。

2013 年，听声网络（HVN）的埃莉诺·朗登在 TED[①] 演讲和 TED 图书中讲述她在 21 世纪初接受精神病治疗时谈到了这一点。朗登还是个学生时，开始听到有声音在叙述她的一举一动。起初这并没有真正产生困扰，但先后被一位朋友和一位医生告知她生了严重的病，朗登的生活开始分崩离析。这些声音变得如此严重，以至于父母不得不阻止她在自己的头上钻洞来把它们弄出来。

她被诊断出患有精神分裂症。什么都起不了作用，直到一位精神科医生最终鼓励她从这些声音中寻找意义，并回应它们。最后，情况有所好转。2013 年，埃莉诺·朗登仍然听得到声音，但她已经学会了如何倾听和管理它们。

今天，HVN 等团体为那些幻听和幻视的人们提供支持。[15] 他们的网站上写着："尽管相对常见，但是许多有幻听、幻视或类似经历的人觉得很孤独。因为他们担心遭受偏见、歧视，担心被看成'疯子'，所以保持着沉默。"然而，"大多数幻听的人根本没被诊断出任何疾病。有些人认为幻听和幻觉是他们生活的重要组成部分"。[16]

现代医学并没有为提高我们对幻觉的理解做出大量工作，哪怕 HVN 等同伴支持网络已经为那些体验过幻觉的人做了很多宣传。毕竟，幻听是可能与所谓的正常生活兼容的。它也可能是一种需要应付的日常斗争，在应对他人反应的同时，也要应对具有侵入性质、往往令人痛苦的幻觉。我曾经旁听了伦敦南部一个 HVN 支持小组的活动，参与者讨论了他们的观点和想法。一位女士分享了她的愿望，希望能走进一家咖啡店，并被当作正常人对待，不

---

① 指 technology（技术）、entertainment（娱乐）、design（设计），是美国一个非营利组织。——编者注

会因为她的行为而被看成与众不同。其他人谈到了他们的应对策略——音乐、冥想或转移注意力——这是生活的一个必要方面，因为尽管进行了大量药物治疗，小组中的每个人都依然能听到声音，尤其是在压力大的时候。主持人问大家："关于幻听，你们最想让人们了解的事是什么？"一个期间几乎没有说话的安静年轻男子立即开口："这种情况可不是一吃药就能恢复正常的。"

了不起的反常者

在 19 世纪和 20 世纪初，理智和疯狂之间的界限愈发模糊。这不仅是因为出现幻听、幻视等不太常见的经历有了新的解释，更是因为像情绪低落、担忧、焦虑，这些精神生活中更普遍的特征也有了新的解释。19 世纪早期的精神病学家认为，大多数人实际上都精神正常，而他们后来的同行则对一系列精神健康问题投入了更多关注。这不仅重塑了普通人看待自己精神状态的方式，而且大大增加了被认为不太正常的人的数量。当弗洛伊德最终宣布我们都是神经质时，正常的精神状态就成了大难题。神经质是常见的，但也是不健康的。完全健康反而是不寻常的，或者几乎是不可能的。那么，哪一个才是真正的"正常"？

"我们可以把精神进化的过程比作一条宽阔的道路。"1925 年，拥有奇妙名字的精神病学家西奥菲勒斯·巴尔克利·西斯洛普（Theophilus Bulkeley Hyslop，朋友们叫他 T. B.）在一本名为《边界地带》的流行读物中这样解释。在狭窄的人行道上，精神正常的人正在前进——他们"相对安全"，除非发生意外或受伤。在阴沟里的是那些从路边跌落的人，是"罪犯、酒鬼和疯子"。在这两者之间有一条宽广的生活之路，大多数人在为生存而奋斗的过程中都会经过此地，这里人群喧闹，气氛紧张。西斯洛普说，大部分人被贴上怪人或幻想者的标签，他们"行为古怪、好色、不稳定"，他们的步伐使他们对自己和他人都不安全。[17] 这些给西斯洛普带来如此威胁的庞大人群，在统计学上，是人口中的正常值或平均数；在医学上，他们都是神经质。

西奥·西斯洛普——这是 T. B. 在工作中使用的名字——是一个有趣的人物，通过他可以追踪当时兴起的对神经症的关注。在写《边界地带》的时候，他已经 60 多岁了，并且已经在私人诊所工作了十多年。他后来的出版物表明，他固执己见、自相矛盾，有时还很老派，尽管住在伦敦，但他把身体和精神的退化，即他所称的"脑疲劳"（brain fag）归咎于城市生活的噪音和压力。[18]

西斯洛普的职业生涯跨越了"边界地带"的鼎盛时期。小西奥出生于 1863 年，是在一家真正的精神病院长大的。两岁的时候，他的父亲威廉在英国什罗普郡购买了斯特雷顿疯人院。与大多数精神病院一样，院长一家也住在此处。这促使西奥日后成为医生，后来他专攻精神病学，在贝特莱姆医院工作了 20 多年，直到 1910 年转为私人执业。他还热衷于艺术、写作和音乐，并且是各种社会和政治团体的成员。

当今作者眼中的西斯洛普通常是一位厌世的优生学倡导者，如果确有作者留意到他的话。他鄙视他的病人，并抨击现代主义艺术是现代性的精神错乱（他确实不喜欢罗杰·弗莱和布卢姆斯伯里文化圈）。[19] 现实情况要更为复杂。事实上，在贝特莱姆，西斯洛普最亲密的朋友中有些似乎就是他的病人。在他的教科书《精神生理学》的序言中，西斯洛普感谢了 3 个人：一位是莫里斯·克雷格，他是资历较浅的同事。另外两位是病人，沃尔特·亚伯拉罕·海格和亨利·弗朗西斯·哈丁。事实上，西斯洛普对精神病院外的神经质人群感到挫败，似乎是因为他对疯癫本身抱有浪漫化的看法。在他"有点像小说"的作品——一位同事毫不客气地评价道——《1905年，格列佛重访拉普达》中，拉普达精神病院的住院者都有一种"真实和正直的精神"，除了一些"古怪行为，他们与所谓的正常人没有什么区别"。[20]

在《边界地带》出版的同一年，西斯洛普还撰写了一本《了不起的反常者》，该书标题很能说明内容。这是一本相当混乱的历史和哲学杂谈，涉及暴君和专制者、幻想家、巫术、迷信和天才人物，西斯洛普说它是"对更伟大的宽容精神的呼吁"。他指出，虽然有"那些不符合我们自己顽固的精神标准的人"，然而，一些"即将被当作'不正常'的人已经是'地球上最伟大的人'"。[21] 如果抱以更大的宽容，西斯洛普确信，天才们将不再需要寻求避难所（他指的是精神病院）来隐藏他们古怪、非传统或不正常的行为。[22] 但同时发出警告，这些人可能还是不该生育后代。

西斯洛普说这话时可能想到了他的朋友沃尔特。沃尔特·海格自1882年以来一直在贝特莱姆进进出出，第一次入院时他27岁。他受过大学教育，当过教师，在业余时间还写作和演奏音乐。海格还有幻视和妄想的症状，他的妄想症极其严重，所以即使他有一张可以自由出入医院的通行证，也从未使用过。1888年西斯洛普来到贝特莱姆后，这两位音乐家似乎变得很亲密。海格与西斯洛普定期通信，讨论工作和家庭以及他的症状。沃尔特·海格几乎总是把"理智"（sane）和"精神错乱"（insane）这两个词放在引号里，表明理智和精神错乱是相对的。西斯洛普后来开始在他

的教科书中提到"所谓的精神错乱"，也许是受到朋友的启发。²³

西斯洛普对身处边界地带的神经质人群心怀敌意，部分是出于对那些半途跌落之人的忠诚。西斯洛普——假定他是一个理智的个体——与不健康的神经质人群相比，他与"疯子"沃尔特·海格有更多的共同点，或者说他是这么认为的。当这位精神病学家在1933年去世时，一位前同事指出，西斯洛普的晚年"笼罩在某种神经症性质的病症引起的阴云中"，他的这种焦虑状态是在"一战"空袭期间出现的，后来表现为肩膀和脸部的抽搐。到头来，T. B. 也是个神经质，但正常的人。

到19世纪80年代，大多数精神病学家直接认定，理智和精神错乱的区别在于程度，而非种类。虽然它们仍然两极对立，但这两者现在被一个非常大的群体分开了，这个群体"充满了神经失常的种子"。²⁴ 但是医生如何识别这个边界地区的居民呢？简单地说，这些居民都是忽略了"更简单的社会习俗"的"那种人"，从性错乱者到社会失范者、疑病症患者和自残者。²⁵ 他们患有哪种神经症，是根据他们违背了家庭、同龄人和社会领袖的哪种期望来确定的。他们的行为可能会对他人造成困扰或伤害，也可能只是造成不便。无论怎样，异常这一概念的定义主要包括非常规的行为。而对这种行为的最新解释是需要医疗关注。

当然，许多维多利亚时代的习俗在我们现在看来是非常不寻常的，这清楚地表明，对异常心理的定义是多么密切地依赖于社会期望（现在仍然如此）。1895年10月，年轻的社会主义者伊迪丝·兰彻斯特——电影《弗兰肯斯坦的新娘》中女主演艾尔莎·兰彻斯特的母亲——向她富有的父亲宣布，自己打算与工人阶级的情人同居。她的父亲吓坏了，立即请来年长的精神病学家乔治·菲尔丁·布兰福德看诊，后者证明 24 岁的伊迪丝疯了。布兰福德认为这位年轻女子决定未婚同居——更不用说还是和来自不同社会阶层的男人——是"社会性自杀"。她的行为不仅藐视传统，而且会在未来对会她的社会地位造成相当大的损害。伊迪丝被强行带到罗汉普顿精神病院，"过程少不了一番挣扎与制伏"，然而两名精神病委员会委员（国家精神病院检查员）很快就推翻了布兰福德的诊断，让伊迪丝出了院。[26]

1896 年，《精神科学杂志》发表了一篇为布兰福德辩护的文章。文章措辞谨慎，暗示虽然蔑视正常习俗不应必然判为精神错乱，但伊迪丝·兰彻斯特的行为仍有可能是精神失常的结果。[27] 对此，法院不予支持，兰彻斯特被裁定是理智的。然而，这个案例清楚地表明，在过去一百多年里，被判定为精神病的人往往是因为他们不合常规的行为而引起当局注意的。虽然有钱有势者能够对抗对他们的判决，但其他人不能。那些最有可能因诊断为精神疾患而遭受负面影响的人是 20 世纪社会的边缘人、弱势群体和无产者：未婚妇女、黑人、老年人、持不同政见者、出于道义原因拒服兵役者、LGBTQ 人群①、无家可归者等。[28]1851 年，美国医生塞缪尔·卡特赖特甚至发明了一种新的疾病——漂泊症，他给逃跑的奴隶下此诊断。卡特赖特认为，逃跑并非美国奴隶对残酷待遇和缺乏自由的理性反应，而是"与任何其他类型的精神错乱一样，是疾病"。[29]

理智可以成为受社会和法律控制的有力工具。卡特赖特试图让他治疗的奴隶"正常化"，他告诉奴隶主要确保所有黑人始终处在"《圣经》教导他们应该固守的位置，即顺从的位置"，这

---

① 指女同性恋者（lesbin）、男同性恋者（gay）、双性恋者（bisexual）、跨性别者（transgender）、酷儿（queer）。——编者注

明显是种族主义的医疗控制观点。[30] 在同一世纪，被诊断为歇斯底里的中产阶级妇女，如小说家夏洛特·帕金斯·吉尔曼，都要接受"休息疗法"，包括卧床休息、隔离、电击、按摩和过度喂食。[31] 目的也是让她们保持顺从——当然这种疗法对身体造成的暴力伤害要少很多。医生不允许吉尔曼读书和工作，她在1892年出版的《黄色壁纸》中痛斥了这段单调乏味的经历。

正如历史学者伊莱恩·肖沃尔特所说，歇斯底里是典型的"女性疾病"。[32] 虽然男性也会被诊断为歇斯底里，但这个词本身——源于希腊语的"子宫"——就强调了其女性起源。男性更常见的诊断是神经衰弱，这是由美国神经学家乔治·米勒·比尔德在1869年提出的"文明病"。正如没有胡子的比尔德①所描述的那样，神经衰弱是神经功能耗竭的一种形式。现代生活无疑是罪魁祸首，因为需要不断消耗精神能量，使得神经疲惫不堪。比尔德说，神经衰弱导致了头痛、关节疼痛、神经痛、易怒、病态的恐惧、发冷、颤抖、出汗、失眠和其他一系列身体和精神症状。幸运的是，它也是社会地位的标志。神经衰弱是一种与财富和教育有关的疾病，在美国白人中最为常见，"几乎在每一个从事脑力劳动的家庭中都能发现"[33]（他暗示，表现出同样症状的工人阶级或黑人很可能只是懒惰）。

与神经衰弱一样，歇斯底里的症状范围很广，身体上找不出原因解释病症时，它往往是最后的诊断——特别是如果病人是年轻未婚的女性的话。歇斯底里可能表现为失明、瘫痪、痉挛、抽搐、昏厥、疲惫、情绪失控等。人们也可能认为是非常规的行为导致

---

① Beard 除了指姓氏比尔德外，还有胡子的意思。——译者注

阶段一 大幅度运动

阶段二 扭曲运动

图 3-2 1881 年，神经学家让 – 马丁·沙可描述的歇斯底里的两个阶段。沙可声称歇斯底里有一个固定模式，尽管这在他的医院之外并不明显。

第三章 我的心智正常吗？

了神经症状。当伊夫林·琼斯在 1895 年被送进贝特莱姆医院时，人们认为她的病因是阅读了达尔文理论和其他科学书籍，以及她与一位女性朋友过于亲密。[34]

结婚成为治疗女性神经失常的一个普遍建议。1894 年，来自哈彭登的 25 岁教师爱丽丝·罗斯·莫里森向著名的神经学家维克多·霍斯利咨询时发现了这一点。过去四年里，爱丽丝一直有梦游的症状。这让她很担心，因为有时她会直接走到街上，有一次还一直走到她姐姐的住所。有时她还会点火或做出其他危险的举动。她还会发出很大的噪音，敲打门，用头撞地板。1893 年圣诞节前后，爱丽丝·莫里森开始在睡梦中写信，第二年夏天，她白天也会出现精神恍惚的状态。大约在这个时候，其他人格出现了。"夜曲"会在晚上接管爱丽丝的身体，而第三个调皮的人格则会藏匿和偷窃"莫里森"不知道的东西，"莫里森"是她对原来的自己的称呼。1894 年 7 月，她去见了霍斯利医生，他不加考虑地说，"休息和婚姻"会治愈她，这令她恼怒。这位坚定的年轻女子后来告诉贝特莱姆医院的精神病学家，她"不愿听从他的建议"。[35]

其他女性被家庭、朋友和医疗专家逼着走上了结婚生子的老路。表现正常了，就是被治愈了。19 世纪八九十年代，许多医生认为婚姻可以"治疗神经性疾病"，尽管其他人担心这有可能使人口中的神经性疾病激增，进一步增加精神不稳定的人数。[36] 安德鲁·温特——第一位描绘了边界地带人群的作者——认为妇女处境的变化导致了酗酒现象的增加。中产阶级妇女受教育程度不高，她们的丈夫搭乘新铁路线通勤上班不在身边，所有家务又交给了仆人。温特想知道，在这种情况下，人们怎么能指望又无聊又孤零零的家庭主妇"成为明智的妻子"呢？[37] 只要女性有足够的家务事做，就能恢复正常了。

神经症是由我们周围的社会造成的，接受这一观点也许并不难。然而，假设有些类别的精神疾病是稳定存在的也同样容易。然而，不管某些精神疾病的经历有多大的危害和痛苦——对那些经得过这些疾病的人和关心他们的人来说——它们很少像我们以为的那样，距离我们的生活如此遥远。它们也不会影响一个人生活的各个方面。正常的行为——在任何意义上的正常——肯定与精神错乱不相容，就像不正常的行为和经历与理智不相容一样。这就是为什么我的整个研究过程，一直伴随着西奥·西斯洛普在1895年的自嘲："假定我们是理智的个体，在他人解释自己的经历时，我们对这些解释设定的限制要抱以慷慨之心。"[38]

神经症是新正常

意识是什么？根据最近一本关于该主题的哲学论文集，即使在今天，这个概念也是"出了名的模糊"。[39] 我们所说的"意识"，是否只是指清醒和有感知？我们是否有一个内在的自我，观察和解释着我们周围的世界？还是说，自我的概念是我们有意识的思想创造的叙事成果？如果是前者，那么分裂或多重自我似乎并不正常；如果是后者，多重自我可能更容易得到理解。在歇斯底里的时代，意识可能被分裂、破坏或倍增。可以通过催眠术或降神会来改变。它有多个层次：有阈下意识、潜意识或无意识。爱丽丝·莫里森和其他处境类似的人的经历使人们开始质疑意识是单一的、统一的这种想法，而这种想法以前似乎正是"正常"精神状态的定义。

爱丽丝·莫里森并不是第一个有记录下的"双重意识"的案例。[40]在法国，十几岁的女裁缝费莉达·X在经常进入第二状态后，于1858年开始看医生，她在回到"正常状态"（她的医生如此称呼）后立即忘了第二意识中的行为语言。随着时间的推移，第二状态变成了通常的状态，而费莉达原来的状态则消失了。[41]沙可的学生皮埃尔·雅内对一个病人进行催眠，产生了类似的结果。中年农妇莱奥妮·B经过催眠，可以变成一个更有活力的人格，莱奥妮称之为莱奥汀妮。之后，雅内设法创造出"莱奥妮3"（或莱奥诺尔），她看上去又是一个独立实体。[42]欧洲其他地区和英美的心理学家、哲学家认为，这些多重人格可能有助于我们更好地理解歇斯底里，以及正常意识本身。

只是，事情并不是这样发生的。到20世纪初，催眠术和精神研究似乎越来越令人怀疑。当心灵研究学会（SPR）创始人弗雷德里克·迈尔斯的《人格及其在身死后的生存》于1903年（当然，是在他死后）出版时，唯灵论和心理学之间的联系已经开始断裂了。这并不是对"超常"（如迈尔斯自己所言）研究的结束，而是正常的心智开始有了新的方向。其中的一个原因非常简单：在催眠方面，西格蒙德·弗洛伊德说的都是废话。

这位年轻的维也纳神经学家没有像雅内和其他人那样对病人进行催眠，而是坐在他们身后，解析他们说的话。这当然是弗洛伊德的方法与他的导师约瑟夫·布洛伊尔的方法之间的主要区别，后者对他的病人采用宣泄催眠法。然而，布洛伊尔一位"歇斯底里"的病人声名鹊起，因为这位病人在精神分析学的发展中扮演了重要角色。"安娜·O"小姐后来被确认为贝莎·帕彭海姆，一位奥地利女权主义者，后来的犹太妇女协会的创始人。在布洛伊

图 3-3　鲍德温神经药的广告，这是许多声称能治疗歇斯底里和其他"神经痛和神经疾病"的专利药之一。约 1900 年。

尔 1881 年第一次为她治疗时，帕彭海姆才 22 岁，"充满了智识上的活力"，尽管"在她的清教徒家庭中过着极其单调的生活"。[43] 布洛伊尔和弗洛伊德得出结论，正是欧洲中产阶级妇女庸庸碌碌的平凡生活导致了贝莎·帕彭海姆精神异常。

帕彭海姆的第一个症状是"系统性白日梦"，随后很快出现了更容易被家人注意到的迹象：斜视、严重的视力障碍、瘫痪和四肢挛缩以及持续的梦游症。1880 年 12 月 11 日至 1881 年 4 月 1 日期间，她一直卧床不起。4 月，帕彭海姆开始接受布洛伊尔的治疗。她的症状很严重，"只有在白天的一小段时间里，她才会完全正常"。[44] 在治疗过程中，她和布洛伊尔讨论了每个症状的出现，将它们与她早期生活中发生的事情联系起来，例如她父亲的疾病和死亡。医生惊讶地发现在催眠状态下，"每一个症状在她描述了它第一次是如何发生的后就消失了。"[45] 历史学家对安娜·O 的治疗有相当不同的看法。回忆的过程在布洛伊尔对帕彭海姆的治疗中发生得很晚，而且似乎并没有像他表示的那样，有长期治愈的功效。[46]

布洛伊尔称他对安娜·O 的治疗为"谈话疗法"：这个词后来与他的门徒产生了不可磨灭的联系。今天，弗洛伊德通常被认为是第一个使用心理学方法治疗精神疾病的人。许多人还认为弗洛伊德是第一个将精神失常放在从精神病到神经症再到正常健康这个连续体中看待的医生。如我们看到的，这并非事实。弗洛伊德甚至不是第一个或唯一采用心理疗法的人，当时这个词已经被偶尔用来指直接或间接的心理保健建议。[47] 然而，尽管他最终既是科学家也成了个人崇拜的偶像，弗洛伊德确实强调了几件后来在正常心智的历史上变得很重要的事情：儿童期发展的作用；不正常概念超出边界的扩张。

对弗洛伊德来说，我们都有神经症，都处在正态曲线的最边缘。正如他在 1913 年写给自己的门徒卡尔·荣格的著名决裂信中所说："我们分析师中有一个惯例，就是每个人都不必为自己的一点神经症感到羞耻。"弗洛伊德声称，荣格是一个"行为异常却一直宣扬他很正常"的人。这表明他缺乏洞察力，这是不能容忍的。"我建议我们就此断绝关系。"弗洛伊德愤怒地总结道。[48] 不正常并不一定成问题，只要人能意识到这一点。

在弗洛伊德之后，正常的心智不复可能。这提高了精神分析的普及率，直到弗洛伊德在 1939 年去世后很久，任何社会地位高的人都会去看治疗师，尤其是在美国。"神经质"成了一种修辞，是对轻率行为的描述或自嘲，而不是一种诊断。然而，神经症的概念也塑造了我们的生活，加剧了 20 世纪末我们对自身心智的正常性的恐惧。我们开始好奇，害怕蜘蛛或开放空间说明了什么？成人生活中的不寻常行为是否暗指我们童年时代有一些深层的、黑暗的秘密？对维多利亚时代早期的人们来说，异常是一个遥远的威胁，但这种情况不复存在了，异常永远存在，是我们每个行为背后的阴影，每天都可能击垮我们。

什么是心智正常？

你有没有担心过自己可能会疯掉？我在 20 多岁时参加了一个关于疯狂史的课程，这是导师问我们的第一件事。四分之三的人立即承认他们有过这种担心。其他人则感到尴尬和孤立——也许担心自己像卡尔·荣格一样缺乏洞察力。"我从来没有担心过会发疯！"其中一个人抗议道，焦急地环视着纷纷举起的双手。"这说明我不正常吗？"19 世纪末和 20 世纪初的精神病学家可能会认为她是心理健康的极少数幸运者。然而，她的话反映了后弗洛伊德时代日益风靡的假设，即那些从未质疑过自己理智的人只是自欺欺人罢了。

尽管有这些恐惧，许多人继续试图在日常恐惧和我们认为的彻底的精神错乱之间维持界限。维多利亚时代后期的精神病学家认为大多数人精神不正常，弗洛伊德认为几乎每个人都是如此，而最近的统计数字则更令人宽慰："四分之一"。自 21 世纪初以来，慈善机构和反污名化运动一直在告诉我们，每四人中就有一个会在生命中的某个时刻遇到心理健康问题。这远没有弗洛伊德假设的那么普遍，虽然它仍然表明，精神困扰是一种相对普遍的现象。

这个统计数字又是怎么来的呢？这个数字出现在 21 世纪初，世界卫生组织的一份报告提出了这样一个惊人的观点："超过 25%的人一生中会出现一种或多种精神或行为障碍。"[49] 当一位精神病学家和一位神经科学家——斯蒂芬·金恩和杰米·霍德——追踪这篇论文的参考文献时发现，这个神秘数字是凭空出现的。[50] 该研究引用的三篇论文根本没有提出这个说法。事实上，有两篇论文给出的精神障碍终身患病率的数字高得多。

金恩和霍德能够找到的唯一给出约四分之一这个数字的研究是年度成人精神病发病率调查（APMS）。该调查发现在英国，仅过去一周内，就有 23% 的人经历过心理健康问题。自然，由此推断出的终身患病率定会远高于 23%。金恩和霍德还发现，不同研究对于精神疾病的定义有很大差异。DSM 中列出的一些疾病——包括"男性勃起障碍"和"尼古丁依赖"（我没骗你）——并没有包括在大多数调查中。2010 年，一项研究中把 ADHD（注意缺陷与多动障碍）纳入定义，导致心理健康问题的发病率大幅上升。

金恩和霍德总结说，四分之一这个数据之所以流行，并非因为它有证据支持，而只是因为它"不多不少"。[51] 它使我们的痛苦经历看起来可以接受，也给我们痛苦会结束的希望。然而，各国对终生患有精神疾病的统计表明，这个数字接近一半。[52] 换句话说，从统计学上讲，精神疾病实际上是很正常的。

我们启程踏入精神错乱的边界地带，这片区域在不断扩大，表明正常或不正常心智的定义在医学上和社会上都发生了巨大的变化。虽然维多利亚时代的精神病学家认识到，正常是由社会习俗形塑的，但仍然认为许多人是完全理智的。对于那些不符合强加给他们的狭窄限制的人，他们得到的治疗建议是遵循传统：歇斯底里的女孩应该结婚；酗酒的家庭主妇只需要多做一些清洁和育儿工作。今天，我们可能会把信仰寄托在化学品或神经学的情感和行为模式上，但这并不总是有益健康。有时，这使我们对继续形塑着我们对正常和不正常行为态度的社会期望视而不见。当然，在我们最黑暗的时刻，医学可能会支持或支撑我们。但它也可能使我们陷入对经验的狭隘诠释。

让我们最后一次尝试定义正常心智以作结束。1967 年，密歇根大学医院进行了这一项研究，希望产生一个条理更连贯的关于正常的定义，以便将其应用于心理健康。一组见习精神科医生和一组被诊断为精神分裂症的患者接受了同样的测试。参与者被问到，一个"典型的正常人"在任何特定情况下会有什么反应。在一个例子中，受试者被问及如果老板在同事面前叫他"蠢货白痴"，这个"典型的正常人"会怎么做。仅仅是精神科医生的反应就从"生气但决定忘记这件事"到"非常愤怒——辞职"不等。虽然样本非常小，但研究人员认为彼此的区别却很大。[53] 换言之，正常人对什么是正常行为有着截然不同的看法。

"州立医院的精神分裂症患者"——一个可怕的简化描述——之间的差异比精神病学家还要大。这群人倾向于较温和的一端。虽然没有见习精神科医生认为一个正常人在被称为"蠢货白痴"时根本不会在意，但10%被诊断为精神分裂症的人选择了这个选项。31%的精神病患者也选择了温和的反应（"生气但决定忘记"），而只有8%的见习医生有同样的想法。

我们该如何看待这些不同？这是否意味着，一些被诊断为精神分裂症的人比那些所谓"正常"的精神科医生更不被其他人的行为困扰？还是说，也许对这些医院的病人来说，对正常进行定义会牵扯更多的利害得失？他们对测试的反应，很可能是因为该概念在他们被诊断为精神病的经历中起到了核心作用决定的。正如该研究十年前的一项关于精神病院生活的研究指出的那样，"'正常'这一概念，以及病人可能想象到的其中默示的一切，是病人意识里主导其在医院一切行为的组织因素。"[54] 被别人承认为正常人，就可能提前出院。以一系列不被许可的"不正常"的方式行事，可能被苛刻地对待或撤销特权。

这一关于正常的概念非常不公平，但在今天的精神健康护理中仍然很重要。几乎没有给文化差异留下空间。正如在密歇根大学的调查中，对正常行为进行定义时，会把高薪专业人员的生活方式和经验置于病人的生活方式和经验之上。就像19世纪末的男性精神病学家对女性的恰当社会行为进行假设一样，今天中上阶层的精神病医生也会带来自己的假设和偏见。当你有车、有信用卡、有保姆，并且会忘记其他人没有这些东西的时候，去超市购物似乎是一件很容易的事情。当有关正常的种种概念建立在特定的中产阶级生活方式的基础上时——它们常常如此——那些在此领域之外的人就更加难以顺应了。然而，不能顺应却被认为是疾病的标志。

这些关于正常的概念是按照年龄、性别、阶级和种族划分的。我 20 岁出头的时候，患有严重的抑郁症。一个和朋友们去酒吧的晚上，危机突然爆发。我最终进了急诊室，但在那之前，我的室友和男友在走廊上打了起来，邻居报了警。警察到达后发现我浑身是血。"谁干的？"他们指着我手臂上的伤口，一遍遍地问我。"是你的男朋友吗？"面对一个住在伦敦东部公租房里痛苦且受伤的年轻女性，警察猜测这是家庭暴力。当我最终设法告诉他们是自残的时候，他们离开了：工作完成了。

但是，如果我是一个黑人男性，在同样的情况下会怎样？警察会以同样的方式对待我，还是会把我的痛苦理解为一种威胁？2010 年，一项名为"算我一个"的普查发现，在英国 238 家国民保健医疗机构和私立医院中，一些黑人群体中因精神健康问题住院比率比平均水平高出 2 至 6 倍。这主要是由于非洲裔黑人和加勒比海裔的住院率很高，他们也更有可能并非自愿入院，通常是经由刑事司法系统移交入院。[55] 精神科医生探讨了这一情况是否说明在制度上，精神病学存在种族歧视。一位受访者坚持认为，这么多人被警察和法院移交，接受他们所需要的治疗，难道不是一件好事吗？[56] 但首先他们被警察逮捕这件事，是如何展示出人们对行为有不同的解释和理解方式的，当局对一些人（往往是暴力的）的处理方式又说明了什么？正如我们所看到的，这些不平等不仅仅是精神病学的一部分，而是贯穿了科学和医学、法律、治安维护和心理学的历史。很难想象，当社会的其他部分都奉行种族主义时，精神病学如何能逃脱制度性的种族主义。

第四章
我的性生活正常吗?

像21世纪初的大多数伦敦年轻人一样,我在20多岁时都住在合租屋里。性是我们经常谈论的话题,常常通过内部玩笑和暗语进行。我们把出租屋客厅里的一面巨大、花哨的镜子弄成了一面"老公墙"(我们迷恋的名人)。"只是泡茶而已"①成了一个私下里的笑话,每每引发会心的笑声,因为我们以外的人不会理解其中的性内涵。我们笑着谈论吱吱作响的床;谈论在清晨上完厕所后,永远不记得自己和谁住一个房间的"多毛裸男";或者新伴侣在高潮时说的或做的奇怪事情。我们写作并分享了大量露骨的同人小说。

虽然我们时而欢笑时而焦虑,但是我们都认为自己多少是正常的。我们对共同生活的想法源于20世纪90年代伴随我们长大的电视节目——《老友记》或《此生》,甚至可能是《吸血鬼猎人巴菲》——其中(几乎)人人都是白人、异性恋、年轻有吸引力。《吸血鬼猎人巴菲》对性特别重视。当巴菲失去童贞时,她的男友真的变成了恶魔,并试图毁灭世界。在《巴菲》的音乐剧版中——

---

① 原文为"Just making the tea."在一些语境下,委婉指代性活动。——译者注

我们曾一遍遍地跟唱——有一个时刻，点明了贯穿许多这类节目的标准的阴险性质。女友威洛和塔拉找了个借口离开朋友回家，表面上是为了做爱。当巴菲十几岁的妹妹道恩称这"有点浪漫"时，巴菲和她的朋友桑德立即跳出来反驳，惊恐地说："不，这不浪漫！"为什么不浪漫呢？女同性恋的性行为不浪漫吗？或者说道恩是一个青少年，所以要被完全保护起来，与性隔绝？

为了更好地理解有关自愿性行为的标准，我们需要深入研究其历史。①20世纪40年代的一项研究表明，根据对其他人行为方式的模糊认识，每个人都对正常的性行为有高度个人化的定义。研究发现，人们判断性行为不正常有两个主要方式：性行为本身的性质和性行为的频率。然而，什么样的行为或频率正常，通过什么方式得出这些结论，这点是复杂而混乱的，依靠的是"一堆大杂烩似的观点，有半信半疑的，有一知半解的，常常有半数是无法接受的"，这些想法的来源包括电影银幕、精神科医生的沙发、教堂的讲坛、医生的手术、街角和节育门诊。[1]然而有报告称，"正常状态这一概念某种程度上决定了道德概念"，但是，"对他人行为的不确定，可能会使普通人比以往任何时候都更难决定何为正常，何为不正常"。

然而，这种对正常的个人化理解未能揭示，法律、医学和社会期望如何深度影响一个人是怎样看待他人生活的。1885年到1967年，正如许多其他国家一样，在英国两个男人之间的任何性

---

① 强奸、骚扰和恋童癖的发生频率可以充分说明我们社会中的权力关系和传统，甚至在某些社会背景下它们会被令人不安地"正常化"，不过，我在本章中重点讨论的是双方同意的性行为。了解更多有关强奸历史的信息，请参见 Joanna Bourke, *Rape: A History from 1860 to the Present*（London: Virago, 2007）。

行为都是违法的。如今世界的一些角落，人们仍然会因为与同性发生亲密关系而遭到监禁，甚至被处死。妇女——尤其是非白人妇女——发生婚外性行为和生育私生子会遭遇社会和法律的惩罚，在一些国家，通奸仍然是一种刑事犯罪。因此，性的历史也是一部法律和医疗控制的历史，是他人胁迫特定人群的历史，以及排斥、压迫那些被认为在性方面"不同"的人的历史。

在性的历史上，强迫和控制不可或缺，这种紧密联系击溃了所有健康之人都该享受自愿性行为的现代西方设想。性仍然是个复杂的问题。我们许多人仍然对自己的性癖好感到羞愧或尴尬，或者不确定他人对此的反应。我还记得一位新男友第一次来我家，看到我床头柜上的《非正常性行为百科全书》时，我感到很窘迫。我结结巴巴地说："这是，呃，研究用的。"他紧张地转开话头。书架顶层的杂志保留了一种遮遮掩掩、令人尴尬的光环，成堆的不相关的严肃书籍继续装点着索霍区下流书店的门面。当然，性也能卖出报纸、电影和书籍。

我们可能认为性是一种肮脏、秘密和隐秘的东西，即使我们承认这是我们日常生活中的正常部分。毕竟，在性行为仍然主要是秘密进行的情况下，我们如何能够真正知晓自己的性生活是否正常呢？

自慰的滔天罪恶

路易是瑞士洛桑市的一名钟表匠。① 在 17 岁之前，即 17 世

---

① "路易"在论文中只被称为"L. D."。因为他生活在瑞士的法语区，为了方便阅读，我擅自给他取了一个常见的法语名字。

纪 50 年代的某个时候,他在工作中一直很开心,精力充沛,并保持着良好的健康状况。在这个稚嫩的年龄,年轻的路易开始沉迷于可怕的自慰习惯:一天一次、两次,甚至三次!在这一年里,他的身体开始出现问题。他开始感到虚弱,并出现了一系列可怕的症状,他被迫放弃工作,只能躺在床上。医生塞缪尔-奥古斯特·蒂索发现这个少年"相对于人,更像一具尸体",他的身体"干枯、憔悴、苍白、肮脏,散发着令人厌恶的气味,而且几乎一动不动"。不仅如此,这个年轻人还口吐白沫,鼻子里流出"淡淡的血性分泌物",大便失禁,"不断有精液流出"。路易斯失去了记忆,也不再能阅读。蒂索警告说,手淫已经使这个年轻人沉沦于"野蛮之下",尽管医生给他开了补药,年轻人还是在几周后去世了。2

对我们今天的大多数人来说,自慰可能不会是第一个想到的"不正常"性行为。然而,尽管它现在被广泛认为是一种正常的健康行为,但仍然带着某种禁忌意味,这表明我们对性的态度仍然很复杂。我记得几年前为选修英国高中 A-level① 课程的学生做了一次博物馆参观讲解。其中一个学生天真地问我陈列柜中的几件物品是什么——维多利亚时代的反自慰装置和一些日本的性爱工具。当我开始解释时,整个小组的男孩女孩脸都红得厉害,每当我说出"自慰"这个词,都会有人咯咯地笑。

在他们这个年龄,我可能也会感到尴尬。虽然 20 世纪 90 年代的青少年杂志强烈推荐自慰为一种了解自己身体的方式,但

---

① 英国普通中等教育证书考试高级水平课程,也是英国学生的大学入学考试课程。——译者注

它仍然是私人事务，你应该自己解决，绝对不能与他人讨论。我记得当时我认为触摸自己有点肮脏，尽管并不记得有谁具体告诉过我。事实上，就在1994年，当美国公共卫生局局长乔伊斯琳·埃尔德斯——第一位担任该职务的非裔美国人——建议向年轻人传授自慰知识时，她失去了比尔·克林顿的白宫的支持，后来被迫辞职。

究竟是什么让自慰在道德上显得如此可疑，以至于很快就会陷入自己与实习生莫妮卡·莱温斯基的性丑闻中的克林顿总统不允许公开谈论它？两个多世纪以来，自慰在所有可能的方面都被认为不正常：在道德和医学上，在社会和宗教上。在这段时期的大部分时间里，它是引起最多关注的性行为——往往也是最令人反感的。社会上出现了委婉的说法，警示公众它的危险之处：自我污染、自我虐待、孤独的恶习。钟表匠路易的案例出现在蒂索的《手淫引起的疾病》中，该书于1760年以法语首次出版。这是在自慰成为医学界特别关注的话题不久后，此前它只是一种有些令人不适的恶习。[3] 1712年，伦敦一位匿名医生出版了令人恐慌的《俄南之罪：自慰的可耻罪恶与该行为对两性造成的严重后果以及在身心两方面给予受害者的建议》。[4]

幸运的是，《俄南之罪》向其读者保证，有一个简单的方法可以治疗自慰的后果。任何受到分泌物流出、不育症、阳痿或无数其他与自慰有关的自伤行为影响的人，只需在帕特诺斯特街寻找不引人注意的"钟的标志"（Sign of the Bell），这恰好是《俄南之罪》出版商的所在地。在这里他们可以购买一种神奇的"强化酊剂"和一种"多育粉"，以恢复健康和活力。如果他们非常担心，还可以购买一种煎剂和注射剂，与前两种疗法共同使用。[5] 从本质上讲，《俄南之罪》是本非常冗长的广告。

尽管如此，《俄南之罪》还是引发了一场对自慰的恐慌，18 世纪和 19 世纪的医学界都笼罩在这种恐慌之下。历史学者托马斯·拉克尔认为，道德第一次明确地和自控联系起来时，触到了一个时代的痛处。[6] 由于自控现在是个人的事，不再由与上帝的外部关系决定，自慰如今代表了自私和自我放纵的个体可能对社会造成的威胁。

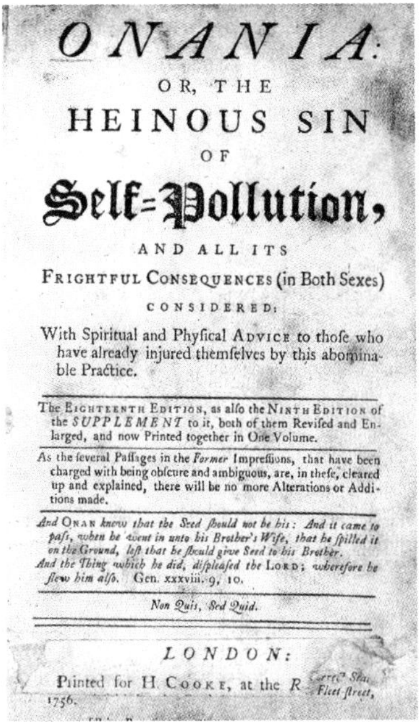

ONANIA:
OR, THE
HEINOUS SIN
OF
Self-Pollution,
AND ALL ITS
FRIGHTFUL CONSEQUENCES (in Both Sexes)
CONSIDERED:
With Spiritual and Physical ADVICE to those who have already injured themselves by this abominable Practice.

The EIGHTEENTH EDITION, as also the NINTH EDITION of the *SUPPLEMENT* to it, both of them Revised and Enlarged, and now Printed together in One Volume.

As the several Passages in the *Former* Impressions, that have been charged with being obscure and ambiguous, are, in these, cleared up and explained, there will be no more Alterations or Additions made.

And ONAN *knew that the Seed should not be his: And it came to pass, when he went in unto his Brother's Wife, that he spilled it on the Ground, lest that he should give Seed to his Brother. And the Thing which he did, displeased the* LORD; *wherefore he slew him also.* Gen. xxxviii. 9, 10.

Non Quis, Sed Quid.

LONDON:
Printed for H. COOKE, at the *R* ... Fleet-street, 1756.

图 4–1 《俄南之罪》第 18 版（1756 年）的卷首插图，本书引发了两个世纪的对手淫的恐慌。

自慰的威胁在整个 19 世纪的医学文献中都有体现。而且，虽然《俄南之罪》许诺可以快速治愈，维多利亚时代的人依旧担心自慰会对个人和社会、身体和心灵造成长期损害。1861 年，精神病院院长罗伯特·P. 里奇声称，在他的病院里，有 119 例精神病是由孤独的性行为引起的，这是对自慰的可怕影响进行量化的早期尝试。[7] 其中，男性贫困病人占 6.59%，男性自费病人① 占 12.52%：自慰是中产阶级和上层阶级的疾病，令社会秩序堪忧。

① 自费病人（private patient）：指在国家医疗保健体系（the National Health Service）之外，自行支付医疗费用的人。——编者注

"这个群体的病人不参与任何社会活动,他们独自生活在人群中。"里奇称。他们不与他人交谈,也不参加游戏或娱乐活动。他们独自行走坐卧。"他们不寻求社交乐趣,也没有表现出对友谊的渴望。"孤独的性行为既是社会问题,也是医学问题。

19世纪的最后十年逐渐风平浪静。自慰仍然令人不快,但医生们开始相信自慰不会自动导致虚弱和死亡。不过,如果说有什么变化的话,就是他们加强了语言的煽动性。外科医生詹姆斯·佩吉特爵士将自慰描述为"如此肮脏的行为""上帝禁止的污秽""男人鄙视的无男子气概的行为",他还希望能够把偶尔自慰对健康的伤害程度说得能比实际上的更严重些。[8] 精神病院医生大卫·耶罗利则称自慰是"无法治愈的邪恶"。自慰者回避社会,没有亲密的朋友,也不敢结婚,甚至不敢"看着你的脸,因为他被一个肮脏的秘密困扰,他必须一直隐瞒,而且总是害怕被发现"。[9] 对维多利亚时代晚期的人来说,自慰不仅仅是一种性行为,更会影响人的整体人格和行为举止。从不正常的行为到不正常的人,这一转变是我们在关于正常的历史中再三看到的。

许多人同意,自慰将讨人喜欢的正常青年变成了不正常、闷闷不乐的恶魔。它对健康没有危害,而且似乎很普遍,这些统统不重要。反正没有多少人试图估量这种卑劣习惯有多普遍。一个人罕见地做到了,他就是克莱门特·杜克斯,拉格比公学的医务人员(虽然他没有告诉我们是如何做到的)。1884年,杜克斯提出,寄宿学校中高达90%~95%的学生都有自慰行为。他认为,这可能是因为通常在他们吃过丰盛晚餐之后,仅过了一小时就到了睡觉时间。[10] 当他们还在消化的时候无法入睡,男孩们就转而用这种孤独的恶习来进入梦乡。

维多利亚时代的道德恐慌集中在男性自慰者身上——尽管在1712年,《俄南之罪》就曾声称自慰对男女同样是问题。在下一个世纪,性别平等开始重回到自慰"问题"上,这主要是因为英国医生哈夫洛克·霭理士在1898年提出"自体性欲"(auto-erotism)一词。霭理士说,自体性欲包括性爱的白日梦和性幻想,以及身体操作,而女性往往更承认前者而非后者。他还认为,不应该把自体性欲看作不自然或病态的,因为它在动物和"我们有深入了解的几乎所有种族之人"中都很常见。[11]甚至自然界中的物体似乎也表明女性自慰很正常,比如香蕉,"它的大小和形状似乎是用作这个目的"。[12]日常休闲可以引起性兴奋:骑马或骑自行车,坐火车,甚至是使用缝纫机。虽然有些男人认为这意味着应该限制妇女的自由,但对霭理士来说,这反而证明了性、自慰和幻想对于男性和女性来说,都是绝对正常的。不正常的是欲望和传统之间的冲突。

弗洛伊德继承了霭理士的观点,他令性冲突的概念闻名于西方世界。与霭理士不同,弗洛伊德认为自慰只有在某些情况下才正常。这是性发展的一个阶段——"性的最低层"——每个孩子都必须经历。[13]自导的性行为在幼儿中是很自然的,因为他们的世界以自己的身体需求为中心。然而,正常的性发展需要超越这一点,变成以他人为中心的性驱动。事实上,弗洛伊德甚至认为,如果在应该有"正常"的性追求——换句话说,异性插入式性交——的年龄继续自慰,会造成伤害。[14]

因此,普通人到了20世纪仍然担心自慰的问题,并不奇怪。1918年,在节育倡导者玛丽·斯特普出版了畅销书《婚后之爱情》

后，成千上万的英国人写信向她征求意见，信件中常常透露出对自慰影响身体、精神和婚姻的焦虑。① 历史学者莱斯利·霍尔发现，在第二次世界大战期间给斯特普写信的男子与1918年的男子一样关注自慰问题，污名并没有消失。[15] "由于（手淫），我非常苍白，非常沮丧。"一位年轻的铁路职员在1927年哀怨地写道，"我对任何事情都提不起兴趣，我不适合工作，有时我感到非常沮丧，希望自己死掉才好。"[16] 虽然今天我们可能把这个年轻人的忧虑归咎于心理健康状况较差，但他确信，伴随着情绪低落而来的头痛、眼睛痛和身体抽痛，全部源于他的性习惯。事实上，在第二次世界大战后，报纸和《性趣周刊》上仍有小册子刊登广告，警告自慰会造成"性神经衰弱"及其他医学危害。[17]

医学界仍然认为自慰是年轻人长大后应该脱离的一个令人不快的阶段。虽然斯特普给铁路职员的回复充满同情心，她还是提醒他"当然，这个习惯应该逐步得到控制并最终结束"。[18] "我们必须抑制许多本身很正常的冲动"，尤斯塔斯·切瑟医生在1949年的《成长与生活》中劝告青少年读者。"自慰可能被认为是'正常'的，但思考理由去尽力克制是明智和健康的"。[19] 切瑟警告说，自慰可能会毁掉一个年轻人的"正常性生活"，降低个人的自制力、荣誉感和体面——这些建议与维多利亚时代的医学著作没有什么区别。自慰在医学上可能不再有害，但在道德上和社会上仍有问题，会破坏人际关系，助长反社会行为。

两个世纪以来，自慰的地位已经发生了变化。从众多性罪恶中的一种，变成了最危险的一种，甚至有可能会致命。自慰可能

---

① 与霭理士和其他许多20世纪初的性学作家一样，斯特普是优生学的公开支持者，这意味她的想法必须在国家实行性控制和社会控制的背景下看待。

会损害身体和心灵，导致神经疾病，同时产生一种自私、隐秘、反社会的态度。心理学家和性学家在 20 世纪早期开始研究这个话题时，即使他们否定了前者，也会坚持后一种信念。如果健康的性生活意味着婚姻和异性性生活，那么自慰就是其对立面。精神分析学家认为，没有阴道高潮而只能感受阴蒂刺激的女性是性冷淡。[20] 所以一位 20 世纪 40 年代的女性会对自己偶尔通过自慰"释放性能量"感到困扰，还要努力克服对插入的厌恶。[21] 在 20 世纪下半叶，青少年和成年人都担忧自慰是否正常。"它是否会使人失明？"他们好奇，"它会导致疾病吗？它会不会让阴茎缩小或让阴蒂增大？它是否使你阳痿，引起心脏病或使手掌上长出毛发？"虽然所有这些问题的科学答案都是否定的，但 20 世纪 70 年代的知心姐姐（agony aunts）和 20 世纪 80 年代的性教育者依旧发现这些担忧普遍存在，这是早期医学观念的长期遗留问题。[22]

平原城市的罪孽

1870 年 4 月 28 日，两位年轻女士在伦敦的斯特兰德剧院被捕。范妮·格雷厄姆夫人和斯特拉·布尔顿小姐的行为让剧院的观众感到有些困惑。她们看起来是有良好社会地位的女士，但她们咯咯笑、调情、还吸烟，表明她们的社会阶层较低，甚至可能是妓女。[23] 两天后，当这两人出现在弓街裁判司署时，各家报纸对她们的描述无法统一，除了对她们服装的描述。《警察画报》称，22 岁的布尔顿身穿"鲜红色缎子裙，身材'宽阔'"，脖子遮在白色蕾丝围巾的褶皱之下。该报特意采用了"在案件审理过程中对犯人使用的代词"，指出她戴着一个小图章戒指和一顶金色假发，"打

图 4-2 一张低俗怪谈杂志卷首插图，将布尔顿和帕克的案子描绘成一桩骇人听闻的丑闻，1871 年。

扮成古希腊风格，头发编成发髻"。[24]《泰晤士报》使用了男性代词来描述被指控的两个"频繁出入斯特兰德剧院，意图犯下重罪"的人，但也对衣着表现出了类似的兴趣。布尔顿的同案犯，被称为范妮·格雷厄姆的 23 岁法律系学生，穿着"镶有黑色花边的深绿低领缎子裙，肩膀上还围有一条同材质的披肩。他长着亚麻色的卷发，戴着一双白色的羔皮手套"。[25]

今天，我们可能想给范妮·格雷厄姆和斯特拉·布尔顿——或他们的另一个名字弗雷德里克·威廉·帕克和欧内斯特·布尔顿——贴上跨性别者或同性恋的标签，或者更简单地说是酷儿。相比之下，他们称自己为茉莉（Mollies）或玛丽-安（Mary-Annes），这是一种特殊的亚文化，与今天的性认同概念并不完全吻合。布尔顿和帕克经常穿女装，使用女性代词称呼彼此，但也经常不这样做。事实上，二人第一次出庭时，他们想换掉被捕时穿的裙子，遭到警方拒绝。[26] 有时他们会玩弄性别之间的界线，化上妆，穿男装。他们既使用自己的本名，也用各种女性的名字。在审判中，报纸、证人和法律官员也均既用女性代词，又用男性代词来称呼范妮和斯特拉，有时在同一句话中换着用。[27] 看起来，没有人能确定该如何安置这两个人。

所谓的"异装"在19世纪被认为特别具有颠覆性。法律史学家朱迪思·罗博特姆指出，这种做法在当时与政治异见者有关，例如勒德分子、爱尔兰叛乱分子，以及19世纪三四十年代"丽贝卡暴动"的参与者。[28] 警方还怀疑男扮女装的人在"伪装"时可能会犯下更普通的罪行，如盗窃和诈骗。起初他们怀疑范妮和斯特拉是一个精英扒手团伙的成员。[29] 布尔顿和帕克案的审判之所以重要，是因为它与以前的案件不同，此次涉及了范妮、斯特拉和其他6名共同被告的性偏好和性行为。

1871年的审判集中在密谋鸡奸的严重指控上，然而两人最终被判无罪，部分原因是医学证据相互矛盾。直到十年之前，鸡奸还一直是死罪，尽管最后一次执行死刑是在1835年。鸡奸并非同性恋的同义词，异性恋人进行肛交也可能被指控。然而，在审判布尔顿和帕克之后的十年里，法律界、医学界和公众越来越多地开始关注男同性恋者，认为他们是一种特殊的"不正常"的性存在。简单地说，在布尔顿和帕克的审判之前，无论从医学上还是从法律上来说，都没有同性恋者的说法，只有同性恋行为。

在19世纪八九十年代，同性恋者是一种类型的人的观点日渐滋长，经常用性别化的术语来表述。使用"同性恋"一词的人不是很多。德国律师卡尔·亨利希·乌尔利克斯称自己为"Urning"或"Uranian"，这个词来自古典神话。乌尔宁（Urning）是生来就有男性身体和女性灵魂的人。这使得他们的性取向为男性，在其他方面则认为自己是女性。英国作家爱德华·卡彭特和约翰·爱丁顿·西蒙兹采用了这一术语，虽然在诗歌和文学中理解同性关系比在医学中更流行，但女性化心理的概念已经深入人心。在医学文献中，同性接触的定义与被视为"规范"的异性接触行为形成对比："性倒错""性变态"或"反常的性本能"等临床术语表明存在颠倒或对立。但究竟是什么的颠倒和对立呢？这里的正常不过是假设而已。[30]

然而，这种病态性意识的医学新观点并没有阻止玛丽-安们聚集在伦敦索霍区。它也没有阻止色情出版物贩卖快活，比如1881年出版的引人入胜的《平原城市的罪孽》——据说1890年奥斯卡·王尔德买了一本。[31] 本书据说是根据一个年轻男妓杰克·索尔的回忆所写，其中包含了许多有趣的过时委婉语，从gamahuching（用口舌玩弄异性性器官）和copious spending（大量射精），到frigging（性交）和cockstands（勃起），最后一个听起来更像是一件家具而不是勃起。该书还强调了同性恋和性倒错之间的联系（书中杰克还声称认识范妮和斯特拉）。[32]

对于许多有回忆录存世的男同性恋者来说，生活更加艰难，而那些不自认为是男性的酷儿几乎完全没有留下记录。约翰·爱丁顿·西蒙兹怀着"迷恋与厌恶交织的激烈情感"，为自己和其他男人"短暂的相遇"感到担忧。[33] 乔治·艾夫斯是同性恋秘密俱乐部切罗尼埃会（The Order Of Chaeronea）的创始人，自称为"有1000种小癖好的福尔摩斯"，他把伦敦看作是一个充满危险和勒索的城市。[34] 毕竟，正如经自由党议员亨利·拉布谢尔提议修订后的英国1885年刑法修正案所言，整个欧洲都在立法来禁止男人之间"公开或私下"的"严重猥亵"。[35] 这时不仅鸡奸违法，两个男人之间私下任何种类的性行为都属于违法行为。①

在维多利亚时代后期，也许最著名的关于性的医学文献是德

---

① 这些法律并不倾向于禁止女性之间的性行为，而且不把这看成是大问题——可能是因为大多数医学作者认为女人对性没有什么兴趣。

国法医精神病学家和大学教授理查德·冯·克拉夫特－艾宾的巨著《性变态》。如果你听说过克拉夫特－艾宾，可能知道他提出了"虐待狂"和"受虐狂"这两个术语，分别用来描述支配和服从的性欲，这又是一个"正常"性行为和关于"正常"的病理学被文化期待定义的例子。克拉夫特－艾宾说，受虐狂几乎总是男人，因为妇女在社会中的"被动角色"意味着她们"自然地"将"服从的想法"与性联系起来，而服从"在某种程度上是正常表现"。这种行为只有在男人身上才是不正常的，因为它表明"女性特定心理因素的病态发展"。克拉夫特－艾宾甚至认为家庭暴力有可能是正常的。"在下层阶级的斯拉夫人中，"他声称，"据说妻子们如果不被丈夫殴打就会感到受伤。"[36]

认为暴力和顺从是"自然"的性别特征，这带来了长期影响。男女性习惯的区分不仅强化了性别的二元模式，还产生了严重的社会和法律后果。至少在 20 世纪 70 年代之前，许多国家的警方和法庭都对家庭暴力持轻视态度，直到 1991 年，英国才在法律上将婚内非自愿性行为视为强奸。长期以来，基于性别的暴力被认为是社会常态，这主要归咎于性反常首次被医学分类的时代。

但《性变态》的主要议题不是施虐和受虐，而是同性恋。在 1887 年的第 2 版中，作者已经把同性恋定义为变态，并且逐渐强化，越来越多的业余读者在该书中看到自己，并给作者寄去大量信件。[37] 随着该书所收录信件的增加，到 1903 年德文版第 12 版面世，《性变态》从一本只有 110 页和 47 个案例的小书发展到有 600 多页和 238 个案例的巨著。[38] 一些读者通过克拉夫特－艾宾的描述找到了理解自己的新方式，一些则批评或反对他的观点。一位中产阶级男子称被自己"不正常的状况"带来的羞耻和罪恶感折磨，而"X博士"则拒绝克拉夫特－艾宾提出的疗法。[39]"大多数'阿姨',例如我本人,"X博士写道,"绝不后悔自己的不正常,要是毛病被纠正了,我们反而会觉得遗憾。"[40]

面对来信的不快乐的乌尔宁,克拉夫特－艾宾产生了越来越多的同情,但他的精神病学模式还是把同性恋归为一种病态。随着《性变态》的完善,那些有同性性行为的人的生活和个性受到越来越多的关注。在克拉夫特－艾宾和他同时代的学者之后,到20世纪上半叶,精神病学仍然处于定义"正常"性意识的核心。这些定义继续将性意识与性别特征挂钩。1936年,心理学家凯瑟琳·考克斯·迈尔斯和刘易斯·特曼甚至开展了一个男性气概－女性气质测试,旨在"对受试者偏离其性别均值的程度和方向进行定量估值"。[41]虽然他们的研究开始质疑性别特征和性意识(sexuality)始终存在联系的普遍假设,但他们仍然得出结论,"男同性恋者中的被动类型通常会在女性气质上获得明显更高的分数"。[42]

这些刻板观念影响了普通人的生活。在第二次世界大战中,美国为了减少因患有精神病而导致的伤亡人数,部队以同性恋是神经症为依据,对新兵进行筛选。如果新兵对脱光衣服感到不舒服,如果当过理发师或做过被认为女子气的姿势,都可能会被拒绝。[43]入伍医生提出的标准问题中甚至直截了当地问"你喜欢女孩吗?",而官方调查则将年轻男子的正常发育与"建立令人满意的异性关系"联系起来。[44]有四五千名男性因为同性恋而被美国军队拒绝,而且在第二次世界大战期间,还有1万名士兵被发现偶尔犯有同性恋罪行。[45]

战后,美国希望恢复所谓的正常状态,特点是文化极度保守,重新关注家庭价值和战前的性别角色。有21个州制定了"性变态"法律,着重监管不符合这些规范标准的行为。[46] 人们可能因"非暴力罪行"而被定罪,如双方同意的鸡奸、公开猥亵、光顾同性恋酒吧、公开场合的触摸或变装。[47] 虽然法律最终发生了变化,但同性恋是一种精神疾病的观念远远超出了维多利亚时代。直到1973 年,美国精神病学协会才屈服于同性恋权利团体的压力,同意从《精神障碍诊断与统计手册》(DSM)中删除同性恋这个疾病类别。直到 1990 年,世界卫生组织才将其从《国际疾病分类》中删除。[48] 与此观念相关的一个概念认为,性意识与性别特征有关,这一概念也继续流行:男同性恋者被认为是女性化的,女同性恋者被认为是男性化的。这助长了一种非此即彼的性意识和性别模式:某些特征是男性或女性的,正如某些人是同性恋或异性恋。但事情不可能真的那么简单,对吗?如果其他正常的特征都存在于一个范围之内,那么性为什么不是?

性的分布

1891 年 12 月的一个星期六,帕丁顿户籍登记处举行了一场安静的结婚仪式。32 岁的医生亨利·哈夫洛克·霭理士与 30 岁的作家、女权活动家伊迪丝·利斯结婚。仅有的嘉宾是霭理士的姐姐路易、利斯的朋友伊夫林和西比尔·布鲁克。没有婚礼早宴。虽然伊迪丝很受欢迎,但她的新丈夫却不喜欢大型聚会和公开演讲。在她为众多朋友举办的午后聚会上,伊迪丝"仁慈地"允许霭理士晚一点到达,这样他"不安的时间就会短些"。[49] 第二天,霭理士夫妇去了巴黎。"婚姻并没有带来狂喜,"霭理士后来写信谈及妻子时称,"但带来了某种自由。"[50] 这种自由充分到,约一年后,伊迪丝写信给霭理士,告诉他自己对朋友克莱尔产生了感情。这个真相是痛苦的,霭理士后来称,因为当时他对"天生的性倒错"几乎一无所知。[51] 尽管如此,他还是给伊迪丝写信说"我非常高兴你能和克莱尔走得这么近"。[52] 霭理士夫妇决定进入开放式婚姻,而同性恋也成为霭理士最早的研究对象之一。

霭理士后来成为"性学家",他回忆称,该头衔让他亲密的女性朋友感到非常有趣,因为"我的经验是如此之少"。[53] 在1897年至1908年期间,这位安静避世的医生、哲学家、艺术家、诗人、音乐家、科学家和优生学家出版了六卷《性心理学研究》。较之以前以病理和法律为重点的研究,霭理士对"相当健康和正常的人"的性的兴趣,迈出了一大步。[54] 他的作品拒绝接受精神病学对同性恋的看法,也质疑了同性吸引是性倒错的观点。霭理士回忆说,"男性特征在伊迪丝身上确实不明显,"他有点自以为是地总结道,"她在任何程度上都不是真正的男人,而总是女人、男孩和孩子。"[55]

霭理士的著作比其他著作更关注女同性恋者,这主要归功于伊迪丝和她朋友的贡献。伊迪丝成了《性倒错》中的案例研究之一:30岁的H小姐,4岁时第一次对其他女孩产生性兴趣。[56] 成年后,H小姐"在温柔地触摸、爱抚和亲吻爱人的身体中获得了性满足"。"同性恋之爱,"H小姐宣称,"当它确实是一个人的天性的一部分时,在道德上是正确的。"然而,"在普通女性中,作为一种单纯的临时替代或感性表达"时,它是不可接受的。[57]

这个主题——爱的道德重要性,以及同性恋与生俱来的本质属性——贯穿霭理士的作品和案例研究中。与克拉夫特–艾宾的病态倒置者不同,《性倒错》中的同性恋是理想的、文明的人,具有强烈的道德感和巨大的自我控制能力。是社会使同性相遇显得不正常，阻止着伊迪丝或约翰·阿丁顿·西蒙兹（霭理士在《性倒错》中的合作者）与他们的恋人形成"永恒的联结"。

在20世纪初，霭理士写作时，正常性意识的观念也受到了弗洛伊德的影响。弗洛伊德起初关注的是性变态和病理，他用童年的性经历（包括虐待）来解释成人的神经症。但在1899年，他提出了一种正常的儿童性驱动（sexual drive），即力比多（libido），他在1905年关于性的理论文章中，开始将所谓的"反常"（如同性恋）视为自然界内的变奏。[58] 然而如我们已经看到的，弗洛伊德的模式是发展性的。像手淫一样，同性恋是性发展的一个阶段，而异性恋的阴道性交是"正常"行为，所有其他形式的性活动都朝着这个方向发展。尽管同性恋欲望在儿童中是正常的，但在成年人中，弗洛伊德认为它们显示出发展的停滞，这使得同性恋成为神经症的一种形式。霭理士的观点略有不同，但立场也不乏规范性：两个人之间充满爱意的一夫一妻制纽带是性常态，任何与之背离的行为都是一种变态。弗洛伊德和霭理士也都把性意识看作是绝对的和不变的。直到第二次世界大战之后，阿尔弗雷德·金赛才再次改变了正常性行为的概念。

2004年的电影《金赛性学教授》中，有一个令人难忘的场景，阿尔弗雷德·金赛（连姆·尼森饰）和他的同事克莱德·马丁（彼得·萨斯加德饰）在一次收集性访谈的旅程中，在酒店房间里休息。他们正在讨论金赛量表，该量表中，性意识是一个相对和流动的概念。金赛认为，大多数人都处于0（完全异性恋）和6（完全同性恋）之间。"我想我大概是3吧？"马丁说，然后问他的同事，"你呢？""我想我一生中大部分时间都是1或2。"金赛若有所思地回答。"那现在呢？"马丁问道。"可能是3。"金赛回答说，然后两人开始接吻。在现实生活中，金赛拍摄了自己、同事和朋友在他家阁楼上的性行为，这种对工作的个人奉献让一些人对他的结论产生了怀疑。不论他的动机如何，金赛量表首次尝试了超越人类性行为的二元模式——其中的变化范围如此之广，没有任何程度的同性恋或异性恋经历会被明确视为正常或不正常。

在 1938 年至 1963 年期间，这位前昆虫学家和他在性研究机构的同事收集了 18216 份美国人的详细性史。[59] 和霭理士一样，金赛想要探究"正常"的性，但他的方法是定量的而非定性的。通过收集数以千计的详细个人经历资料，金赛的目的是从统计学层面，发掘美国社会那些真正常见的行为类型，而非社会准则规定的行为。因此，他试图摆脱其他调查使用的价值结构，这类调查里的问题设计会暗含对自慰、同性恋等的不赞成。[60] 在金赛这里，访谈者不会问某人是否曾经自慰，而会问受访者几岁时开始自慰。[61]

金赛和他的同事指出，人们普遍认为，男同性恋和男异性恋在身体、精神和情感上都是不同的。男同性恋被认为皮肤细腻、动作优美、声音高亢、情绪不稳定、对艺术敏感且感兴趣。然而，"世界不应该被划分为绵羊和山羊。"金赛写道，"只有人类会制造类别并试图把事实塞入不同的类别。"[62] 金赛的数据推翻了近一个世纪以来，关于异性恋者和同性恋者这两类人群之间存在明显区别的假设。事实上，"相当一部分人口，也许是大部分男性人口，至少有过一些同性恋经历"。[63] 金赛的研究证明同性间的性行为绝非不正常，而是人类性活动中常见和"重要的部分"。[64]

颠覆同性恋是一种性倒错的模式，是很重要的。该模式假设所有人群都可以用简单的二元类别划分：男性和女性；异性恋和同性恋；正常和不正常。即使对霭理士来说，双性恋也是可疑的，因为它意味着伊迪丝·霭理士反对的"临时替代":由于不符合性或性别的二元模式,双性恋意味着有人在否认他们真正"灵魂"的感受,或者在寻求肉体的快乐而非爱情。同样,这套规范也留下了长期的影响。想想20世纪90年代电视连续剧《此生》中的角色费迪,他一直被指责不敢出柜,因为没有人相信他可能既会被妻子吸引,同时也被其他男人吸引。

金赛不相信性的二元模式,他用与性别无关的标准看待性。作为生物学家,他认为差异是积极的。没有什么是不正常的性行为,他告诉他在印第安纳大学的学生,"几乎所有所谓的性变态都在生物学的正常范围内"。[65] 然而,即使是他也没有办法完全摆脱规范性判断。他决心揭示美国"正常"性行为的真相,这意味着他发表的研究重点在那些被认为是最正常的群体:大学毕业的中产阶级白人。虽然这部分是有意为之,因为金赛想要阻止批评者认为所有的"偏常"都可以归咎于少数族群——其实,黑人和白人男子的性经验模式在各个社会阶层中都是相似的——不过,这仍然助长了美国白人是正常标准的想法。[66]

当然,人们还继续将自己与先入为主的规范进行比较。1949年的一项英国调查要求受访者思考,"总体而言,你认为自己在性方面是正常的,还是不正常的?"这项调查由《大众观察》(Mass Observation)开展,目的是记录英国公众的性态度和性习惯,被研究人员和读者戏称为"小金赛"。①

---

① 1937年,由左翼研究人员组成的《大众观察》打算创造"我们自己的人类学":根据调查、日记和个人文件,对英国的日常生活进行研究,资料由自愿受访者提供或由付费研究人员进行收集。其成员大多是(但不完全是)中产阶级,且男性人数大大超过女性。

回答千差万别。一些受访者认为，无论社会习俗如何，他们都是正常的。"对于一个同性恋者来说，我是正常的。"一位 25 岁的男子宣称。《大众观察》的编码人员不同意他的判断，在他返回的调查表上用红色的"2"标出同性恋，而不是通常表示正常的"0"。正常，就像很多时候一样，更多地关乎主流的社会假设，而非关乎个人身份。两个宣称自己性纵欲的男人都被归类为不正常，尽管其中一人认为自己"总体上正常"，而另一个则说自己绝对不正常。一位 26 岁的实验室助理说他不正常，因为他后悔年轻时没有滥交，他的调查根本就没有被编码。[67] 虽然在 20 世纪 40 年代科学家致力于判断英国人的性行为是否正常，但他们的编码无法捕捉人们态度和经验的巨大差异。个人也对正常的性爱标准这一观点提出疑问。一位 48 岁的男子声称自己是正常的，"但同时必须承认，我不知道什么是正常"。"你能定义正常吗？"另一位参与者问道。

小金赛五分之一的受访者报告了某种形式的同性恋经历。[68] 然而，较之美国男女，英国男女彼此更为相似：21% 的男性和 19% 的女性报告了与同性有某种形式的性关系。[69] 诚然，女性样本的数量很少：女性完成的调查不到 100 份，而男性则超过 300 份。然而，这也表明，同性性行为虽然不是大多数人的经历，但并不罕见。它也不一定是人们认为的不正常的事情，尽管在当时的英国仍然非法。有过同性恋经历的人中，三分之二的男性和四分之三的女性认为自己的性行为正常。虽然有四分之一与同性接触过的女性认为自己不正常，但也有四分之一从未有过同性恋经历的女性认为自己不正常。

其他人勉强承认在他们自己的生活和社会期望间存在一个分

歧点。"我想［我］不正常。"一位40岁的公务员哀叹道。"性交的惯例是只与异性进行"。然而，他希望自己的经历"更加普遍"。他认为，如果社会"更理解我这样的社会成员"，那么"就可以发展出更稳定和持久的关系"。同时，一位自称是同性恋且不正常的女性，根本没有性经验可言。"我知道我在性方面不正常，"她解释说，"因为我活到了30岁，从来没有谈过恋爱或被人追过，也没有任何对做爱、结婚或孩子的正常欲望。"她的羞涩使她无法尝试与男人或女人建立性关系，尽管在读过拉德克利夫·霍尔的女同小说《寂寞之井》后，她认为自己可能会和女人做爱。"这样看来我将独身而死，"她出乎意料地突兀总结道，"尽管我不会让这困扰我，也不会为之忧虑。"[70]

1994年，《英国性观念及生活方式问卷》发表，这是小金赛之后另一项重要的英国性调查，此时，同性恋已经不再非法，也不再是医学上的病态（至少官方层面如此）。但奇怪的是，有同性恋经历的人似乎更少了。只有5.3%的男性和2.8%的女性报告曾经与同性发生过性关系。从1999年到2001年，当同性恋和异性恋的性同意年龄终于一样时，该比例有所上升，男性为8.4%，女性为9.7%，不到小金赛1949年记录的一半。[71] 除了艾滋病流行的耻辱感和调查的高拒绝率之外，可能还有其他原因导致同性经历的明显减少。[72] 即使它不再被归类为犯罪或精神疾病，同性性行为在道德上依然是可疑的：想想1998年乔治·迈克尔在公厕被捕，当时公厕和公园中所谓的"猥亵"造成了媒体上的道德恐慌。[73] 同性恋权利运动虽然取得了诸多成果，但也促成了同性恋的本质化。我还是青少年的时候，没有人像阿尔弗雷德·金赛那样，把性欲和性行为看成是流动的概念，他们忙于寻找"同性恋基因"。同性恋或异性恋只是你的本性,你与生俱来的属性。

在这个本质化的时代长大,我感到 20 世纪四五十年代的调查——金赛和小金赛都是如此——虽然调查内容受到法律压制,但似乎奇特地摆脱了周围的道德观和个人的内疚感。我想我曾经认为,过去的人们总是感到压抑,偷偷摸摸的同性接触和缺乏有意义的人际关系把他们折磨得很痛苦。然而,从范妮、斯特拉到小金赛,许多人都与同性进行过积极和愉快的性生活,并保持长期的关系。一位 X 博士告诉克拉夫特-艾宾,在 19 世纪 90 年代,他在所在的有 3 万居民的小镇上,他个人就认识大约 120 名"阿姨",总的算起来则遇到过"成千上万这样的人"。[74] 在"一战"期间,维拉·"杰克"·霍尔姆与无数女性谈过恋爱。同样在这场战争中,护士赫敏·布莱克伍德夫人和凯瑟琳·杜·索托伊共同生活,并肩工作,她们收养了两个法国孤儿,并在伦敦汉普斯特德区共同抚养他们长大。当然,不是每个人都能享受到同样的好处,特权背景往往起到保护作用。然而,令人震惊的是,在小金赛的调查中,不快乐的"性异常"已婚妇女的人数远远超出那些为自己有同性伴侣经历担忧的人。在性常态方面,妇女似乎一直受到惩罚性标准的评判。

宛如处女

1984 年,这首讽刺、心照不宣但又纯洁得古怪的《宛如处女》成为流行偶像麦当娜的热门歌曲:她的首支美国冠军单曲。这首歌是在我妹妹出生两年后发行的,当时我 5 岁。直到 20 世纪 90 年代初,我们两个人才开始迷恋麦当娜的音乐——以及她的生活,那似乎与我们贴着她照片的郊区双层床有天壤之别。1992 年《情欲》发行后,我妹妹花光了她假期所有的零花钱买了一本我们偶像的传记。这本书读起来很有意思。"妈妈说麦当娜不是个好人,因为她和那些男人全都睡过,"11 岁的妹妹给我们的祖母写信时坦率说道,"但我认为她只是很慷慨。"我们对多少性行为算过度的解释取决于各种事情。一个人有过多少不同的伴侣?我们对这个人有什么其他看法?他们的行为与我们自己的生活和经历相比如何?或许最重要的是,这个人的性别是什么?

我们这一代人在怎样的观念中长大?从性方面来说,"男人来自火星,女人来自金星"。[75] 男人需要肉体上的性爱,女人想要情感上的联系,或者说刻板印象是这样。从历史上看,在男女之间建立这种明显区别是比较晚的做法。在 16 世纪和 17 世纪,文学和医学界把女性描述得好色、粗俗、热情且性生活活跃,尽管事实与此相反,对于年轻女士来说,贞洁是一种备受珍视并需要监管的特质。[76] 在当时,女性的性快感是值得肯定的,因为这与女性的生育能力有关。甚至人们也不认为女人的性器官与男人的有何根本不同。历史学者托马斯·拉科尔称之为人类的"单一性别"模式,即认为女性生殖器是男性生殖器的倒置或未下垂的版本——区别在于外观,而非种类。[77]

然而在 19 世纪,人们认为女性的身体和思想与男性是有根本区别的。1789 年法国大革命后,理想的女性愈发被认为是没有激情、被动和纯洁的,不适合从事体力或脑力劳动——她的唯一目的是怀孕和履行母职。[78] 正是在这种情况下,出现了所谓的"双重标准",自此女性一直受到这种性的鸿沟的困扰。"大多数女人(对她们而言是件好事),"维多利亚时代的医生威廉·阿克顿在 1865

图4-3 来自亚历山大·莫里森的《精神疾病面相学》(1843年)的版画,展示了"一位满脑子淫乱思想的老年女性,专业术语称之为慕男狂"。

年说,"不受任何形式的性感觉的困扰。"虽然阿克顿的话是为了让阳痿的男人放心,而其他医生不太确定女人对性全无兴趣,但大多数人都认为女人性欲有限。[79]"男人习惯之事,对女人来说只是例外。"阿克顿总结道。[80]他的这一区分延续至今,甚至成了当下流行的观点。根据都市传说,男人每7秒就会想到性(只是真相并非如此)。[81]

不符合这种无激情"标准"的女性是慕男狂。她们对性有异常的渴望。这种病症症状多,种类广,包括猥亵行为、自慰和滥交,以及"通奸、调情、遭遇离婚或者比丈夫更热情"。[82]在19世纪50年代的波士顿,当B夫人的丈夫无法满足她每晚的性欲时,她的妇科医生建议暂时分居,并采取一系列限制性欲的措施。"如果她继续保持目前的放纵习惯,"他警告说,"也可能有必要送她去精神病院。"[83]过度的性被认为是每个人都会遇到的问题,但这种情况发生在男性身上时——求雌癖——则被认为是不严重的,并且不那么常见。[84]

当然,担心妻子无法遵从社会习俗的不仅仅是丈夫,女性自己也会担心。一些人寻求医生的帮助,或者被朋友和家人强迫接受性欲治疗。在美国,直到20世纪,通过手术切除阴蒂(阴蒂切除术）还是一种公认的治疗自慰的方法。[85] 同样的做法在英国遭到了质疑，因为1867年，其主要倡导者妇科医生艾萨克·贝克·布朗名誉扫地了。贝克·布朗被指控自我宣传——这对维多利亚时代的医疗从业者来说有庸医的味道——以及在毁伤病人之前没有征得同意。[86] 尽管贝克·布朗被产科协会开除并在1873年去世，但在英国，阴蒂切除术并没有彻底随之消失。[87]

没有接受手术治疗的女性也在社会要求的重压下挣扎。1888年，南希·杰西·乔伊在蓓尔美尔街的一栋房子里做茶水间女仆领班，她被送进贝特莱姆皇家医院时才21岁。仅仅5天后，乔伊第一次出院就试图自杀，因为她受到了"勾引"：这是维多利亚时代对女性婚前性行为流行的委婉说法。她离开医院时仍然意志消沉，并认为："如果她被'毁了'，头脑就会发生变化。"南希"被一位绅士搭讪"，并"允许他与她性交"，医生写到，但"现在她觉得反正自己要下地狱了，不如赶紧了结"。

这种"毁灭"感成了南希·乔伊心灵上的沉重负担。她6个月后再次出院，并于1891年写信给医院。现在已经订婚的乔伊不想告诉未婚夫自己的过去。这位年轻女子感到痛苦和困惑，于是向她以前的医生寻求帮助和建议，告诉他们她很悔恨，"我独自一人时，有时会流下痛苦的泪水"。尽管"在我头脑清醒时，没有一个不纯洁的想法进入过我的脑海"，但南希·乔伊多年来始终担忧自己的状态，现在只是想得到最终的答案。"我真的被毁了吗？"她问道。"如果是，我将永远不结婚，任何人都不应责备我。""被毁"的可怜的南希并没有嫁给她的未婚夫。几年后，她回到贝特莱姆，依旧单身。[88]

为了像南希·乔伊这样的人，其他女性展开了运动，其中最著名的是约瑟芬·巴特勒，她带头抗议《传染病法》①。巴特勒决定自己去寻找和支持这些女性，而不是努力说服男人改变对待妇女的方式。这次讨伐行动是个人行为。1866年，她的小女儿伊娃意外去世后，巴特勒以一种传教士般的热情投入到这项工作中，"我有一种不可抗拒的欲望，想去寻找一些比我自己更痛苦的人"。[89] 马里恩、凯蒂、玛格丽特、艾玛和劳拉等女性被巴特勒从街头邀请到家中度过她们最后的日子。[90] 她们共同的故事是"曾如同街上的泥土一般，被男人踩在脚下"。[91] 巴特勒讲述了这些妇女的悲惨遭遇，她的讲述有两个特点：一是希望重新主张她们是无辜的被动受害者，二是对"践踏"她们的男人发泄复仇的怒火。

虽然巴特勒及其同事并没有反驳男女生理差异让男性对性更感兴趣的观点，但不久之后，其他人就开始公开抗议这一假设。玛丽·斯特普的《婚后之爱情》（1918）是一本畅销书，通过强调女性及男性欲望的重要性，改善了无数夫妻的性生活。一位济贫院律师写信给斯特普，坚持认为"正常男人比正常女人性欲更强烈"时，斯特普不同意。"我不相信正常男人的性需求比正常女人强。"她回答说，"平均看来男人的需求肯定是更强的，因为人们会全然错误地压制女性的性需求。"[92] 尽管她热衷于优生学的生物种族主义，但斯特普坚持认为，男女之间的性欲差异是由社会决定的，而不是由生物决定的。

---

① 《传染病法》于1864年首次通过，通过允许逮捕任何可能为妓女的女性，并对其进行强制体检来降低武装部队中的性病发病率。巴特勒及其同事称这种检查为"工具性强奸"，并抨击其中的双重标准。详情参见 Judith R. Walkowitz, *Prostitution and Victorian Society: Women, Class, and the State* (Cambridge: Cambridge University Press, 1980).

金赛得出了类似的结论。这位前昆虫学家坚持认为,男人和女人在性方面没有根本的不同,尽管他认为他们在心理上确实存在差异。女性比男性表现出更大的性差异,但差异本身仍然是"人类行为中最持久的现实"。[93] 这意味着人类个体间的差异比男女群体之间的差异更大:这一证据更加支持了性与性别的脱钩。然而,金赛将性别视为一个范围的观点有明确的局限性。在20世纪40年代末,跨性别活动家路易斯·劳伦斯试图说服金赛,跨性别者"比我们大多数人都更平常,甚至最杰出的医生都愿意或能够承认"。[94] 然而,正如历史学者凯蒂·萨顿解释的那样,金赛强调性高潮中的生理基础,这意味着尽管他大致上具有同情心,但不支持跨性别者做变性手术。[95]

小金赛研究表明,在1949年的英国,许多年轻的中产阶级在婚前就有性行为,但双重标准仍然盛行。生育非婚生子女的女性被人指指点点,有时甚至被送进精神病院,孩子的父亲却被遗忘。人们会避开遭受过性侵犯的女性,认为她们是先惹眼的人。[96] 一些参加调查的男性清楚地表明了自己支持双重标准。一位23岁的男建筑工人告诉小金赛采访者,"如果只是为了找点乐子,我不介意带个女孩,但如果我和一个想结婚的女孩在一起,我不会碰她。"[97] 一位20岁伦敦人与之相似,强调虽然自己和十位不同的女孩有过性行为,但如果未婚妻也接受了他的求爱,他是不会和她结婚的。[98] "我决不会娶一个允许我们婚前性交的女孩,"一个29岁的汽车工程师同意他们,"找到一位非常困难,但我找到了,并且娶了她。"[99]

这种虚伪一直持续到20世纪60年代,这个矛盾十年的开端,起于英国对小说《查泰莱夫人的情人》含有淫秽内容进行审判,

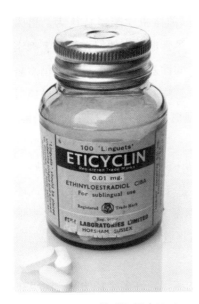

图4-4 Eticyclin的瓶子（1954—1971年），这是早期一种雌激素和孕激素联合避孕药。

以及避孕药问世。虽然避孕药被视为解放女性性欲的力量，但起初只有已婚妇女才能购买。1964年，英国为未婚妇女开设了第一家节育诊所，并"不断被指责为鼓励滥交"。[100]虽然妇女的性快感不再自动成为精神疾病的标志，但在精神病学和生殖医学方面，女性的性活动水平仍然受到细致的监测。

1967年，18岁的苏珊娜·凯森被送入美国麦克林精神病院时，被描述为"滥交"。接纳入院的精神科医生警告说，她必须被送进医院，否则她"可能会自杀或怀孕"。[101]凯森后来指出，从她周围的住院病人来看，强迫性滥交（compulsive promiscuity）是对20世纪60年代美国年轻女性的常见诊断。她问道："你认为一个17岁的男孩要和多少个女孩上床，才能获得'强迫性滥交'的标签？"她问。"我猜得有个15到20个吧——如果他们给男孩贴这个标签的话，但我不记得他们这么做过。"她最后问了一个未得到回答的问题。"那么对于17岁的女孩来说，要多少男孩呢？"[102]性生活过多的定义在很大程度上依赖于性别规范。

20世纪后期，"滥交"对妇女来说仍然是一个危险的标签。例如，1980年，世界各地的报纸杂志报道了一项瑞典的研究，将妇女滥交与较高的宫颈癌发病率联系起来。但事实并非如此。该研究表明,精液中发现了一种致癌的菌剂(后来被确定为人类乳头瘤病毒或 HPV)。神奇的是,大多数报纸文章并没有得出结论,认为可能需要对传播细菌的男性进行治疗,或者建议人们使用避孕套,反而认为问题在于女性滥交。[103] 除了这些性别成见外,黑人妇女还必须面对另外一层种族主义的假设。一位同事曾告诉我,她在 20 世纪 80 年代还是青少年时就很害怕得宫颈癌,因为她被告知黑人女孩的风险更大。多年以后,她才发现这种"风险"源于医疗机构认为黑人妇女比白人妇女更滥交,此类种族主义的偏见至少可以追溯到 17 世纪。[104]

在 20 世纪 90 年代,我成为一名青少年时,正常的性对年轻女性来说是一种困难的平衡。对性感到紧张是性冷淡,对性了解太多是淫妇、荡妇。太年轻就服用避孕药令人怀疑,意外怀孕则是道德败坏。当我提到 16 岁的表妹有了孩子时,我的同学附和着她的保守党父亲,说:"如果女人能并拢双腿,这个国家会变得更好!"没人质疑为什么改善国家只是女性的责任。单身母亲已经取代了未婚母亲,成为撒切尔主义国家的贱民,她们的生活更加艰难。对青少年性行为的关注也贯穿了 20 世纪 90 年代和 21 世纪最初十年的女孩杂志。虽然这些杂志的专题报道支持"年轻女性对性经验的主体追求",认为性实验是"正常"的,但知心姐姐们也强调年轻女性对性的准备还不够,以此压制女性读者的欲望。[105]对于那些欲望不符合异性恋期望的人,建议她们进行另一种等待:"小心现在不要给自己贴上任何标签。"该警告只针对那些表示喜欢同性的人。[106]

2016 年,某婚外恋网站进行了一项调查,内容是用户对新伴侣的期望。他们发现，男性和女性心目中理想新情人的前任数量，四舍五入都是整数 10，但异性恋男性仍然对有更多前任的女性稍微更警惕一些。"如果我们在十年前进行这项调查，"该网站的一位发言人声称，"男人会希望潜在伴侣睡过的人比这少得多。"[107] 这种说法是真的吗？双重标准真的持续了这么久，甚至在那些很可能更容易接受劈腿的人中也是如此吗？这似乎是可能的。在许多国家——虽然不是所有国家——如今每个人都应该享受性生活，不管是在婚内还是婚外，也不论性意识或性别认同如何。然而在这一表面之下，性别化的期望仍然存在。因家庭规模或成为单身家长而受到指责的是女性，而不是男性。在整个西方世界的媒体和法庭上，女性夜间的穿着或行为方式仍被用作理由，为性侵犯指控辩护。三位心理学家在 2019 年说，强奸的受害者——其中女性比例偏高——"特别容易"因受到攻击而遭受指责，这在其他人际犯罪中是不会发生的。[108] "正常"的性和性别间的联系，及其支持的双重标准，我们仍在努力摆脱。

究竟什么是（正常的）性？

几年前，我们在工作中进行了一次大型结构调整。作为一名初级经理，我需要阅读一篇如何支持团队变革的短文。出于某种原因，文章以企鹅为例来解释。这些企鹅都有不同的技能和能力，它们必须团结一致，完成一场复杂的行动，从融化的冰帽转移到安全地带。虽然这些角色都是企鹅，但它们在各方面都被人性化了。他们有工作、工具和语言，也无一例外地处于一夫一妻的异性恋关系或核心家庭中，并经常具有固守性别刻板印象的特征（哪怕作者让一些雌性企鹅担当领导和工程师角色）。这与主题并不相关，但还是让我很恼火。我向一个朋友抱怨了一下，她做了个鬼脸。"哦不，"她感同身受，"他们不会是异性恋正统（heteronormative）的企鹅吧？"

"异性恋正统"一词是 1991 年由迈克尔·沃纳提出的，[109]此后一直被用来描述社会按照性别和性的界限进行管理的一系列方式。[110]它强调了异性恋作为一种类别享有的特权，以及这种特权如何经常伴随着性别化形式的偏见或排斥。管理学指南的作者没有必要把所有的企鹅都放在异性恋的核心家庭里。这个细节与冰帽灾难项目几乎毫不相干，甚至说所有企鹅都是异性恋并实行一夫一妻制也并不符合事实。

这个例子听起来无足轻重，但那些异性恋正统的企鹅只是历史和文化中无数例子里的一个——有些例子发生在日常生活中，有些更邪恶——在这些例子中，某种形式的性被反复重申为是正常的，原因不过是任何差异都已经被排除了。我们在书本中、电影里、报纸上或电视上都能看到。异性恋是没有明确定义的，尽管异性恋无处不在，但它的定义却奇怪地隐形了。我们假定了一种标准，只有那些不符合该标准的性意识或性别认同才会被大众知晓。一个半世纪以来一直如此：某种类型的性——与性别二元模式相关的一种——被假定为正常，其他一切的定义都与此相关。差异被抹去了，因此符合这种情况的人错误地认为人人都一样，并且排挤所有那些无法想象自己生活在一群异性恋企鹅中的人。然而，正如金赛研究表明的那样，即使在 20 世纪 40 年代，完全的异性恋也并非如此常见。

几个世纪以来，对正常的性的判断发生了变化，提醒我们文化态度对于性规范的定义是多么重要，有多少人因为不符合这些规范而被囚禁、排斥、勒索，甚至更糟。今天，我们中的许多人都会认为自慰是正常和自然的，然而在某几个世纪之中，这却是最不正常的性行为。此举会伤害身体被证明是一个普遍却错误的看法之后，污名却仍然长期存在。与此同时，同性恋只是在19世纪末才被医学列为不正常的存在方式。因为人们对这种所谓的病态的兴趣不断增加，异性恋的性才成为规范。同性恋文学中引入了"异性恋"这一术语，而19世纪和20世纪的医学文献开始以阴道性交作为衡量其他性行为是否相对正常的标准。

在某种程度上，这种从比较的角度看待性的观点仍然存在。如果我问你有过多少个性伙伴，你会如何去计算？你会不会像1949年小金赛调查中所说的那样，包括"任何形式的做爱"？或者只计算最接近插入式规范的次数？小金赛的一些受访者对这种僵化的性定义感到沮丧。一位55岁的女性强烈反对"你是否曾经有过全都做了，但只是没有性交的做爱"这个问题。"我觉得这个问题需要进一步阐述，"她在一张纸条上补充说，"我经常有一些没有进行到性交的亲热，但没有性交并非刻意为之。"[111] 她曾经有过六个伴侣（五个男人和一个女人），并不缺乏经验。她坚持认为，做爱并不只是性交的开场。性不是生物学上的问题，而是因人而异的。它需要协商、妥协、沟通及后天技巧。

所以，问题不仅仅是什么算正常，而是，究竟什么是性？

第五章
我的感受正常吗?

那是 1986 年一个炽热的夏日。也可能并没有那么热。我童年时代的所有夏天似乎都模糊成漫长朦胧的记忆,酷热阳光的日复一日——但每次我们想全家烧烤时,就有一场突如其来的大雨。当时有水管禁令,学校柏油路操场边上的草都死了。我记得我对干燥、裸露的土地裂成六边形的方式很着迷,好奇沙漠是否就是这个样子。当然,肯定有很多日子不符合这种模式,但对于一个 7 岁的孩子来说,那些日子并不显眼,它们早已从我的脑海中消失。

学校假期即将结束的那一天,起初也没什么特别之处。妈妈说要出去,让我和妹妹去和隔壁的男孩们一起玩。我们在隔壁待上半天并不罕见。爸爸甚至在两个后花园之间装了一道门,这样我们就可以更方便地来往,踢足球、扮间谍或玩《世界第一少年侦探团》的游戏——总之就是那个夏天我们喜欢玩的一切。马修严肃地对我说"我想你的一个朋友刚刚死了"的时候,妹妹和我也没有多想。他使出了一个 6 岁孩子能摆出的所有严肃劲头:"但这没关系,你们还有我,还有其他朋友。"

我比马修年长,也更聪明。我以为他是在编造故事,或者误解了他听到的什么东西。因此,我记得妈妈不久后回家并把我们叫进屋里,进入在阳光明媚的花园之后显得阴冷的房子时,我并没有太过担心。

事实证明,马修是对的。他无意中听到我妈妈告诉他妈妈,我最好的朋友凯蒂在外出骑车时被一辆货车撞倒,当场死亡。妈妈接到电话时简直不敢相信,在震惊之余,她去凯蒂家核实了情况。

妈妈告诉我们这个消息时,妹妹和我都出人意料地笑了。这是一个令人困惑的反应,即使是4岁的艾莉森,也已经大到足以知道这件事很令人难受了。后来,我们对着塑料马克杯装的果汁汽水和波旁饼干哭了起来。妈妈说,困惑是正常的。她告诉我们,她小时候曾在家里的狗死后大笑,并因此觉得很糟糕。她说这是一种冲击。当你听到意外噩耗时,这是一种自动反应。这并不意味着你不关心、不难过。

情感对幼儿来说可能会特别令人困惑。我们的情感意味着什么?我们如何向他人表达或解释这些情感?在幼儿园,泰勒小姐曾经给全班5岁的孩子读过一个故事,内容是一个小女孩从姐姐那里偷了巧克力。我哭了又哭,但当老师问我怎么了,我无法解释。最后我只是告诉泰勒小姐我很饿。我知道这不是描述那种感觉的正确方式,但那种感觉有点像饥饿,所以这个解释一定行得通。

但是,不仅仅是儿童发现情感难以定义。心理学家和精神病学家——他们之前还有哲学家和神学家——长期以来一直在努力确定我们的情感到底是什么。1884年,美国心理学家威廉·詹姆斯提出了一个著名的观点,即情感是对某一事件的生物学反应。对于詹姆斯来说,我们不是因为悲伤而哭泣,而是因为哭泣而悲伤。

我们的反应是直接的、冲动的和无意识的，后来我们才把它标记为一种感觉。[1] 在詹姆斯之后，我们理解和讨论情感的方式进一步产生了变化。精神分析学家认为我们的感觉需要解析，行为学家认为它们是无意识的条件反射的证据。

最近，神经生物学家试图将特定的情感定位到大脑的不同部分。最著名的例子是将恐惧定位到杏仁核上，这是一小团靠近大脑底部的杏仁状的细胞。一个人受到威胁时，杏仁核会引发众所周知的"战斗或逃跑"反应。但是即使在这个神经学模型中，也有一大堆由文化和个体决定的问题。首先，我们认为什么是威胁？我们如何体验恐惧？我们如何向自己和他人解释它？我们最终的实际反应是什么？所有这些都会因历史、文化和个人情况的不同而发生变化：你可能害怕蜘蛛，但我可能认为它们细长的腿看起来很可爱（我真是这样认为的，从加入女童子军开始，我就一直担任我朋友圈的蜘蛛清除员）。

尽管有这些问题，大多数研究心情的人都认为情感是存在的，是人类生活的一个普遍方面。但如果你知道藏语中甚至没有"情感"一词时，你会感到惊讶吗？藏语教师经常被要求翻译该词，以至于他们为它创造了一个词。尽管对许多藏族人来说，这个词的意义只是慢慢地才为人了解。这并不是说藏族人没有感受，也不是说他们没有特定种类感受的词语。他们只是没有把它们归纳为一个概念：情感。[2]

历史上的情况也是如此。在 1830 年以前，英语作家使用各种各样的情感术语来描述心情，其中许多是从宗教语言中借用的：激情（passions）、喜爱（affections）和感伤（sentiments）。各个类别之间存在着显著的差异。激情是冲动的和本能的，感伤则需要经验或教育来培养。正如法国大革命期间恐怖统治的缔造者之一路易·安托万·莱昂·弗罗莱·德·圣茹斯特所说："我们不能将灵魂的感伤与激情混淆。前者是自然的恩赐和社会生活的原则。其他的则是僭主政治的成果和野蛮生活的原则。"[3]

历史学者托马斯·狄克逊指出，到1850年，"情感"已经成为受人欢迎的科学范畴，容纳了简单的愤怒、复杂的同情等非常不同的感受。[4]当然，描述人类感受的其他术语也在继续使用。然而，通过把广泛的想法归纳到"情感"的主题下，维多利亚时代作家形成了新的观点：愤怒和爱，或者恐惧和同情，在身体和精神上都具有类似的功能。

将我们的感受视为情感，也意味着人们更加关注这些特征的平衡。19世纪心理学家、精神病学家和其他科学家试图测量人类的情感。他们开始思考什么是正常的感受水平，以及如何定义。一个人感受太多意味着什么？如果我们的感受太少，需要担心吗？是否存在我们应当或不应当感受到的特定情感？我们应该如何表达这些感受？感受的准则甚至比我们监控正常身体或心情的方式更复杂，因为直到今天，人们还没有就情感的定义达成一致。

破碎的心

凯蒂去世后，悲痛占据我的童年，在很长一段时间里，我噩梦不断，总是梦到她死去。自2013年以来，这种情感一直是现代人关注正常感受的焦点，那年媒体报道称，美国精神病学诊断手册第五版认为，我们心爱之人去世后，悲痛超过两周就会构成精神疾病①。任何失去过亲近之人的人都会告诉你，悲痛可能是一个漫长而复杂的过程。作为一个 7 岁的孩子，我的生活在继续。我去上学，和隔壁的男孩们踢足球，交新朋友。我当然没有一直或大部分时间沉浸在悲伤之中。但我一感到被人忽视就会马上流泪，并且不信任其他人对我怀有持久的感情。"我没有最好的朋友。"开始上初中时，我告诉所有人，"最好的朋友会死掉或离开。"这正常吗？问这个问题有用吗？我们有权利让自己的悲痛得到接受，当然我们也有权利通过医疗上的、精神上的或其他手段试图减轻痛苦。

毕竟，认为悲痛不健康并不是一件新鲜事了，在过去的几个世纪，它更多地被看成是身体上的危害。1667 年 3 月 26 日，34 岁的伦敦公务员塞缪尔·佩皮斯②在他著名的日记中写到，他起床时"不免为母亲感到悲伤，因为我肯定会在下一班邮件中听闻她的死讯，还可能同时附有我父亲的死讯，因为身体的疼痛和失去母亲的悲痛会使他病入膏肓"。⁵ 第二天，佩皮斯收到他母亲的死讯，他和妻子痛哭流涕。父亲虽然也情绪激动，但他确实又活了十几年。然而，儿子说担心父亲的悲伤可能会致命，是可以理解的。在佩皮斯的时代，每周的《伦敦死亡清单》会公布全市所有死者的死亡原因。悲痛是其中最致命的情绪：在 1629 年至 1660 年间，记录上有

---

① 这不是手册上的确切说法。准确地说，手册只是不再把丧失亲友作为诊断抑郁症的排除因素。任何持续两星期以上并影响到日常生活的强烈忧郁，包括悲痛，现在都可能被诊断为抑郁症。

② 塞缪尔·佩皮斯是英国 17 世纪的作家和政治家，也是斯图亚特王朝复辟时期的官吏，他 1660 年至 1669 年期间的私人日记《佩皮斯日记》在文学和史学领域有着重要的研究意义。——译者注

超过350人死于悲痛（比仅有的死于惊吓的30人要多出许多）。[6]

今天，我们可能把感受和身体之间的这种联系看成一种比喻。然而在17和18世纪，人们相信心脏会因为过度的感情而破裂、膨胀或收缩。情感和身体健康关系密切。[7]这种观点一直延续到维多利亚时代，当时所有情绪都可以按照病理学归类。法国心理学家查尔斯·费雷在1892年说剧烈的情感会导致出血和心脏病发作。恐惧会使血液"倒流"，而强烈的悲伤会导致肥胖、消化系统紊乱，并增加感染的可能性。[8]英国精神病学家丹尼尔·哈克·图克认为，情感给身体造成的负面影响，比其他所有精神冲动相加还要多。[9]

情感和生物学也有了最新的关联。虽然在某些情况下，科学已经否定了感受对身体疾病的影响——比如在1984年分离出导致所谓"压力"引发的胃溃疡的细菌——但在其他情况下，却发现了相反的情况，将几个世纪以来对我们身体健康和异常情绪状态关联的担忧延续了下来。心脏病学家已经指出，情绪高涨可能导致心脏突然停跳，甚至可以证明存在致命危险。[10]我们不断被警告情绪压力和高血压的关联——尽管或许不知道如何在忙碌生活中切实解决这个问题。

然而，这并不意味着所有强烈的感受都一直被看成是不健康或不正常的。在18世纪，强烈的感情是良好性格和教育的标志。富裕、有文化的欧洲人希望成为苏格兰小说家亨利·麦肯齐在1771年描述的"重情者"，而表达深刻的悲痛是其内在组成部分。在当时，没有哪个伤感故事比约翰·沃尔夫冈·冯·歌德1774年首次发表的《少年维特之烦恼》更受赞誉——或更遭后人诋毁。这部德国中篇小说讲述的是在虚构的瓦尔海姆村，年轻艺术家维特对美丽、聪明、充满爱心的绿蒂产生了迷恋。维特极端的激情和单相思最终导致他自杀。歌德的叙述者扮演了维特信件编辑的角色，使作者能够反思自己所创作的文学人物的情感。他对读者说："对于他的精神和品格，诸位定将产生钦慕与爱怜。"他暗示那些与维特同病相怜的人可以"从他的痛苦中汲取安慰"。[11] 歌德此作在文学感伤主义的巅峰出版，成为全欧洲的畅销书。据后来的作家说，这本书还引发了自杀的流行。[12]

在《少年维特之烦恼》出版后的几十年里，人们看待悲剧情愫和自杀的方式发生了明显的转变。到 1829 年，此类高涨的情绪被认为愈发可疑，是不稳定的标志。当时的人们声称，感伤的年代引发了法国大革命。1893 年，美国哲学家和数学家查尔斯·桑德斯·皮尔士为感伤主义辩护，却也直言不讳地断言，"它带来了恐怖统治"，在此期间有超过 15000 人被判处了死刑。[13] 当时，在政治上和身体上，强烈的情感都值得怀疑。对今天的读者来说，这可能是一个意想不到的甚至不合理的解释。不过在 19 世纪，人们经常提及感伤和暴力的革命政治之间存在这种联系。

维特的自杀一度被认为是良好的情感修养。然而，19 世纪的医学家们比前几个世纪都更加坚定和明确地将自杀——以及强烈的情感——与精神疾病联系起来。精神病学家福布斯·温斯洛在 1840 年出版的《自杀剖析》中写到人们似乎是在悔恨、失恋、嫉妒、虚荣心受挫、骄傲、野心和绝望中随意选择自杀原因。这时自杀非但不能表明某人是"重情者"，反而证明了情感本身就不正常。

政治再一次强势介入关于正常情感的看法。温斯洛对"错误地称自己为社会主义者的现代异教徒"特别愤怒。温斯洛认为，罗伯特·欧文及其追随者应当为英国自杀人数的增加负责，因为社会主义瓦解了"所有秩序的根源，以及社会和公共美德的根源"。社会主义者"打破所有法律和约束的障碍，使激情成为唯一的是非标准——使得动物的趣味成为善恶的唯一准则"。[14] 对坚定的保守党温斯洛来说，无论是个体还是社会，被情感左右都不正常。他的医学结论借鉴了法国大革命后的新情感政治，由此推进他的政治观点。从1789年起，理性和情感成了对立的两极，情感克制成为所谓正常人的决定性特征，正好支持了政治现状。[15]

坚毅的上唇

你是一个正常人吗？1928年，美国心理学家（及神奇女侠的创造者之一）威廉·莫尔顿·马斯顿在《常人之情绪》一书中询问读者。马斯顿总结说，大多数人认为，没有经常表现出极端情绪就是正常的。到20世纪20年代，这种观点在心理学和大众思想中得到了广泛的传播。虽然18世纪和19世纪初的法官还在法庭上公开哭泣，男男女女公开表达愤怒或蔑视也不被视为丧失神志，但这种情况在维多利亚时代开始改变。[16] 到1850年，克制情绪的教育很普遍，最明显的就是在英国的公立学校，那里采用惩罚性的制度来训练男孩的身体和思想，提高他们的忍耐力。[17] 自控和自我约束成为文明社会男子气概的代名词，需要从小就开始灌输。

既然儿童情感"早在智力足够发展或得到启蒙来引导或控制他们之前"就出现了，苏格兰医生安德鲁·康贝在1840年首次出版的《父母指南》中警告说，"很明显，如果父母因等待理性的曙光而过度推迟对孩子的适当约束，那么孩子的性格和幸福必定会在很大程度上受制于意外"。[18]也就是说如果父母不替孩子控制情感，孩子之后就会受苦。美国医生在书中也有类似的建议。1891年，亨利·克莱·崔伦保告诉父母，孩子们会因失控的眼泪和愤怒而迅速精疲力竭。因此父母必须将眼泪和脾气扼杀于萌芽状态，使自制力得到发展。一旦孩子长大到可以理解的程度，就应该"教导和训练他们控制哭泣和发脾气的冲动"，并最终"缓和其表现出的不安情绪"。[19]

托马斯·狄克逊解释说，到了20世纪初，情绪控制成了一种可以摆出勇敢面孔来隐藏真实感受的能力。[20]第一次世界大战期间，英国向军队（和护士）宣传了这种新的理想标准，英国人"坚毅的上唇"很快就闻名于世了。在20世纪三四十年代，通过特雷弗·霍华德、劳伦斯·奥利弗和詹姆斯·梅森等电影明星轻快的标准英式发音和不苟言笑的态度，这种形象在荧幕上流传开来。当然，他们的电影仍然让观众哭泣，即使观众试图掩饰泪水。"我是个非常情绪化的人。"中年家庭主妇H女士在1950年告诉《大众观察》，还列举了她看哭过的许多电影。尽管H夫人声称她不以自己的情感为耻，但她"努力在公众场合掩盖所有情感的痕迹，除了笑声。在公众场合哭泣就像脱衣服一样"。[21]这一阶段，正常的情绪是私人的，是隐藏的。

英国人努力隐藏眼泪的同时，美国人在忙于掩饰愤怒。19世纪末，建议手册和心理学书籍强调美国人需要特别控制这种情绪。马斯顿在1928年描述"正常人"的情绪时，他的话特别具有谴责意味。他警告说："当你处于恐惧、愤怒、痛苦、震惊、意欲欺骗，或任何其他包含混乱和冲突的情感状态时，我不认为你在情感上是个正常人。"[22]马斯顿的正常情感模式不一定在他的个人生活中得到了体现。他的易变和争风吃醋对与他保持开放性关系的伴侣——妻子伊丽莎白·霍洛维和研究生奥利弗·拜恩来说是家常便饭。[23] 不论如何，马斯顿利用情感来阐述他的女性主义理念。神奇女侠诞生之初，新闻稿强调这个角色是马斯顿设计的，目的是"改变女子不如男子的想法，激励女孩在被男性垄断的运动、职业和专业领域获得自信和成就"。类似地，《常人之情绪》最后呼吁女性成为未来的"爱情领袖"，推翻男性"欲望"的领导，激发普遍的情感再教育。[24] 当然，马斯顿在写作所有这些内容的时候，把女性伙伴的想法和工作据为己有，还以"可怕的愤怒"支配着家庭。[25] 这显示出，你永远不知道一位女性主义者究竟什么样。

虽然马斯顿希望促进"生物学上有效的"、产生愉悦和社会和谐的情感，所以比大多数人走得更远，但也有其他美国心理学家就愤怒发出警告，认为其展现出卡尔·门林格尔在《人对抗自己》（1938）中所说的"人类天生的破坏性"。对于精神分析师和流行杂志专栏作家卡尔博士来说，这主要是自我导向的愤怒，是弗洛伊德"死亡本能"的一个版本。[26] 这种对愤怒的否定会不会是对上半世纪战争的反应？马里兰分析家弗里达·弗洛姆－赖克曼曾在 1950 年提出疑问。这位德国犹太移民认为："目前，在我们的西方文化中，任何两个人之间的敌意、对立和恶意似乎比任何其他不可接受的人类行为更容易受到反对，因此更容易受到压制。"[27] 似乎愤怒已经取代了性，成为造成最多尴尬和非难的人类本能。

20 世纪四五十年代的教育影片向美国年轻人指出，控制受挫感和避免情感失控是多么重要。他们强调，"剧烈的情感困扰往往会降低工作效率",因此克制情感就成为个人成功和家庭和谐的关键因素。[28] 劳埃德·华纳在1953年出版的《美国生活:梦想与现实》一书中,将抑制愤怒、抑制性列为中产阶级家庭抚养子女的两个根本困境。[29] 与英国一样,这种情感观是以阶级为基础的——华纳认为,美国下层社会"可以自由表达愤怒"。人类学家华纳无疑是想客观地报告不同的生活方式。然而,他延续了维多利亚时代的做法,将情感与理性和智力对立起来,认为徒手打架的工人阶级少年是负面的,而有主动性、雄心、能说会道且掌握经济技能的中产阶级少年是正面的。[30]

愤怒仍然是把双刃剑。它在家庭中不受欢迎,却越来越多地出现在屏幕上。在1976年的电影《电视台风云》中,电视新闻主播霍华德·比尔在直播中失控咆哮,却受到空前欢迎。这部电影似乎指向如今媒体时代的不安感和情绪化。"我气坏了,我不会再忍受这些了!"比尔大叫,还鼓励普通美国人打开窗户,向街上喊出他的话。然而,在《电视台风云》拍摄时,普通美国人仍然把控制愤怒看成一项最重要的个人品质。[31] 当然,这并不能阻止我们贸然断言如今是"愤怒时代"。哪怕最后发现,在2016年唐纳德·特朗普当选美国总统时,发挥关键作用的正是那些自称"不满但不愤怒"的选民。[32]

如今,过度的情感似乎随处可见,比如推特上肆意辱骂的喷子。但我们很少停下来考虑,150多年来,我们赞美情绪克制,这种情况是如何造就了我们所谓的过度愤怒。我们也没有考虑到,特定种类的情感在不同的文化中怎么会多少显得不正常。一个多世纪以来,英国孩子被告知要忍住眼泪,美国人则要掩饰他们的愤怒。然而其他文化有不同的规则。20世纪60年代初,美国人类学家琼·布里格斯与加拿大西北部的屋库族（Utku）①因纽特人一起生活了一年多，易变的情绪使她成为一个白人外人。她把自己的记录命名为《从不愤怒》，思考她所理解的共同生活之人的极端矜持。在屋库人看来，布里格斯的情感反应显得很幼稚，不足以适应社会生活。今天，当我们试图定义正常的情感水平时，我们的想法处在两极之间的平衡点上：具有文化特殊性，但被过去对情感的种种假设所累，被对阶级、种族和性别的态度形塑。

原始激情

1868年的一个星期五，18岁的比利时女裁缝路易丝·拉托突然手脚出血。伴随着这些圣痕，拉托很快又出现了欣喜若狂的症状。天主教会按照惯例，派出一支小组调查拉托流血是否真的为奇迹。调查小组里有费迪南·列斐伏尔，一名来自鲁汶一家精神病院的精神病学家。列斐伏尔最初猜想伤口是拉托自己造成的，但他最终认为，科学无法解释她异常的状态。[33]在接下来的十年里，其他医生先后提出反对意见，他们将她的圣痕归因于激情对身体造成的影响。他们认为，强烈的感情对无力控制情绪的人、没有受过教育的人或那些脆弱的人特别危险。[34]这再次指向了女性和工人阶级。

纽约医生梅瑞狄斯·克莱默总结说，拉托经历的狂喜是"一种以意识和意志的突然中断为特征的情绪紊乱"。[35]他说这通常

---

① 布里格斯称这个族群为屋库（Utku），他们的全名是Utkuhikhalingmiut。

是由宗教热情引起的，因此拉托的圣痕是她情绪紊乱的外在体现。几个世纪前，人们认为这种强烈的宗教情绪是虔诚的体现。现在，美国和欧洲的医生认为拉托流血的原因既不是奇迹也不是欺诈，而应归因于"热烈的想象力""脆弱的体格"和"容易激动的性情"。作为年轻的工人阶级女性，路易丝·拉托被认为尤其容易产生错乱的感觉。

救世军女性成员"哈利路亚女郎"也是如此。救世军是1865年威廉·布斯在英国创立的基督教传教组织。虽然在其他宗教背景下，中产阶级女性也可以从事慈善和传教工作，但只有在救世军中，女性才可以讲道和发放圣餐，而且还是工人阶级女性。[36]这些女性的外表和情感被拿来与她们的中产阶级同行作对比，结果是不利的。伊丽莎·海恩斯，一位"来自最粗鲁的工厂阶层"的女孩，在诺丁汉的街道上游行，吸引人群参加当地的救世军会议，"她的头发和外套上飘着飘带，背上的标语牌上写着'我是快乐的伊丽莎'"。虽然有些人对伊丽莎的行为感到震惊，但随后的会议却座无虚席。快乐伊丽莎的广告显然起了作用！[37]

对维多利亚时代的人来说，情感在很大程度上是阶级问题。中产阶级有自制力，或者说他们自认为如此，而大众则是情绪化和无节制的。《星期六评论》嘲讽说，救世军公开展示"只有最愚蠢的人才能感受到的"宗教热情，"有辱""国民的体面感"。[38]情感不正常这一概念成了一种武器。一个人流露出的任何情绪都可以被用来诋毁此人的观点不理性，给女性和工人阶级冠以情感过度之名，就会成为从社会层面和政治层面施加压迫的依据。全国反对妇女选举联盟主席柯松勋爵将女性缺乏"冷静的性情"和"平衡的心态"作为拒绝女性选举的"十五条理由"之一。[39]"女性的性情和两性关系使妇女投票不可取。"美国教授爱德华·雷蒙德·特纳在 1913 年警告道。[40] 理智的精英说服自己，给予情绪不稳定之人投票权是不负责任的。

强烈的情感是原始的，该观点也被用来支持种族主义的思想。就像妇女可能因为所谓的情绪不稳而被剥夺投票权一样，西方科学家也以殖民地需要理性统治者之由来为殖民主义辩护。进化心理学家赫伯特·斯宾塞说，"劣等民族的人表现出的突然的感情波动"，"其程度是过度的，持续时间也很短"。有些种族天性暴烈，比如"布须曼人"（非洲南部的土著人），因此不适合社会团结，这些都是斯宾塞的观点。[41] 用人的情绪状态来诋毁他们——通常这样做的是从未真正去过他们所写之处的西方科学家——这是为压迫辩护的手段。

正如其他许多确定正常标准的尝试一样，这种类型的思维是循环的。19 世纪 60 年代，旅行作家威廉·温伍德·里德在南非和西非进行了一次漫长的环绕旅行后，说非洲大陆的男人就像西方女人一样，有着光滑的脸和优雅的四肢。他轻描淡写地概括道："女人愚蠢、愠怒和冷漠，而男人活泼、胆小、好奇、喋喋不休得令人难以置信。"里德说非洲男人拥有"细腻的策略、直觉、紧张的想象力和洞察力，本是有教养的女人特征"。这种与女人在情感上的相似性让他们成为"优秀的家仆"。[42] 里德利用白人和黑人之间所谓的情感差异来证明殖民主义的等级制度合理。如果黑人男子与妇女或儿童相似，就证明他们适合担任低等角色。这种关于原始情感状态的叙述是殖民机制的一个重要组成部分，它创造且证明着西方主导的权力结构的合理性。

里德本人并没有践行西方的理性思想。在安哥拉，当地的吊床搬运工把他撞到石头上后,他殴打了他们,把他们打得"谄媚地鞠躬和恭敬地微笑"。[43] 又有一次,别人给他端上了一个坏鸡蛋,他将其扔向村庄首领。[44] 同时,里德还把自己看作是欧洲白人的标准,将其他种族与他本人比较。他自认替非洲人做了一件大好事。毕竟,在他的书中,里德抨击了奴隶贸易,并决心"教育英国撒克逊人的心灵,因为他们会有肤色骄傲和种族偏见"。[45] 当然,这只能说明,那些具有进步政治观点的人也不能免受西方标准中根深蒂固的偏见。

大多数欧洲人类学家和心理学家在将其他种族与欧洲白人男子进行比较时得出了类似的结论,他们一次又一次地将差异解读为不正常。像里德一样,他们的起点在于欧洲中产阶级情感表达方式中对"正常"男性情感的期望。查尔斯·达尔文的《人类学笔记与疑问》是一本帮助未经训练的旅行者研究外国风土人情的手册。书中关于情感的条目,只是详细描述了西方预期中存在的东西,并要求读者照此对比。"他们表达极度恐惧的方式与欧洲人相同吗?"达尔文问道,仿佛这种方式是普遍和显而易见的。[46] 斯宾塞总结道,"除了感受的种类",不同人类"在感觉的数量上是不一样的"。[47] 斯宾塞及其同时代人认为,黑人——如同妇女和工人阶级——是冲动和过度情绪化的。医学杂志《柳叶刀》指出,有圣痕的路易丝·拉托的"半歇斯底里的崇拜者"似乎"肆意处置自己的身体,其可怕的行为不亚于南海的野蛮人"。[48]

种族、性别和冲动情绪之间的这种联系在科学种族主义中延续了几十年甚至几个世纪,却无人意识到这就是种族主义。我们可以从官方对英国本土、欧洲其他地区和北美的政治冲突的反应中,看到维多利亚时代观念的遗留问题:远到20世纪初的妇女选

THE SHRIEKING SISTER。
THE SENSIBLE WOMAN. "*YOU* HELP OUR CAUSE?WHY, YOU 'RE ITS WORST ENEMY!"

图 5-1 伯纳德·帕特里奇于 1906 年为《潘趣》杂志创作的漫画，区分了"情绪化"的女权主义者和"理智"的女性。

举权运动，近到 20 世纪 60 年代的黑人民权运动游行。反对者往往如此给抗议活动定性：参与者并未真正遇挫，而是其性别或种族天生情绪不稳定——有一种危险、不受控制且不理智的愤怒。例如，细菌学家阿尔姆罗思·莱特爵士在 1912 年给《泰晤士报》写了一封愤怒的信，抨击选举权运动中"好战的歇斯底里"。[49]"妇女参政权论者被内阁部长和主要文章描述为'少女''歇斯底里的年轻女孩''悲惨的女人'等等。"埃塞尔·史密斯博士在回信中抱怨道，"我从来没有伙伴，像这些女性一般聪明坚定、不屈不挠，她们非常正常且有人性。"[50]

"好战的歇斯底里"，有时还会用来指控今天年轻人，哪怕措辞已经改变。并非以冷静性格而闻名的唐纳德·特朗普曾建议青少年气候活动人士格蕾塔·桑伯格"解决她的愤怒管理问题"。在特朗普试图对 2020 年选举失败提出异议时，桑伯格把他的原话奉还。特朗普并不是唯一试图利用桑伯格的年龄和性别来诋毁自己不想听到的观点的人。英国右翼专栏作家皮尔斯·摩根同样称桑伯格"情绪过激"。[51]在 2020 年的"黑人的命也是命"抗议活动中，一些抗议者要求推倒与奴隶贸易和欧洲国家的殖民主义遗产有关的历史纪念碑，他们也得到了类似的回应。年轻、情绪化的抗议者根本不允许和平理性地拆除这些雕像，批评者坚持认为，尽管有些雕像，如布里斯托尔奴隶主爱德华·科尔斯顿的雕像几十年来一直是和平拆除的目标。如果没有这些抗议者的行动，科尔斯顿还能站在布里斯托尔港吗？很有可能。当你拥有所有权力时，冷静和理性是很容易的（如果你是唐纳德·特朗普，可能不是这样），这也是情绪控制成为精英阶层排挤他人工具的另一个原因。

灵魂机器

尽管在19世纪的西方世界，情绪克制被视为一种越发有价值的特质，但人们并不能够对其进行衡量。就像大多数标准一样，它是一种渴望得到实现的无形理想。"正常"和"不正常"的感受这一对概念已然开始影响欧洲和北美刑事司法系统的结果，而西方对意图和悔恨的痴迷非比寻常。西方法官可能会根据被告的悔过表现给予宽大处理，但在许多其他文化中，人们的实际行为最为重要，而非行为背后或之后的思想和感受。比如说，给村庄水源下毒，无论是有意还是无意，都是同样严重的犯罪。[52] 测谎仪的出现就源于西方人对犯罪和情感反应的兴趣，这样做就能让感受被测量，并将其绘制在图表上。

聪明但鲁莽的心理学教授的助理、年轻的卢瑟·特兰特是此类技术的早期支持者。在一位同事意外死亡后，特兰特变成了侦探，成为实验心理学界的福尔摩斯。他决心为一位资深教授洗清罪名，所以对嫌疑人进行了一系列心理学测试。在成功找到真正的凶手之后，特兰特从大学请假，决定再次尝试科学心理学，继续在20世纪初芝加哥多风的街道上抓住一个又一个凶手。[53] 他成功的秘诀就是对情感进行测量。这位心理学家兼侦探坚持认为，当一个人经历情绪时，人体对微弱电流的电阻值会发生变化，这是毋庸置疑的事实。[54] 特兰特使用各种设备来记录情绪，包括"灵魂机器"——"最精细和最有效的仪器，用于检测和记录焦虑、恐惧和内疚感等人类情绪"。[55]

卢瑟·特兰特不是一个真正的侦探。他是两位芝加哥记者埃德温·巴尔默和其内兄威廉·麦克哈格虚构的人物。但是特兰特用来测量正常情感水平的方法——如果不提灵魂机器本身——是20世纪情感研究的一个关键特征。量化情感并非易事。在特兰特之前50年，即1858年，功利主义经济学家威廉·斯坦利·杰文斯在阅读凯特勒的统计学著作时受到启发，在给姐姐的信中他说想用数学来研究社会。[56] 但是情感难住了他。杰文斯被迫承认，"很难想象"一个衡量"快乐或痛苦的单位"，而这两者是功利主义哲学里人类行为的主要动机。这使他"难以认定人会有办法直接衡量人类内心的感受"。[57] 杰文斯建议，作为替代，我们应该用衡量行动的方式来衡量情感。

另一位维多利亚时代的统计学家弗朗西斯·伊西德罗·埃奇沃思则更进一步，在1881年，他设想开发一种"享乐计"。这一"心理物理学机器"将持续记录"个人经历的快乐程度"。埃奇沃斯诗意地描述了我们如何发现"精密的指数时而随着激情的振动而闪烁，时而因智识活动而稳固，整整几个小时都沉在零的附近，或者瞬间跳到无穷大"。[58] 和特兰特的灵魂机器一样，埃奇沃思的享乐计从没真正存在过。然而，他对它的描述显示了维多利亚时代的科学家对激情或情感的一些理解：不断地波动，与智识对立，但有可能为其控制，通常几乎不存在，偶尔会出现极端情况。

没有享乐计，维多利亚时代的人就通过行为和表情来衡量感情，比如达尔文说的"最奇特和最人性化的表情"——脸红。[59] 人们认为罪犯不会脸红，这证明他们是不正常的。意大利"犯罪学之父"切萨雷·龙勃罗梭对59名年轻男性罪犯进行了测试，发现几乎有一半的人"与正常人相比，在面对我们的训斥、听到我们提醒他们的罪行或被盯着看时，不会脸红"。在女性中，龙勃罗梭的样本中有 81% 的人在被训斥时没有脸红,但她们在被问及月经紊乱时会。[60] 对龙勃罗梭来说,这证明了不知悔改的罪犯缺乏更细腻的感情。

在 20 世纪,欧洲人的点子传入特兰特所在的美国,虚构的享乐计变成了现实生活中的"情绪仪"。在世纪之交,用于临床诊断的机器被发明出来,如英国心脏外科医生詹姆斯·麦肯齐博士在 1906 年发明的检测心律失常的机器。但没过多久,人们就声称这些机器不仅可以测量生理变化,还可以测量情绪变化。许多心理学家发明了用于刑事调查的"测谎仪",威廉·穆尔顿·马斯顿便是其中之一,当时的"测谎仪"是今天测谎仪的前身。马斯顿的测谎仪测量呼吸和血压,以及皮肤的电导率。这些生理过程的变

图 5-2 1922 年,威廉·穆尔顿·马斯顿(右边坐下者)对詹姆斯·弗莱使用测谎仪,来帮助弗莱对谋杀罪判决进行上诉。上诉被驳回。

化被认为展示了情绪的高涨。对于特兰特、马斯顿和那个时代的其他心理学家来说，情感突然成了有罪的证据。当然，这与龙勃罗梭的冷漠罪犯所表现出的感受缺乏完全相反。

尽管这种转变的原因不详，但到 1935 年，测谎仪在美国司法系统中得到了广泛的应用。然而，没有人证明过它肯定是在测量情感，也不知道情感水平如何与犯罪产生联系，甚或何种水平的情感正常或不正常。在不确定之中，术语也发生了变化。到 20 世纪 30 年代，"谎言探测仪"（lie detector）这个名字广为人知，人们称它的目的是测量真相而非感觉。拒绝接受测试意味着嫌疑人有罪，而被定罪的罪犯甚至可能在通过测谎仪测试后推翻判决。[61] 1935 年，威斯康星州的一家酒馆被盗，猎犬很快找到了嫌疑人。该男子接受了测谎仪测试并且通过，人们认为这证明了他的清白。猎犬才是真正的骗子，于是嫌疑人被释放了。[62]

这些据称具有科学性的情感定义及测量方法的妙处在于，它们似乎是普遍的。但测谎仪运行的前提是存在"正常"的情绪反应。虽然测试可能会根据个体的具体反应水平设定基线，但依然要做出很多假设，例如，某些生理反应与强烈的情感有关，它们发生变化意味着某人在遮遮掩掩或有罪心虚。如一项对美国和约旦学生的研究发现的那样，当我们试图判断某人在日常生活中是否说谎时，我们可能简单地把文化差异理解为异常行为。[63] 然而，鲜少有人重视到去解释情感和反应之间这种联系，或去探索因文化和成长环境产生的差异，哪怕偶尔还有人创造过针对特定文化的"测谎仪"。[64]

测谎仪本身也可能给测试对象带来痛苦。2018 年，克里斯汀·布莱西·福特同意接受测谎仪测试，以证实她对最高法院提名大法官布雷特·卡瓦诺性侵犯的指控，她描述该测试"令她颇感压力"，还说在测试时哭了。在那时，人们认为测谎仪的结果是可以人为操纵的。布莱西·福特的支持者认为，测试结果证明了她的可信度。她的反对者只是声称，这位心理学教授知道如何"应付"机器。测量我们的情绪仍然充满争议。测试可能只能证明我们自以为已知的东西，这是危险的，因为这些假设是基于文化期望的，并且仍然受到测试本身内在假设的影响。尽管测谎仪的确切测量内容疑点颇多，但今天，使用测谎仪仍然是最高调的测量异常情绪的方法之一，每年都有成千上万的美国人接受测试。[65]

没有情感的仿生人

虽然测谎仪假定的罪行与情感过度有关，但缺乏情感也曾引起犯罪调查。1879年的某个时候，36岁的W. B.——我们姑且叫他威廉，这是一个当时流行的名字——从安大略省金斯顿的监狱出狱后，正走在回家的路上。在离他父亲的房子不远处，这位前科犯发现了一匹正在吃草的马。威廉翻进牧场，将马绑在一根电线杆上，接着就开始肆意虐待这匹马。目击者不知该如何解释威廉的怪异举动，这使得威廉在服刑十年被释放后不到一天的时间里，又重回到了法庭。

威廉出生在威尔士的斯旺西，但在他10岁时，一家人移民到了加拿大。据他的继母说，年轻的威廉·B.性情郁郁寡欢，不善言辞，游手好闲，狡猾奸诈，有折磨动物和虐待弟妹的倾向。附近的马匹从来都不安全，经常被他砍伤咽喉。1869年，这个年轻人因猥亵一名10岁女孩而被判终身监禁，但又不知为何获得赦免和释放，这就带领我们回到了他在归家途中残害一匹马的那天。

威廉的行为令人费解，在法院看来，他一定是疯了。他被无罪释放，并被转移到金斯顿精神病院。1884年，当英国精神病学家丹尼尔·哈克·图克访问安大略省时，他还在那里。图克对威廉非常着迷，他花了一天时间阅读他的病例记录，后来把全部内容都刊登在英国精神病学杂志上。图克认为，威廉是典型的"悖德狂"，但有一点特别之处：他是嗜血者（mania sanguinis），对血有着痴迷的渴求。[66]

悖德狂是由精神病学家和人类学家詹姆斯·考尔斯·普里查德于1835年提出的。普里查德用它来描述那些在没有任何明显智力障碍或重要理由的情况下，行为超出常规的人。这里"道德"指的是心理或情感上的，而不一定具有我们今天赋予这个词的伦理内涵。悖德狂的"道德情感"减弱，也就是缺乏社会情感。这并不意味着他们根本就没有情感。事实上，因为缺乏社会情感，反而可能会导致冲动情绪的爆发。

维多利亚时代的人谈到缺乏感受时，他们通常指的是缺乏某种类型的感受。如果有人违背了社会习俗，他们一定还未开化。图克的结论是，威廉退化为"古老的野蛮人"，"意外投胎到错误的世纪"。就像维多利亚时期的许多科学思想一样，这是由种族主义假设支持的。图克说："在野蛮的时代，或者在今天非洲的某些地方，威廉会有足够空间发挥他的嗜血倾向，与环境相安无事，但在如今的文明社会，他是不能被容忍的。"[67]当时的科学家认为，最高级的感受是同情和利他主义，而且西方白人男性比其他任何人都更具有这种感受。

图克当然不会使用"精神变态"（psychopath）这个词，这主要是因为他认为精神疗法（psychopathy）是一种治疗方式，就像整骨疗法或顺势疗法一样。[68] 今天，我们可能认为精神变态能很好地描述威廉不可思议的邪恶举动。虽然他偶尔会很安静、能帮忙，但永远不能完全信任他，而且"他是否对人存在感情是非常值得怀疑的"。[69] 但换作是一位嫉妒的年轻女士或两个麻烦的 5 岁孩子，并且他们也都是悖德狂呢？或者是无聊的淑女 M 小姐，她给她认识的年轻男子寄去奇怪的、含糊不清的威胁信，偶尔还寄去画得糟糕的棺材？或者是 C 先生，一个土木工程师和"发明天才"，不买票就坐火车旅行？[70] 他们都被诊断为悖德狂，但你会认为他们也是精神变态吗？

精神变态一词直到 20 世纪才被科学界使用，即使在那时，它的含义也与今天完全不同。英国医生阿尔伯特·威尔逊是最早在 1910 年发表对"精神变态或人类堕落者"（一种罪犯）科学分析的人之一。虽然维多利亚时代后期已经有许多研究犯罪心理学的论述，但威尔逊描述了一种特殊的"未完成的人"。威尔逊的精神变态不是流行小说中的莫里亚蒂教授或莱克斯·卢瑟：智商过人的"专业罪犯"远超这一范围。[71] 相反，这种精神变态位于"我们发现那些无法被归类为正常人的人所在的广阔区域"，远远低于"智力和道德的广阔中间地带，而那是我们所有人希望的归属之地"。[72] 这些"亚正常人"意志薄弱、记忆力差、缺乏自制力。威尔逊称，他们的大脑结构没有发育完成，这意味着他们永远不可能成为正常人。他们并不完全是"白痴和低能儿"——他认为后者"一出生就毁了"——而是一个新的群体，"与皇家委员会和医学院称之为低能的那类人有关"。[73]

3 年后，也就是 1913 年，《智力缺陷者法》将这一新类别的

"低能"者写入法律，对有学习障碍的人、未婚母亲、轻刑犯、生活贫困的人和其他被不受社会欢迎之人的生活施加限制。这些人是第一批"精神变态"。在定义低能的问题上，种族主义再次发挥了相当大的作用。威尔逊根据"大脑研究"得出结论，他所谓的精神变态是对"黑人和原始种族"的"回归"。[74]当然，正如生物学家斯蒂芬·杰·古尔德描述的那样，这些大脑研究是由西方白人科学家进行的，他们经常任意篡改数据，以证明他们的假设：白人男性的大脑最大，因此也最优。[75]

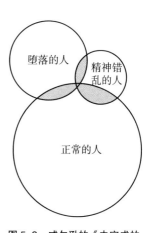

图 5-3 威尔逊的《未完成的人》（1910 年）中的一张图表，旨在表明人的"三个等级"并没有明确的定义，"一些低等级的普通人处于边缘地带"。

维多利亚时代的悖德狂和爱德华时代的精神变态虽然是有明显区别的两类人，但他们有两个共同的特点。他们都被看成是种族退化的证据，而且两个术语都被广泛应用于公然藐视传统的人。这些人绝不是我们今天所说的"精神变态"——残忍无情之人。现在这个词可能会让我们想到连环杀手或专制政治领袖。然而，直到 1940 年左右，精神变态包括的内容繁多。它有时被用来描述一种暴力或犯罪倾向；有时等同于学习障碍；有时可能是精神病等异常心理状态的同义词。历史学家苏珊娜·夏普兰说，这是一个废纸篓般的术语，用来形容那些被认为精神上不太正常的人。[76]

第二次世界大战之后，精神变态的定义变得更加明确，但令人惊讶的是，也更加难以辨认。以安德鲁·刘易斯为例，他是 1960 年英国卫生部拍摄的一部关于理解攻击性的影片中的常驻"精神变态"。尽管安德鲁是个难缠的顾客,但他很善于按自己的方式行事。"安德鲁的惯用伎俩是散发魅力,一旦有合适的时机他就会卖力恭维。"安德鲁在医院的板球比赛中与一名女护士调情时,他的护士亨利抱怨说。影片中有位衣衫褴褛、神志不清的女病人,护士们认为因为她有可怕的幻觉,所以她的暴力举动是可以理解的反应。与她不同的是,安德鲁很年轻,衣着光鲜,相貌堂堂。他的外表,如果没有更好的词来形容的话,就是正常。[77]

我们被告知,安德鲁甚至在婴儿时期就无人疼爱、无人需要。到了 5 岁,"在这个不受宠的小男孩身上,爱的能力早已被扼杀"。安德鲁·刘易斯的性格反映了"二战"后英国流行的社会健康观,新的福利国家强调,社会支持高于个人利益。那些努力表现出正常情感的人应该获得同情和帮助,而不是被诋毁。精神病学家大卫·亨德森说,精神变态是"一群挣扎的人类,可以说是社会的不合群者,他们迫切需要帮助"。[78] 亨德森把重点放在了消极童年经历的影响,它们会让精神变态的情感变得迟钝。不过,他的工作仍然以种族主义的进化等级为依据。他说,精神变态仍然处于"原始野蛮人"的情感水平,即使在 1939 年,这种维多利亚时代的说法仍然很流行。[79]

美国精神变态领域的权威专家赫维·克莱克利的批评更为严厉。他认为,指责父母或社会只会让行为恶劣之人脱罪。此外,精神变态过于普遍,所以不可能是真的。精神变态搜寻者克莱克利将军声称,到 1941 年,他在医院、门诊和他的咨询工作中,到处都能发现他们。他还把精神变态的特征整理成方便查询的表格,帮助其他人发现我们身边的精神变态。克莱克利列出的 16 个特征深刻影响了后世对精神变态的评估。克莱克利称，精神变态者表面上魅力非凡、聪明机智，却不可靠，也不真诚，而且"情感贫困"——完全缺乏"成熟的、全心全意的愤怒，真实或一致的愤慨，真心实意的悲伤，持续的骄傲，深刻的喜悦和真正的绝望"。[80] 他们确实能够感受到快乐、生气、绝望等情绪，但并不是以"正常"人那般稳定、成熟和真诚的方式。对不那么善于辨识精神变态的人来说，这似乎是一件几乎无法判定的事。

就像《凯文怎么了》（莱昂内尔·施赖弗，2003 年）中的凯文·卡查杜里安一样，今天在大众心目中，精神变态已经与极端犯罪联系在一起，并在很大程度上被认为是不治之症。然而，虽然文学和电影中的精神变态几乎都是连环杀手，但罗伯特·海尔等心理学家声称这些"没有感情的仿生人"实际上就在我们身边。[81] 海尔通过某种方式计算得出北美的精神变态者数量有两三百万。许多人甚至不知道自己是精神变态。在人生的前 58 年，神经科学家詹姆斯·法伦认为他是一个普通人。他只是碰巧在研究精神变态的大脑扫描时，惊奇地发现自己的扫描结果与杀人犯的惊人相似。法伦的整个人生哲学——以及对神经科学的理解——因此遭到颠覆。他以前认为，这种扫描是了解人性的直接方式，我们是什么样的人 80% 由大脑和生物学决定。2005 年的那一天，法伦"证明了我一生的理论，即我们是无法改变之人的理论是错误的，我自己就是活生生的例子"。[82]

然而，法伦的发现也表明精神变态的范畴仍然没有我们可能希望的那么明确和可以衡量。大脑扫描真的能"证明"某人是吗？如果他们从未犯过罪，还是真的精神变态吗？是否像鲍勃·海尔可能声称的那样，冷酷无情的怪物主宰着我们大部分的企业、银行和政府？这样说的时候，整件事都像是阴谋论：精神变态的活死人入侵人类世界的可能被明显夸大。我们越是听到精神变态的消息，就越是能在身边看到他们。这就是乔恩·容森的小说《精神实验》发生的事。[83] 或者情形恰恰相反。我们听说某人做了什么可怕的事情，就从他们的行为和表情中寻找解释。他们的感受是否和我们一样？还是说，他们是海尔描述的仿真机器人之一，无法理解"真正的人类"经历？

科幻小说已经科普了人与仿生人的不同。以 1987 年出现在《星际迷航：下一代》中的德塔少校为例，在之后的 15 年里，他一直在寻找并竭力思考人类的情感体验。菲利普·K.迪克的《仿生人会梦见电子羊吗》中的同理心测试也同样被用来识别非人类复制体。然而，在迪克这部出版于 1968 年的小说中，人类也在操纵他们的情绪，用一个情绪调节器对自己编程，可以调大怒气，来吵赢一场架，或者安排 6 小时自怨自艾的日程。[84] 谁能说哪个更真实呢？是被设计的复制体还是被编程的人类？

总之，令海尔恼火的是，我们仍然更有可能将感觉缺失与具体的行为及犯罪联系起来。这也许让我们感到更安全——如果我们能根据冰冷的眼神发现凶手，谁还需要海尔的昂贵课程呢？但我们有多少次被自己的臆断所引导呢？例如，2012 年，在丹佛郊区的一家电影院放映《蝙蝠侠：黑暗骑士崛起》时，前神经科学学生詹姆斯·霍姆斯枪击杀害了 12 人。当电视上播放霍姆斯被提审的录像时，我的一个朋友对他冷酷无情的面部表情发表了看法。在她看来，他就像一个精神变态的杀手。对我来说，他看上去只是嗑了很多药。

这提醒了我们，展现情感并不总是容易的。一位同事曾向我讲述她的弟弟被诊断为精神分裂症后的经历。她说，虽然他服药后基本没问题，但会经常抱怨他很麻木，什么都感觉不到。母亲去世后，他有一个星期停止服用抗精神病药物。他告诉姐姐，参加母亲的葬礼却哭不出来，这是不对的。她对此没有异议。我们解读他人情感的方式受到我们对情况的理解影响，也受到文化差异和个体差异影响，有时还会加上药物或酒精的复杂影响。我们可能会急于判断或努力捕捉情感线索。这对一些神经多样人士（neurodivergent）来说可能比较困难，但如果有人说自己不曾误解过别人的感受，我会感到惊讶。不管是关于他人的期望，还是我们自己关于对与错、正常与异常的假设，情感混乱的不确定性往往令我们感觉到自己生而为人。

与感受同处

就在我 30 岁生日之前，我在一个历史悠久的房屋博物馆找到了一份工作。新角色让我兴奋。我喜欢早晨上班时，手持一幢乔治王时代联排别墅的前门钥匙，开门进入，仿佛我就住在此处。我喜欢楼梯倾斜的方式，喜欢黑暗的房间里有抛光木材的味道。有一天，我带一位美国中年妇女参观这栋建筑——她有意为公司活动租用博物馆。我兴高采烈地告诉她这里的历史，带着她从一个房间到另一个房间，与她分享我对这所房子及其历史的热爱。当我们到达顶层时，我喘了口气，她严肃地看着我。"你很是热情呢！"她阴郁地说。

我从未了解过这位陌生人认为我的热情究竟有什么过分之处。但今天我们中的许多人确实对高涨的情绪，特别是陌生人身上的这种情绪保持某种怀疑。在波兰，对陌生人微笑被认为是不正常的——我在访问克拉科夫市时亲身体会到了这一点，当我自动对阴沉的店员露出笑容，他们只是面露疑惑。情感是需要严加保护的东西，只允许对特定的少数人使用。有时，英国人对虚情假意也很在意——随口说的"祝你今天愉快"多么做作啊。作为一个国家，我们仍然生活在"坚毅的上唇"这一历史的情感宿醉之中——虽然最近，对情感诚实或"真实"自我的关注开始出现。

这令我们处于何处？正常人的情感是什么？我们是否应该拒绝所有的负面感受，拥抱爱和理解，成为未来的神奇女侠？还是说压抑悲伤和愤怒本身就很危险——正如西格蒙德·弗洛伊德和他的圈子相信的那样？最近，由心理学家丹尼尔·戈尔曼在 1995 年推广的"情商"概念成了焦点。这个模型通常被称为 EQ，其中，情感与其说是由个人来调节或释放的内部欲望，不如说是人际关系的"能力"。然而，小说、剧集和电影依然强调这一复杂历史给我们带来的挑战。如实反映情感看起来要么是不可能的理想，要么被看成是在渴求关注而遭到嘲笑，就像 HBO[①] 电视网的喜剧剧情片《白莲花度假村》（2021 年）中麻烦的谭雅·麦克奎德一样。

毕竟，一个世纪以来的情感图谱和灵魂机器，并没有让我们能测量自己的感受强度，甚至没有让我们找到描述或理解情感的普遍方法。1971 年，心理学家保罗·艾克曼开始论证一套基础的情绪表达和所谓跨越所有文化的"基本"情绪。艾克曼的模型影响广泛，甚至出现在 2015 年迪士尼、皮克斯的电影《头脑特工队》中。艾克曼模型中的情绪数量随着时间的推移而变化，但一般会

---

① HBO（Home Box Office），美国一家有线电视网络媒体公司。——编者注

包括愤怒、厌恶、恐惧、快乐、悲伤和惊讶（最后一个可能对卡通世界来说太模糊了，因此被迪士尼毫不留情地放弃了）。然而，这些"基本"情绪及其表达，并不像艾克曼最初假设的那样放诸四海皆准。一项研究发现，生活在巴布亚新几内亚偏远岛屿上的人会把西方人的"恐惧"面孔解读为愤怒和威胁。[85] 而我们在日常生活中又有多少次感受到简单、互不相关的情感回应呢？2021年一项关于专业演员的情绪表达的研究得出结论："面部动作和对情感的感知因情况而异，并超出情绪表达的刻板印象。"[86]

当对正常情感的定义以某一特定群体为中心创建，它们可能成为一种自我实现的预言。在一个群体中盛行的情感克制或具体表达方式可能会成为评判和衡量其他人的方式。在过去的两个世纪里，这常常被用作支持现状的理由。一种精英主义的、种族主义的感受科学提出，在19世纪和20世纪拥有最多政治和经济权力的人就是最好的人——那些拥有最美好社会感情的人。他们对他人的征服——通过殖民主义、性别歧视或阶级压迫——被说成是仁父慈母的行为，他们知道什么对孩子的情感和身体健康最好。与这些假设相关的一些负面刻板印象，从愤怒的年轻黑人男子到操纵情感以达目的的妇女，在大众的想象中挥之不去。我们可能会认为，我们的情绪是人类本性中的硬性规定，是我们自身的基本组成部分。然而，情感的历史向我们展示了这些标准本身是如何被构建的——以及对谁有利，对谁有害。

第六章
我的孩子正常吗?

3岁时,我告诉游戏小组的老师,我的玩具在晚上会活过来。我和我的玩具熊飞到肯特郡的奥特福德宫,与我最好的朋友亨利八世共进晚餐。我给他们画了一张画来证明。对我夜访一位早已去世的都铎王朝国王,大家都面不改色。但是,在几英里外的另一个游戏小组,我朋友苏菲的经历却完全不同。苏菲告诉老师她是一只小猫。"不要玩剪刀,苏菲。"他们警告她,她向他们投去鄙夷的一瞥。"猫不懂英语!"她轻蔑地说道。由于担心苏菲的行为不正常,老师们给她的父母打电话。他们问:"你们认为她可能需要去看心理医生吗?也许她真的认为自己是一只猫!"她没有。

在过去的两个世纪里,儿童如何成长和发展、他们如何行动和做事,是限制正常行为的做法中最能引起激烈争论的。我们担心婴儿的正常体重和发育,担心我们的孩子是否在正确地学习或社交,以及他们的行为或情感是否有问题。维多利亚时代的人比他们的祖先更关心正常的童年:儿童不再被看成是小大人,他们在童年和青春期的特殊需求塑造着他们成为理想的公民。义务教育的引入,童工法的通过,以及1885年可发生性关系的法定年龄的提高，都是保护和改造儿童新愿景的一部分，这种推动力一直持续到20世纪，在过去50多年里变得尤为突出。

这些既是对孩子的恐惧，也是对成人的担心。正如菲利普·拉金所说："你的爸爸妈妈，他们把你搞得一团糟。"[1]这位厌世诗人最终的忠告是不要生孩子，但很多人没有听从他的警告。然而，我们确实接受了拉金关于将反常之处传给后代的担忧。维多利亚时代的人害怕"家族式的专横"，他们认为这意味着神经质父母生育的孩子注定会步他们的后尘。发明这个短语的精神病学家亨利·莫德斯利当然没有自己的孩子。随着20世纪的到来，育儿开始被提上日程。照顾孩子不再是一种本能和天性，而是一种需要学习的技能。首先，在20世纪初的几十年里，重点是婴儿的身体健康，到第二次世界大战前后，重点在儿童的情感需求。这时，人们担心的不是父母可能给孩子不稳定的遗传基因，而是可能会在成长的每一步都有负于后代。

我自己的父母当然也担心这个问题。在我十几岁的时候，妈妈向我道歉。"你父亲和我都不太擅长与人打交道。"她说，"我想我们把这点传给了你，我很抱歉。"虽然她可能认为这是在承认失败，但对我这个尴尬而困惑的青少年来说，这很重要。这减弱了我的孤独感。而且，尽管她的话原本可能会助长一种宿命论——"如果父母也是这样，我就永远变不了"——但其实并没有。她的话使我决心学习如何更好地应对社交场合。尽管发现人际接触非常不舒服，我还是训练自己接受拥抱，这花了很多年的时间。今天我不再畏惧拥抱朋友，甚至可以不假思索地这样做。这听起来可能不是什么大事，但对我来说却很重要。

童年的发展不是一成不变的。儿童的想法和洞察力总是能让我们惊讶和感动。让我们感到吃惊的可能是他们的感受和行为方式与我们不同，也可能是当我们将其与某个类别比较时，发现他们与我们得知的这个他们应当适合的类别不同。当我们将他们与同龄人进行比较时，他们也可能经常给我们留下深刻印象或引起我们的兴趣。在这些各式各样的差异中，我们如何理解和定义正常的儿童发展？什么时候会导致或防止一个孩子被贴上不正常的标签？从第一次迈步到第一次约会，我们将孩子生活的方方面面与一套标准进行比较。因为我们担心作为父母的我们，和作为孩子的他们一样，都可能被证明不符合标准。

健康胖宝宝

我的第一个侄女在 2017 年出生。她是一个健康快乐的婴儿，吃得香、睡得好，兴奋的家人对她宠爱有加。她的个子比较小。在体重图表上，她总是排在第 50 和第 25 个百分位数之间（意味着每 100 个婴儿中有 50 到 75 个比她重）。"每个人总是夸奖大胖宝宝，"我姐姐记得，"他们会说，'哦，妈妈的奶水真好！'话总是善意的，但这会让人感觉婴儿小了就不好，尽管按照定义，一半的婴儿都在 50% 以下。"她回忆说，有一次她带着宝宝去称体重，健康顾问皱着眉头说："她在 30% 的线上，下周再来，我们会保持关注。"我姐姐焦虑地走了，决心多喂孩子，增加她的体重。但是当她下周再去的时候，另一位健康顾问却有不同的看法。"很好！她比 28% 的宝宝更重，而且从开始就在同一直线上。她看起来很完美！"数字几乎没有变化，只是解释不同。我姐姐摇了摇头，叹了口气："所以，就为了一张表，我白白担心了一个星期。"她花了一段时间才对自己孩子的大小感到满意,甚至花了更长的时间,才确信周围人也认为孩子不错。

我们最早衡量孩子的尺度是成长。他们是否在正常生长,或获得了足够的营养?虽然我们不断地遭到信息轰炸,被告知母乳喂养是保证新生儿健康的头等大事,但母亲们在这方面遇到困难是很正常的。美国一项针对 418 名新妈妈的研究发现,92% 的人报告说在产后头几天的母乳喂养中存在问题。有时,问题在于很难让婴儿安静下来或抓住乳房,有时是母乳缺乏或过度疼痛,这些问题并不总能得到解决。两个月后,该研究中近四分之一的妇女完全放弃了母乳喂养。[2] 当然这并非今天才有的问题。作家薇拉·布里坦在她 1927 年生的第一个孩子身上尝试过母乳喂养,但没有成功,正如今天的一些女性一样,她也归咎于缺乏专业人士的支持。[3]

在薇拉·布里坦的时代,人们按照婴儿个头大小对母亲进行的评判甚至更为严厉。1906 年,伦敦芬斯伯里区的卫生官员乔治·纽曼称婴儿死亡率是一个社会问题。自 1881 年以来,英格兰和威尔士的出生率一直在下降,但婴儿死亡率却没有以同样的速度下降。1899 年,每 1000 名儿童中就有 163 名在 1 岁前死亡,比这十年中余下时间的平均数还要高。[4] 贫困地区的死亡率更高,例如纽曼所在的区域。但纽曼并没有得出婴儿死亡率是由贫困造成的结论。相反,他称这"表明伦敦有些居民家中条件恶劣"且"某种程度上与社会生活密切相关"。[5] 纽曼认为,婴儿死亡率更多地表明了母亲而非婴儿有问题,因为"直截了当地说,婴儿死亡的很大一部分原因是母亲的无知和粗心"。[6]

纽曼及其同事认为,缺乏母乳喂养和使用稀释的罐装奶是罪魁祸首。这就方便地回避了一个更广泛的问题,即许多妇女本身营养不良,无法为婴儿提供足够的奶水,而购买像样的奶粉对大多数工人家庭来说过于昂贵。[7] 强调喂养也意味着,不断增加的婴儿大小成为健康测量中获得广泛接受的新重点。1878 年,德国开始对婴儿进行常规称重。[8] 到了 19 世纪 90 年代,欧洲和北美的医生都接受了这种做法。20 世纪初,英国也开始实行这种做法,不过是由家访护士上门。1905 年,英格兰和威尔士的 50 个城镇雇用了带薪家访护士,1907 年,法律规定所有婴儿出生后 6 周内必须告知家访护士,以便其参与育儿。[9]

家访护士会给工人阶级的母亲提供建议,并给他们访问的孩子称重。格雷塔·艾伦在 1905 年的《家访护士实用提示》中提供了两种确认婴儿正常、健康的方法:通过体重或通过粪便的颜色和浓度("打碎的鸡蛋"状还可以,"切碎的菠菜"状则令人担忧)来判断。[10] 几十年来,婴儿称重的医疗实践意味着正常体重可以由平均数定义。因此,艾伦出版了一个方便的体重表,其中给出了孩子从出生到 15 岁的正常体重和身高,家访护士可以对照。这些数字的来源相当模糊,是转载自一位纽约医生的书,这些平均数"取自原始资料,有约 500 个样本"。[11] 这些身份不明的婴幼儿健康吗,吃得好吗?这个问题的答案我们不得而知,但在没有任何上下文的情况下,这些婴儿的平均体重却成为正常婴儿健康的确切定义。

在体重表定义一个婴儿的健康时,我们很容易忘记——根据平均法则——一些婴儿就是会比其他婴儿小。在 20 世纪的婴儿福利诊所,每个就诊的婴儿都必须填写体重卡。[12] 这些诊所还设定了与每个年龄段做比较的正常体重(通常基于平均数),数字精确到真正的婴儿几乎不可能符合标准。给建议很容易,遵循建议却很难。在1907年开办的圣潘克拉斯母亲学校,一位"少女妈妈"曾泣不成声,因为她得知孩子体重下降了,尽管她"克服了重重困难,严格遵守指示"。[13]

忙碌的母亲——无论贫富——都成了医学界的靶子。一位中产阶级的母亲被医生告知,她"可能因为到处乱跑,'搅动'了乳汁,养分都没了"。[14]同时,在职母亲造成了长虱子或跳蚤的"滋生害虫的儿童",伦敦中心区的首席家访护士和卫生检查员伊妮德·伊芙警告说。[15]伊芙坚持认为,卫生视察员"应该尽其所能,劝说母亲留在家里和孩子待在一起,让托儿所没必要存在"。[16]直

图6-1 生活于伦敦东区的贫困儿童照片,约1900年。

到第二次世界大战之后，这都是育儿指南中一个持续的主题。伦敦卫生官员特别关注"母亲去工作而无法为子女提供适当午餐"造成的营养不良，尽管体重不足的贫困儿童的数量是那些被父母忽视的儿童的3倍。[17]

一些改革者更加坚持贫困和环境会影响儿童发展。从1909年到1913年，澳大利亚出生的社会主义者和女权主义者莫德·彭伯·里夫斯领导的费边妇女小组（the Fabian Women's Group），在伦敦南部的兰贝斯区调查了42个低收入家庭。结果公布时，标题为《一周约一镑》，这是被调查者的平均工资（20先令）。一些政客认为，贫困——以及随之而来的儿童营养不良——是由鲁莽造成的。他们声称，任何家庭都可以靠每周一英镑生存。然而，里夫斯研究的家庭必须非常谨慎地支配这笔收入。每一笔储蓄都可能对家庭健康产生影响。里夫斯发现，一个不错的、通风的楼上房间可能抵得上好几间潮湿地下室的租金，这使得家庭不得不在过度拥挤和不卫生的生活条件之间艰难平衡。婴儿死亡率则随着租金支出的减少而上升。[18]

"毋庸置疑，"里夫斯郑重宣布，"出生时健康的婴儿到3个月就不那么健康了，1岁时就更加如此，而且往往到可以上学的时候，已经患上了佝偻病或肺病，这些疾病原本是完全可以预防的。"[19]她以动人的细节描述了一些孩子的情况。10岁的艾玛"穿袜子后有4英尺6英寸"，她是一个"奇怪的小人儿，是6个孩子中的老大，怀里总是抱着一个孩子"。2岁的"前婴儿"多萝西"渴望陪她的哥哥和姐姐们去上学"，在母亲照管一个新的婴儿时，她坐在高脚椅上焦虑不安。12岁的本尼，个头比同龄人小，面容非常严肃。父亲外出工作时，本尼主动提出在放学前和放学后为当地的送奶工工作两个小时，他没有告诉父母。[20] 里夫斯指出，尽管住房条件差，饮食不足，但这些孩子"在礼貌、清洁和行为方面都得到了很好的培养"，"得到了母亲友善和耐心的对待"。然而，随着孩子们长大，他们最显著的特点是"缺乏生活的乐趣"。像母辈一样，这些年轻人开始接受强加在他们身上的限制。"这些孩子从未反抗过失望的生活。"里夫斯总结道，"这就是他们的命运。或多或少在他们的预期之中。"[21]

费边妇女小组建议设立最低工资、儿童福利、免费校餐和学校诊所来保障儿童身体健康。这些措施需要很长时间才能实现。第一次世界大战后，贫困仍然普遍存在，20 世纪 30 年代的失业和大萧条使得情况更加恶化。不过，科学界对儿童健康的理解也发生了变化。维生素——或所谓的"食物附加因子"——现在被吹捧为儿童健康和发育的关键。配方奶中添加了果汁和 Virol（一个麦芽提取物品牌），以防止坏血病和佝偻病。1928 年，制药公司葛兰素开始在婴儿奶配方中添加维生素 D。[22]

维生素——"人人皆知"的新事物，关于它的知识似乎为儿童健康开辟了一个积极的新时代。[23] 例如，由佝偻病引起的骨骼畸形在市中心贫民区的年轻人中早已可见。到 1925 年，沃尔瑟姆斯托（位于今伦敦东北部）的卫生官员声称，维生素的有关知识对学童健康产生了显著影响。[24] 这个结论下得很仓促。因为知道维生素并不意味着所有孩子都能得到它们。1943 年，"牛津营养调查"组织研究了包括沃尔瑟姆斯托在内的 3 个地区的儿童身体和营养健康。在伯明翰、沃尔瑟姆斯托和牛津郡的城镇，维生素 C 的水平"远远低于公认的最佳水平"，只有在种植了新鲜水果蔬菜的牛津郡村庄才"处于正常范围内"。哪怕在那些体重低于正常值"但其他状况良好"的儿童也被算作健康的情况下,依旧有 40% 以上的儿童健康状况不佳。[25]

第二次世界大战后,医生们开始强调健康儿童之间的巨大差异。"或许任何医生都可以说出某个年龄段某种性别的儿童的平均体重和身高是多少,"儿童健康教授罗纳德·伊林沃思在 1953 年评论说,"但没有人可以说正常值是什么,因为不可能对正常进行定义。"[26] 即使人们可以定义,儿童的平均数也与前几十年不同了。1959 年,卫生部报告称,20 世纪 20 年代正常体重图表中的数字低于四五十年代婴儿和儿童研究中的平均数。该调查建议更新标准,以反映婴儿和儿童变得"更重更高"的事实。[27] 50 年代的卫生官员普遍认为这一情况是积极的,平均大小的增加标志着"更好的喂养和照护"。[28]

不过也有不同的声音。一些卫生官员开始宣称,"营养过剩"和肥胖症在缩短生命。[29] 60 年代中期,现在耳熟能详的"儿童肥胖症"一词已经出现,当时就被当作危险的流行病对待。1962 年,《泰晤士报》报道说,剑桥郡的教育当局禁止学校小卖部售卖面包和甜甜圈,以应对儿童体重的增加——取而代之的是同样高脂肪的薯片和咸花生。[30] 同年晚些时候,该报宣布"健康胖宝宝"之说实为谬论,儿童超重的问题是如此严重,应该在诊所张贴海报宣传,警告母亲们注意危险。[31]

校医菲利斯·吉本斯说肥胖症的增加与生活水平的提高和饮食习惯的改变有关,现在 5%~15% 的学童"至少比他们相应年龄、身高和体型的平均体重高出 10%"。[32] 当然,体重的正态分布中完全有可能一向如此。然而,在战后时代,这作为一个新问题被提了出来。吉本斯描述了 1965 年克罗伊登的两组少女的节食实验。4 年后,她的试验已经扩大到"全区范围内开展体重控制的学校诊所"。[33] 在 1967 年英国首次举行的"体重观察"会议之后,到 60 年代末,伦敦的其他区也推出了针对"超重"青少年(通常是女孩)的"体重观察"计划。这些项目的新重点是儿童和青少年,而不是像 30 年代的饮食计划那样只针对成年人。[34]

30 年后,西方世界各国政府和健康倡导者开始真正理解"肥胖大流行"的观点。《泰晤士报》已然忘记自己早在 1962 年就提出过危机来临了,2001 年,该报刊文指出"儿童肥胖的增多令人震惊"。文章援引了发表在《英国医学杂志》上的一项研究,指出在 1984 年至 1994 年间,被判定为超重的儿童数量增加了 50%。[35] 这些陈述与 20 世纪 60 年代末的忧虑没有什么不同,也许对变化幅度关注得少了一点。然而,文章似乎引起了人们的共鸣,2004 年,"针对肥胖症的咨询和报告接二连三地"出现了,也包括儿童肥胖症,它们描绘了一个反乌托邦的未来。[36] 超重问题已经从"影响个人的问题转变为影响社会和国家的问题",就像 20 世纪初婴儿营养不良的问题一样。[37]

这似乎才是儿童正常体型问题中牵动大众的因素。在过去的一个多世纪里,正常儿童——及其延展出的正常母亲这一概念——一直处于国家对未来政治和文化关切的中心。从 20 世纪初上班的母亲未能履行对国家的责任,婴儿体重不足和遭到忽视,到肥胖和疏于运动的千禧一代,正常儿童的概念凸显出了对社会未来的担忧。对营养不良和儿童肥胖的担忧折射出对父母、贫困、性别和阶级的关注,却对理解儿童个体的正常性没什么帮助。当我们根据孩子自身的情况去看待时,他们可能远没有标准所显示的那样不正常。如果儿童在社区中被判定为不正常,那通常是因为

"社区本身存在基本缺陷",儿科医生扬·凡·艾斯在 1979 年这样说。[38] 关于正常儿童的历史当然证实了这个说法。

厄尔斯伍德精神病院的天才

詹姆斯·亨利·普伦 15 岁时被送入皇家厄尔斯伍德精神病院——当时也被称为国家白痴精神病院。这是英格兰和威尔士第一所为"白痴儿童"设立的慈善机构,位于萨里郡红山的厄尔斯伍德公地。1850 年,普伦来到这里,同行的还有来自科尔切斯特的埃塞克斯堂(Essex Hall)的同学们。这所学校是少数几所为有特殊教育需要的儿童设立的学校之一。与其他"白痴和低能儿"一样——维多利亚时代刺耳的医学语言这样描述他们——普伦在传统环境中难以学习。他发育迟缓,7 岁才说出第一个字。没有学校愿意接受他,小普伦一直待在家里,直到 12 岁时才被送到埃塞克斯堂。在这里,在女教师萨拉·皮尔斯的关注下,詹姆斯·亨利·普伦学会了拼写他的第一个单词:男人。

在厄尔斯伍德,十几岁的普伦进入的是他未来永久的家。他在达尔斯顿舒适的三层楼房中长大,这里则全然不同。这座宏伟的建筑是为容纳 400 名住户而建造的,所有住户在入住时的年龄都在 8 至 18 岁之间。这些儿童必须是被认为有可能从该机构中受益的,他们的家人必须是受人尊敬的劳动者,并从未接受过《济贫法》的救济。[39] 白痴精神病院与 19 世纪四五十年代在英格兰和威尔士兴起的郡立疯人院相对应,每所建筑都展示了维多利亚时代宏伟的慈善事业。

当然,自普伦的时代以来,人们对这些机构的态度发生了明显转折。厄尔斯伍德在 1997 年最终关闭时,许多人看到它成为过去都松了一口气,他们认为精神病院里的生活意味着忽视、虐待和对学习障碍者的负面态度。然而,在 1850 年,该院被誉为一个更好的时代的标志。创办人吹嘘,这些孩子再也不会在家里受到虐待和忽视了(尽管根据历史学者西蒙·杰瑞特的说法,在精神病院建成之前,这种情况实际上并不普遍)。[40] 在精神病院,他们会吃得好、住得好。他们将学习如何成为对社会有用的成员,接受家务技能和体力劳动的培训,并学会与他人互动。

这并不意味着入住厄尔斯伍德的孩子们就很开心,甚至也

图 6-2 詹姆斯·亨利·普伦坐在木制手推车的一端,他的一艘模型船放在上面,G. E. 沙特尔沃思拍摄,未注明日期(1867 年后)。

不意味着他们得到了良好的照顾。像普伦一样,他们对新家没有选择。这些孩子被无法或不愿意照顾他们的家庭成员送到厄尔斯伍德,而且都被父母和医生认定精神不正常。检查10岁的罗伯特·坎贝尔的外科医生说:"他对通常吸引儿童的物体无动于衷,整体行为也不像其他儿童。"[41]威廉·格林的母亲抱怨她花了大量时间试图教会儿子阅读,但他依然没学会。[42]

在厄尔斯伍德的整个青少年时期,普伦一直在与正统学习进行斗争。他几乎不会说话,也没有学会阅读和写作。但他还是成了厄尔斯伍德最著名的住户之一,媒体称之为"厄尔斯伍德精神病院的天才"。普伦从小就擅长素描和建造船舶模型。在厄尔斯伍德,他接受了工艺培训,表现出色。20岁时,普伦获得了自己的作坊,并以病院木匠的身份领取少量工资。他在为医院制作家具的同时,也在执行自己的项目——从依照布鲁奈尔设计的大东方客轮复制出巨大的模型船,到组装出矗立在作坊外的机械巨人。普伦的机械天赋和学习障碍为何可以结合,这是人们至今还在讨论的问题。然而,在普伦的时代,学习障碍被认为是遗传性的,也许是退化的另一个标志。

正如维多利亚时代的其他分类系统,关于遗传的假设也是以种族主义和种族分类为基础的,这些分类根据身体特征将人类分为不同的群体。当普伦的医生、精神病学家约翰·朗顿·唐第一次描述他赖以成名的综合征时,他说这是"白痴的种族型分类"的一部分。[43]唐说,厄尔斯伍德的许多住户可以"被归入人类大家庭的不同分类,而非他们所来自的阶层"。虽然他们都是欧洲白人,但唐宣称,在他们的特征中,他发现了"白种黑人的标本""居住在南海岛屿的家族型",以及所谓的"蒙古人种型白痴"。最后一种是对日后以他名字命名的唐氏综合征的第一次描述。[44] 唐声称他观察到的"种族"特征是返祖的证据。这也证明对许多维多利亚时代的白人来说,"不正常"意味着非西方人。唐的分类法既歧视有色人种,也歧视有学习障碍的人。

改变人们对某些儿童的理解的不仅仅是科学分类,还有兴起的正规教育。[45] 简单来说,随着越来越多的人学会了读写,那些在读写方面有困难的人——比如威廉·格林和詹姆斯·亨利·普伦——会在年龄更小的时候被识别出来,而且也更为显眼了。正是在课堂上,儿童正常智力的概念得到了最为明确的界定。1880年,英格兰和威尔士规定上学是义务性的。[46] 同时,学习阅读和写作变得更加重要,对男性和女性都是如此,也包括那些在日常工作中不使用这些技能的人。[47] 在1840年,英格兰有三分之二的男性和一半的女性受过教育,到了该世纪末,几乎四分之三的男女都能读写。[48]

同样的情况也发生在欧洲其他大部分地区:1881年,法国实行免费义务初等教育,到19世纪末几乎扫除了文盲。正是在这种情况下,1904年,法国公共教育部长要求心理学家阿尔弗雷德·比奈提高那些在课堂上有困难的儿童的技能。为了识别出这些儿童,比奈和他的研究助理塞奥多尔·西蒙试图测量学习的基本过程(他们如此称呼):排序、理解、发明和纠错技能。比奈希望通过使用大量不同的测试,找到确定每个孩子学习潜力的方法。测试并不是为了给所有儿童排名,而是为了更深入地了解那些存在学习困难的孩子的能力。这样教师就能提供帮助和支持,来提高孩子的才智。[49] 后来人们所熟知的 IQ(智商),起初并没有被看成是一个通过遗传获得的、不变的实体。

但它是通过与"正常人"进行比较来定义的,而不像以前的智力测试那样声称有一个绝对的结果。今天,我们已经习惯了这样的观点:以平均值为基准,智力有高有低。但是在150年前,确立这种观点,或者说认为一种被称为智力的特征可能会呈现正态分布,并非板上钉钉的事。1869年,弗朗西斯·高尔顿出版了《遗传的天才》一书后——该书声称天才是遗传的,然而依据极少——查尔斯·达尔文称自己的信仰变化了。达尔文在当年12月写给高尔顿的信中说:"我一直认为,除了傻瓜之外,人在智力上没有什么不同,不同的是热情和勤奋。"[50] 阅读高尔顿的作品后,达尔文的想法改变了。其实达尔文之前的立场是相当合理的。他自己的进化论研究表明,自然选择是漫长的过程。他认为,人类是作为一个物种,而不是作为个体进行精神进化的。如果这是真的,为什么人与人之间的智力会有很大的不同?

在使表哥接受了智力因人而异的观点后,高尔顿试图普及这一观点,并证明智力可以用正态分布来衡量。他将剑桥大学学生的成绩绘制在一条钟形曲线上,并以此为基础建立了人类智力的一般规则,量表的末端是"白痴和低能儿",顶端是天才。高尔顿自信地宣称,根据"确定的偏差值规律",人类智力形成了一个钟形曲线,顶峰是人类的平均智力水平。[51] 我们现在倾向于认为智力是固定的先天特征,主要就是因为这位维多利亚时代的优生学家,这一点当然足够让我们停下来重新思考这个概念。

回到阿尔弗雷德·比奈。他的测试也是以"正常"儿童为标准,包括比奈自己的孩子。他们完成了一系列的任务,这些任务各自设定了年龄界限,大多数儿童能够在达到这个年龄前完成相应任务。根据比奈的说法,一个正常的4岁儿童应该能够说出自己的性别，说出基础的物体名称，重复3个数字，比较两条不同长度的线段。7岁的孩子可以指出自己的右手和左耳，描述一幅图画，说出4种颜色。到10岁时，孩子可以按顺序排列5个砝码，凭记忆复制图画，批评荒唐言论，理解困难的问题。[52]可能比奈还认为这个年龄段的儿童相当病态：他列举的大多数"荒唐言论"都涉及可怕的事故或严重的身体伤害。一个特别令人不适的例子是这样的："昨天在防御工事发现了一个不幸年轻女孩的尸体，尸体被切成了18块，人们认为她是自杀的。"正确的反应是，这个可怜的女孩不可能把自己切成18块。[53]比奈的参与者在测试后有没有做噩梦，没有记录。

那些不能完成分配给本年龄段所有任务的孩子怎么办？这些发展较慢的孩子被分为3组，每组都得到了一个科学名称，这些名称很快就被当作侮辱性词汇普遍使用。在实际年龄更高时，那些只能通过一岁和两岁儿童测试的儿童是"白痴"（idiot）；具有3到7岁能力的孩子是"低能儿"（imbecile）；"笨蛋"（moron）在比奈量表上属于8到12岁之间的任何地方。4年后，一位名叫威廉·斯特恩的德国心理学家调整了比奈的量表，他将儿童的心理年龄除以他们的实际年龄。得出的

图6-3 阿尔弗雷德·比奈为一个孩子做测试。佚名拍摄者，1907年。

第六章 我的孩子正常吗？

数字以百分比形式表达，构成了所谓的智商。⁵⁴智商为 100 之所以成为标准，并不是因为它一定是人口的平均水平——比奈的测试并不测量平均水平，而是测量大多数儿童的能力——而是因为它表示儿童的心理和生理年龄相等。12 岁的心理年龄除以 12 岁的生理年龄等于 1，即 100%。

但当比奈的测试被引进美国时，它们被用来给个体排名，不局限于儿童。美国心理学家认为，智力测试分数与社会地位有关。心理学家刘易斯·特曼（斯坦福—比奈量表的设计者）认为，社会等级制度就是常识。⁵⁵但是，除了看到事物碰巧的样貌以外，什么是常识呢？精英们出生时的优越条件，以及富有父母可以给孩子的机会，确保了弗朗西斯·高尔顿的天才很容易被复制。20 世纪早期的智力测试者看到了现状的反射，并认为这是自然的产物。

非但如此，他们的许多测试都是有偏见的。这可能是因为测试的问题具有特定文化内涵。例如："Crisco①是成药、消毒剂、牙膏、食品？"——你不查一下会知道答案吗？这种偏见可能是因为某个话题对某个阶层来说是最熟悉的——每个人都有能力购买 Crisco 吗？还是说可能这些问题代表了某一特定社会模式——一个把消费主义和品牌识别放在优先位置的社会。②如果我们要测试的是孩子们是否拥有西方、白人、中产阶级的生活方式，那么 1917 年的陆军甲种智商测试——这个测试引发了无数其他的测试，且上述关于 Crisco 的问题就来自此——是一个非常好的衡量标准。如果我们说该测试测量的是个体特定的心理特质，那么它就不那么有

---

① 黄油罐头商标名。——译者注
② 这是一种食物产品（用于烘焙）。你猜对了吗？如果在北美住过很长时间，可能会猜对。反之则猜不对。

用。尽管如此，这些测试依然被用来确定移民配额、工作角色和儿童教育路径等。

但是，关于智商——一个所谓固定的、遗传的特征——最奇异之处在于，多年来测量方法本身发生了怎样的变化。自1932年以来，智商测试不断被"重新标准化"，以确保100分保持在钟形曲线的中心。如果你同时参加1932年和1947年的测试，你会从较早的测试中得到更高的智商分数。心理学家詹姆斯·弗林在1984年指出，美国受试者46年内的分数总增长值达到了令人难以置信的13.8个智商点，许多其他国家的研究也重复得出了这个结论。[56] 大家越来越聪明了吗？他们是否越来越习惯于标准化测试？还是说这完全是其他原因？弗林得出的结论是，智商测试与智力的联系是松散的。

智商测试并没有随着这一认识的产生而消失。如心理学家理查德·赫恩斯坦和政治学家查尔斯·默里在1994年出版的颇具争议的《钟形曲线》一书里提到的，它继续被用来支持阶级、种族和社会偏见。像他们的维多利亚时代的前辈一样，赫恩斯坦和默里将正态分布视为种族和社会阶层之间智力遗传差异的证据。二人轻率而错误地声称，"学者们认可"40%~80%的智商是可以遗传的。[57] 赫恩斯坦和默里认为，如果那些拥有更多财富和受过更好教育的人往往智商更高，那么，这就证明，卓越的智力已经找到自己应有的位置。然而，钟形曲线再次为支持先前存在的偏见提供了便利。

那么，一个世纪以来的智商测试证明了什么？智力是否生来就是固定的，在我们孩提时代就可以测量出来，且一生中都不会改变？还是像查尔斯·达尔文一度认为的那样，人与人之间的智力差别几乎不存在？今天的心理学家对智商测试的批评越来越多，即使许多人仍然坚持认为智力存在并且可以测量。关于正常的智力是什么以及应该是多少，问题比答案更多。[58] 而且，随着英国各地对特殊教育需求和残疾人（SEND）设施的资助减少，比奈利用测试来确定个体儿童需要的支持这一目标似乎是一个遥远的梦想。经过近一个世纪的（过度）使用，智力测试中的钟形曲线继续影响着儿童的教育和生活机会，哪怕在曲线实际代表什么的问题上，无人能达成共识。

问题儿童

"我想我今天遇到了人生中的第一个连环杀手。"一位朋友在开始担任小学教师不久后说。"每个老师都会碰到一个！"小组其余人都或多或少表示不相信之后，她坚持说。"你就是知道，那个孩子有哪里不对劲。在未来的某一天，你打开新闻，就会看到警方拍摄了一张他盯着你看的面部照片。"原来 5 岁的小哈利把他的仓鼠冲进了马桶，而且毫无悔意。我的朋友指出，童年时虐待动物，这点经常出现在连环杀手的法医档案中。但哈利只有 5 岁。在这么小的时候就谴责他是问题儿童，这公平吗？

问题儿童是 20 世纪初的产物，在北美、欧洲和澳大利亚，他们首先出现在法庭上，然后在学校、家庭和城市的街道上。这些儿童被认为身体和精神正常，但具有破坏性，喜怒无常或难以相处。他们可能大喊大叫，满口脏话，违抗父母，晚归或偷窃、喝酒、抽烟。今天，我们可能把这看作是典型的正常青少年或青春期前的孩子。然而，在 20 世纪初，10 至 15 岁的"问题儿童"是父母、心理学家和政治家的新烦恼。人们认为，这些问题少年有成为未来少年犯的危险。正如小哈利将来可能是 21 世纪的连环杀手一样，在 20 世纪 30 年代，12 岁的乔西大发脾气、15 岁的马尔科姆喜怒无常，这些都是未来犯罪的迹象。[59] 确保问题儿童可以过上正常、开心的成年生活的，是早期干预。

当然，童年就会出现长期问题的想法并不是全新的。老年精神病学家乔治·菲尔丁·布兰福德在 1892 年解释说，"'紧张'、癫痫、歇斯底里、患有疑病症或反复无常"的父母的孩子应该得到严格规范的成长环境。到了童年早期，"神经遗传"的迹象会出现在夜惊、恐惧黑暗、"易怒和反复无常"的脾气或"暴力和热情"的个性中。[60] 我们已经看到，长期以来，手淫都是威胁年轻人脆弱健康的主要危险之一。教育中的过度学习和竞争是一个新的问题，与学校系统的扩张有关。布兰福德认为，为获得奖学金而进行的考试，注定了无数的孩子要承受"经过多年脑力劳动及其附带的危险之后，精神失望和失败感带来的所有恶果"。

1891 年，27 岁的弗兰克·魏德金在他的第一个剧本《春之苏醒》中探讨了学校教育给年轻人带来的压力。在这个以德国地方为背景的成长故事中，少年莫里茨·斯蒂费尔考试失败，自杀身亡。他最好的朋友梅尔齐奥·加博在强奸了 14 岁的温德拉·伯格曼后被送入少年犯管教所。伯格曼本人在堕胎失败后去世。该剧是自行出版的——魏德金清楚地知道没有剧院会演出这种剧本——该剧直到 1974 年才得以完整上演。

《春之苏醒》与 19 世纪 90 年代医学对正常或健康儿童的描述大相径庭，因为它是以青少年的视角来写的。成人的权威人物是漫画式的，名字滑稽、态度无情。家长们把青少年蒙在鼓里，试图用错误的方式保护他们的纯真。"母亲啊,你为什么不告诉我一切呢?"温德拉感叹道,得知自己怀孕了,她大为震惊,因为母亲说只有与人相爱才会怀上孩子。[61] 1906年11月,一场经过大幅修改的演出终于在柏林的室内剧院举行,在剧院的剧目中保留了20年,魏德金一举成名。1891年和1906年之间发生了什么改变,让人们可以谈论青少年的烦恼?在很大程度上,这要归功于人们对童年心理学的新兴趣。

在这里,人们首先想到的也许是西格蒙德·弗洛伊德。弗洛伊德冗长的精神分析案例史会详细地研究病人的过去,他还将成人的神经衰弱归因于童年经历,哪怕弗洛伊德本人实际上并不治疗儿童。当然,弗洛伊德关于儿童的性的观点在精神分析界很有影响力,批评者也进行过激烈辩论。然而,关于不正常儿童的流行概念也趋向于这样的想法:问题行为源于儿童早期经历,有心理学上的根源。这支持着20世纪初先后在美国、欧洲出现的儿童辅导运动。20世纪二三十年代新成立的儿童辅导中心,有点类似于婴儿称重诊所,不过针对的是年龄较大的孩子,它们向父母提供建议,为儿童提供帮助。

儿童辅导源于1899年始于伊利诺伊州的第一批少年法庭。这创造了对"犯罪儿童"的新理解。根据伊利诺伊州法律,青少年罪犯是有下列各种行为的儿童:与"邪恶或不道德之人"交往,离家出走,出入赌博或饮酒场所或公共台球室,夜间在街上闲逛,在任何公共场所使用"卑鄙、淫秽、粗俗、亵渎或不雅的语言"或"犯有不雅或淫乱行为"。[62] 虽然其中的一些不端行为也可能导致成年人被捕,但大多数行为不会。少年犯罪法旨在规范一系列对儿童来说尤其异常的行为。青少年罪犯"比暴力更令人讨厌,比成年罪犯更具社会攻击性"。[63]

然而，与维多利亚时代的立法者相比，这时的人们认为，少年犯这一新的犯罪类型更为无辜。他不再是天生罪犯，而是被误解和被忽视的年轻人，容易受到周围人的伤害。"就好像我们忽视了一个充满幻想、过度自信的生物，他在我们的城市街道上走来走去，喊着'我是青年的精神！在我这里，一切皆有可能！'"社会改革家简·亚当斯描述了一幅浪漫的画面，"我们无法理解他的目的，甚至不去看他的行为，尽管他的行为充满意义。"[64]人们不太倾向于对少年犯采取严厉惩罚，因为现在大家认为不良行为揭示出隐藏的精神创伤。改革者坚持认为，问题儿童需要辅导和再教育，而不是惩罚。

这些孩子的故事往往涉及悲剧，特别是家庭造成的悲剧。索福尼斯巴·布雷肯里奇和伊迪丝·阿博特在1912年对芝加哥的犯罪儿童进行了研究，其中就包括一些这样的描述。科拉的父母酗酒，不让她上学，让她在家照顾四岁的弟弟。家里都是醉汉，她经常在深夜时分逃到街上游荡。有一次她在"人行道下面"睡觉被发现，随后被带上法庭。[65]一名13岁的波兰男孩因偷窃铁路上运装谷物棚车的封闭滑门而被捕：他的父亲患有肺炎，由于没有食物和柴火，男孩和家人都快饿死了。[66]一名15岁的英国女孩因手指严重受伤而无法继续在纸箱厂工作，母亲拒绝让她留在家中，除非她找到其他赚钱的方法，这让她不得不去卖淫。[67]

布雷肯里奇和阿博特没有将罪行归咎于儿童本身，而是批评环境：贫穷、不幸、堕落、过度拥挤、学校教育不足和邻里忽视。所有这些对最贫穷的家庭尤其是新移民来说，是最沉重的负担。像简·亚当斯一样，二人担心成年人不能理解儿童，这也是新一代儿童心理学家提倡的观点。其中的代表人物是威廉·希利，他自己就是一个移民儿童，父母于1878年从英国搬到芝加哥。尽管为了养家糊口而辍学，希利坚持自学，并在24岁时作为"特殊学生"进入哈佛大学学习。他开始研究儿童心理学，但他发现对儿童正常生理和行为的科学研究很少，这给他带来了挑战。[68]

希利关于青少年犯罪的教科书《个体少年犯》（1915年）宣扬的观点是："在隐秘的精神生活中，冲突产生了阴影，许多犯罪倾向诞生了。"[69] 尽管维多利亚时代后期的精神病学家认为只有神经质

图6-4　1931年，在华盛顿儿童辅导诊所，一名儿童与一名姓名未知的心理学家或社会工作者在一起。

或反复无常的儿童才有可能会犯罪，希利和他的同事坚持认为，如果处于不正常的环境中，大多数儿童都有可能变得不正常。他们的环境中有"一种影响和反应，'如果没有上帝的恩典'，就很可能会在我们许多人身上重现"。[70] 这种观点促进了儿童辅导运动的发展，第一次世界大战之后，美国各地建立了350家儿童辅导诊所。[71]

这种理解上的转变让更多的人对儿童心理学产生兴趣。1918年，美国只有三位心理学家的主要研究兴趣是儿童。1937年有81位。1956年，"近千名APA（美国心理学会）的成员和研究员表示儿童或与儿童一起工作是他们的第一兴趣"。[72] 随着异常行为源于童年经历的观点广为流行，英格兰和澳大利亚也发生了同样的变化。[73]

通过重新解释犯罪儿童，20世纪初的美国改革者重塑了正常儿童的概念。维多利亚时代的人曾认为，只有某些儿童——如詹姆斯·亨利·普伦——精神不正常，是出生时的意外。20世纪早期的心理学家认为，许多儿童虽然生来"正常"，但因其所处环境，有可能出现心理不适应的情况。第二次世界大战后，这种儿童心理学的观点进一步改变。战后心理学家认为，所有儿童都有潜在异常。而且，似乎父母的行为对儿童的情感和心理健康构成了最大的威胁。

情绪健康的崛起

"这是在自家花园里的劳拉。"这是战后最具影响力的一部儿童发展影片的开头。两岁半的劳拉是一个聪明活泼的女孩，慈爱的父母为她的快速成长感到兴奋。观众听到，"他们带着某种自豪感说，

'想让劳拉哭可不容易'"。《两岁小孩去医院》这部电影是社会工作者詹姆斯·罗伯逊和心理学家约翰·鲍尔比在1952年拍摄的。纪录片详细记录了劳拉因脐疝住院治疗的八天。正如鲍尔比所说,这是一件"常见"的事。这是"一个两岁半的孩子因为一个小手术在医院住了八天,并且在这段时间里非常焦虑的故事"。[74]

通过强调劳拉烦恼的重要性,《两岁小孩去医院》称,哪怕是儿童时期的正常困扰也可能导致情绪紊乱。也许是第一次,儿童的情绪反应占据了中心位置。这部影片没有声音——我们只能看着孩子的泪水,从叙述者口中听到劳拉说的话。

我们通常不知道护士或医生做了或说了什么来安抚她,这使得他们的努力显得很遥远和陌生。我们越是知道劳拉是个不寻常的孩子,影片的冲击力就越强。虽然她显然是被医院职员随机选中的,但叙述者称她"能够控制自己的感情表达,很不寻常"。[75]这强化了劳拉受到的痛苦,促使我们超越眼前的情况思考其中的问题。

在70年后的今天,对我们来说,劳拉会因为被父母留在医院而感到不安,似乎是很明显的。然而,对于20世纪50年代的观众来说,这部电影让人大开眼界。从一个孩子的角度来看,它颠覆了成年人的假设。当时,父母到医院探视往往受到限制,因为看似平静的儿童这时会突然变得焦躁不安。罗伯逊和鲍尔比反驳了这种看法,声称劳拉不哭不闹终究不是一个好现象。这并不表明她在应对分离,而是显示出她退缩了:她的"烦恼"或"抗议"行为已经转变为"绝望"。[76]

这种绝望是分离的第二个阶段,比第一个阶段更危险。一个叫罗迪的男孩与母亲分开了3年,他从1岁到4岁,一直在医院和结核病疗养院住院，脱离了所有的人际关系。[77]他在回家后"起码"两年半的时间里都难以与母亲相处。[78]劳拉、罗迪和其他与母亲分离的儿童并不是反复无常、难以相处的孩子。他们的情绪反应是可以预期的——他们"像一个正常的孩子一定会变成的那样逐渐受到影响"。然而，这些变化还是被解释成危险的信号，会让孩子变得情绪不稳定。鲍尔比将离开父母的婴儿与11岁的大龄问题儿童德斯蒙德相比较，德斯蒙德的暴力行为包括试图放火烧掉治疗师的椅子、烧掉她的头发和丝袜并勒死她。鲍尔比总结说，幼儿的焦躁不安显示了"建立友爱关系的能力开始遭到破坏，这也是我们在德斯蒙德身上看到的"，这个大胆的结论吓坏了好几代人的父母。[79]

在美国，哈利·哈洛著名的灵长类动物实验进一步证实了鲍尔比的理论。孤儿小猴被分给两个代理母亲：一个是铁丝妈妈，一个是软布妈妈。一半的小猴子由铁丝妈妈身上的奶瓶喂养，另一半则由布妈妈喂养。不管它们的食物来自哪里，所有的小猴子大部分时间都紧紧抓着布妈妈。哈洛的实验举世闻名。对于战后的新电视前的观众来说堪称完美。纪录片显示，大眼睛的小猴子搂着它们的代理母亲，甚至还偎依和"亲吻"她的脸。哈洛把这描述为"爱"时，观众很容易把眼前的景象拟人化。哈洛说铁丝妈妈"在生物学上是胜任的，但在心理学上是不称职的"，而有着夸张的微笑和大眼睛的布妈妈则从视觉上再现了母猴之爱。

哈洛的实验为鲍尔比的依恋理论提供了理想的弹药，该理论在1956年被人所熟知。[80]它们似乎证明了小猴子——根据哈洛的引申，还有人类——需要与柔软的代理母亲进行身体接触，以发展情感。当与铁丝妈妈一起隔离饲养的猴子被放在一个游戏室里与其他同龄的猴子一起玩耍时，研究人员"完全被吓到了，因为它们完全没有情绪调节能力，没有任何形式的正常社交活动"。[81] 虽然鲍尔比认为母亲在孩子的情感发展中扮演着主要角色——"劳拉疲惫或受伤时，会向母亲寻求安慰"——但哈洛不同意。代理母亲除了让小猴子感到温暖舒适外，什么也没做——即使布妈妈不喂小猴，也是成功的。哈洛总结说，"令人振奋的是，我们意识到美国男性的身体拥有所有真正必要的素养，可以在养育婴儿这项基本活动中与美国女性平等竞争"。[82] 如果布制的代理母亲可以提供舒适和安全，那么无论男女，所有人类父母都一样。

似乎没有其他人注意到这种潜能。人们依然普遍指责工作的母亲，就像20世纪20年代家访护士因为孩子滋生害虫而指责上班妈妈一样。不过现在，这些"钢丝妈妈"忽视的不是婴儿的身体健康，而是婴儿的情感需求。就像美国儿童保育权威斯波克博士说的那样，"决意"去工作的母亲就是没能意识到婴孩的需求。[83] 英国的罗纳德·伊林沃思认为，通常母亲找保姆帮忙是"因为她懒得自己带（……孩子），或者因为她认为这样做很时髦"，而忽略了母亲可能需要或想要工作，才找别人来帮忙照顾孩子。[84] 这种假设下，儿童的正常发展依然是母亲一人的责任。

从害羞到多动

"所有正常儿童都有行为问题，"伊林沃思强调，"认为有这些问题的儿童在任何方面都不正常、顽皮、紧张或者适应不良，这是错误的。"正如鲍尔比所说，通常需要改变的是父母，而不是孩子，孩子需要的是持续的爱和安全感，尤其是"在他最不可爱的时候"。[85] 现在人们认为正常，但在战后被视为儿童行为问题的举动——拒绝吃饭或睡觉、尿床、发脾气、吸吮拇指、手淫、焦虑、害羞和口吃中，有一项是新的：多动症。

多动症，或称注意力缺陷多动障碍——至今仍存争议，部分原因是它最近才被纳入对正常儿童的定义中。在1957年之前，临床上一般不重视多动症。孤僻和安静的孩子才是儿童辅导的对象，如鲍尔比的影片中被剥夺了母爱的劳拉。然而，在1957年之后，人们的关注从害羞、神经质的儿童转向"过度活跃"的儿童。[86] 开始的时候，多动是和"正常"儿童联系在一起的。正如精神病学家莫里斯·劳弗和埃里克·登霍夫在1957年所说的，"多动综合征"并不是只与少数人有关，而是"正常智力"的儿童中的"常见行为障碍"。[87] 到1962年，它被认为是美国儿童最普遍的行为问题之一。1968年，《精神障碍诊断与统计手册》第2版（DSM-II）添加了"多动综合征"之后，不计其数的儿童都被认为存在这种障碍。[88] ADHD这个缩写在1987年才出现（之前的缩写是ADD——注意力缺失症，1980年起使用）。

这种新诊断的疾速崛起是由一系列因素推动的：制药业的发展，直接面向消费者的广告的增长，家长游说团体的兴起，专注于症状管理的精神病学新方法，以及后来对儿童饮食中添加剂的恐惧。历史学者马修·史密斯认为，冷战为多动症的发展提供了完美的环境。苏联发射人造地球卫星后，恐慌的美国人呼吁改善本国教育系统。以儿童为中心的学习会被更严格的体系取代，以确保美国科学能够与苏联相抗衡。人们期望孩子们在学校待得更久，在校期间学习更多知识。捣蛋的孩子愈发成为被针对的对象。人们认为这些孩子不仅自己不好好学习，还妨碍同学。同时，新引入的学校辅导员将帮助识别和治疗这些"多动"的孩子。[89]

从一开始，多动症的诊断就是以阶级和种族为基础的。在20世纪60年代，美国的穷人和少数族裔儿童更有可能被诊断为带有侮辱性的"轻度精神发育迟缓"，较富裕的白人儿童则被描述为过度活跃或"轻微脑功能失调"——即使孩子们表现出的症状完全相同。[90]虽然使用的语言与维多利亚时代在成长发育问题上表现出的种族等级制相比，其冒犯色彩有所减弱，但这一体系仍然具有深刻的种族主义烙印。在英国，格林纳达作家伯纳德·科德对在教育上低于正常标准（ESN）的学校中黑人儿童比例过高而感到震惊。当西印度儿童面临情绪或环境问题，如遭受种族主义时，他们的白人老师把这些儿童的行为和学习困难归咎于智力迟钝，而非对外部困难的正常反应。[91]

相反，到20世纪末，多动症与白人中产阶级密不可分，这个群体被认为是"正常人"的缩影，使得这个诊断结论几乎成为一种身份的象征。1997年的一幅白人婴儿嘴里含着银勺的漫画嘲讽地问父母："你健康、正常、完美的小宝贝需要什么才能出人头地呢？一个能获得特别援助资格的小小缺陷！"[92]

在战后的美国，对儿童多动症的诊断有了很大的发展。一个简单的神经学解释和一个更简单的解决方案，即利他林的处方，在家长、教师和精神病学家中受到经久不衰的欢迎，尽管这种药物有显著副作用。毕竟，求助于药物比求助于鲍尔比和伊林沃思提倡的战后社会心理学要容易得多。到1993年，超过300万美国儿童服用利他林，成年人也开始被诊断出多动症。这一诊断也在全世界范围内传播，这让一些早期的倡导者非常担心。心理学家基思·康纳斯曾在20世纪60年代制订出第一个多动症标准评分表。他要求《英国医学杂志》在他自己的讣告中对多动症的过度诊断提出警告，称之为一场"达到危险比例的国家灾难"。[93]

我们都习惯于为行为寻找解释，有时精神病学的诊断提供了一个有吸引力的解释，特别是当我们知道我们的孩子并不坏或懒惰，而且需要一种方法来向别人证明这一点时。药物可能是有帮助的，就像治疗一样。然而，当我们回顾历史，从探索孩子的成长环境和人际关系，看到依赖药物治疗的转变时，我们可以看到这些变化的另一面。鲍尔比时代的教训应该是，所有正常儿童都很容易出现行为问题。21 世纪的观点认为，在药物的帮助下，困难儿童也可以很快得到"修复"。但是，这真的能触及问题根源吗？当我们给儿童的行为贴上多动症、自闭症或其他不同的标签时，就很容易忽视塑造儿童经历的社会因素——而且不管他们接下来服用什么药物或进行什么治疗，都会继续忽视下去。毕竟，给孩子注射利他林，比改变学校体系，使孩子适应不同的学习风格要容易得多。给黑人儿童贴上落后于正常教育标准的标签，比认识到和处理交织在我们建制结构之中的种族主义要容易得多。当然，挣扎的父母和痛苦的孩子很可能需要医学或心理支持。但这不该让我们对其后的重要背景视而不见。

正常的儿童还是不正常的父母？

30 多岁时，泰勒·佩奇决定用一本图像小说记录研究自己的多动症生活。1985 年他 9 岁时首次被诊断出患有多动症，几十年后回看童年医疗记录时，佩奇发现这些记录提出的问题比给出的答案更多。他记忆中简单的生活故事——一个关于诊断、药物治疗和改善的简单医学故事——终究并不是那么简单。他写道："我想起了已经忘记的事情,主要是刀子事件(在校车座位上划了一刀)与发现我们深层家庭问题之间的联系。在我的记忆中,它们是独立的事件。"佩奇认为,环境和童年经历对于理解症状并非不重要。然而,他得出结论,多动症的诊断是有用的,因为它有助于理解和管理自己的经历。但这并不意味着不会继续引发问题。"服用药物是否影响了我的自我?"他想,"最重要的是,这对我的孩子意味着什么?"[94]

拥有孩子可能会让我们重新评估自己以及他们的生活。不久前,一位密友告诉我,他正在考虑做自闭症测试。虽然他早就担心过自己行为上的某些特征,但正是他与小女儿的关系引发了新的担忧。你的爸妈可能确实会把你搞得一团糟,但他们可能也花了半辈子担心这个问题。对于维多利亚时代的人来说,父母伤害孩子的主要方式是通过生物学——神经症或某种缺失的遗传,遗传方式通常披着种族主义或阶级外衣。在爱德华时代,孩子的环境变得更加重要。但这并不意味着父母可以逃脱责任——尤其是工人阶级的母亲,还是会因为婴儿异常瘦小或孩子"滋生害虫"而受到指责。

20世纪初的问题儿童由此产生。对这些"不正常的孩子",人们再一次怪罪"问题父母":社会工作者认为,忽视、照顾不周或者贫穷可能会导致儿童问题。然而,随着儿童辅导运动的发展和儿童心理学成为焦点,即使是"受到良好照顾"的儿童也会有不稳定的风险。有时,父母几乎无能为力。劳拉的父母是否能够阻止她做手术,或者说服医院改变政策,防止分离带来不安?这是不可能的。然而,他们和其他无数的父母开始担心孩子的情绪健康,寻找和识别行为上的问题,因为他们现在预期会看到问题。

当我和朋友讨论他的恐惧时，我想起了青少年时在农场工作中遇到的一个小女孩，那是我第一次听说自闭症。那时候我就惊叹，除了几岁的年龄差之外，我们没有任何区别。在我生命中的一段困难时期，她对我很友好，而且她说的话一直伴我左右。如果我对她被贴上的标签有更多的了解，我会不会对她有不同的看法？我也记得一所小学曾来参观我工作的一家博物馆，我们都对这个班级参与复杂议题和提出创造性想法的方式印象深刻。事后，老师告诉我们，这些是比较调皮和能力较差的孩子，其他孩子被送去参加更受欢迎的旅行了。她也对这些孩子的反应感到惊讶，因为没有人认为他们是学校里最有天赋的孩子。获得标签很容易，但摆脱标签却难得多。它们可能有助于解释和理解，但也可能产生限制。如果我认为我的 DNA 里有无法拥抱别人或直视他人眼睛的硬性规定，我还会花这么多年时间学习这么做吗？

童年的平均或正常水平有很大的不同。当我们用一个群体来解释其他群体——把白人、中产阶级的生活方式看作正常，就像陆军甲种智商测试中的那样——其他出身背景的人肯定会显得不同。正如我们看到的，这造成的后果常常是，不符合这些随意制定标准的人会被判定为不正常。但是，如果需要改变的是环境呢？例如，免费校餐和维生素等社会干预措施使一些以前可见的"不正常"消失了。阿尔弗雷德·比奈认为，教育支持将提高能力较差的儿童的智商。那么，也许孩子有一些行为和能力确实与基因和生物学有关。但可以肯定的是，也有许多并非如此。

第七章

社会正常吗？

2020年1月29日，我咳嗽着去上班。新年过后不久我就生病了，虽然感冒快要结束，但令人沮丧的咳嗽从未停过。午饭前，我坐到一位同事身边，但刚与她打照面，就被一阵咳嗽打断。她的眼睛眯了起来。

她问："你没有感染新冠吧？"

我们都笑了。在当时，这个想法似乎是不可想象的。那一周是我第一次认真思考此次疫情的传播问题，哪怕我从未想过我可能会得新冠。

5周后，3月11日，星期三，世界卫生组织宣布新冠肺炎大流行。到这时，Covid-19（新型冠状病毒肺炎，它广为人知的名字）已经蔓延达114个国家，并造成超过4000人死亡。在英国，许多人知道早晚会宣布疫情大流行。在我看来，似乎宣布得相当晚。但是没有人显得过分担心。"勤洗手就行，"同事和邻居都不以为然地说，"这是常识！"

宣布疫情大流行后的那个周末，我应该去看望姐姐和她两周大的孩子，我的第二个侄女。在登门的前几天，她发来短信，问我是否可以早一点来。毕竟，那一周一切都在变化。欧洲各地的工作场所开始要求员工居家。意大利——如今欧洲疫情暴发的中心地带——处于全面封锁状态，其他国家也开始关闭边界。旅游业停滞，几个朋友被迫取消热切期待的出国旅行。有个朋友照旧去了智利，差点没能回来。

有任何症状的人都被敦促进行自我隔离。那些被认为是脆弱的人——超过 70 岁的人、有长期健康问题的人、孕妇——也是如此。在我去伦敦的那天，爸妈刚到我姐姐家小聚，他们之后也打算回到多塞特的小村庄，准备隔离。妈妈兴高采烈地告诉我，她打算把我在圣诞节送给她的拼图拆开，从头再拼一遍。没有人预料到封城究竟会持续多久。

宣布新冠大流行后的那个周末，我返回伦敦，穿越城市时，牛津街照旧熙熙攘攘，口罩仍然罕见。然而，在这表象之下，现状已经开始瓦解。在世界各地的超市，卫生卷纸、意大利面和番茄罐头都被抢购一空。我在几周前预订的特易购（Tesco）快递在抵达之前的几小时被取消，下一个有货的时间段是两星期后。我能订到快递已然算是幸运儿。

全社会开始出现更大的裂痕。病人大量涌进医院，已经捉襟见肘的英国国家医疗服务体系不堪重负。护理中心的情况甚至更糟，因为医院的病人没做测试就出院了。工作人员自己制作口罩，制订处理阳性病人的轮值表，在没有检测的情况下，工作人员被迫和症状最轻微的感染者一起隔离。收入最低的人没有合同的保障，根本无力支付隔离费用。截至 2020 年 3 月 28 日，英国医院有 759 人死于新冠肺炎。[1] 两年多后，在本书付印时，仅在英国就有 17.5 万人死亡。

酒吧、餐馆、健身房和商店关门了。人们失去工作或被安排休假，这是一项政府计划，支付通常工资的80%。即使是那些拿得工资的人——绝非所有人——钱也不一定够花，向食物银行[①]的求助激增。一些快付不起租金的人担心会失去住所。学校关门暴露了全国的数字鸿沟。不是所有的孩子都能参加在线学习，一些人没有家庭宽带或电脑。政府承诺向处境不利的儿童提供一百万台笔记本电脑，但很快就忘记了他们。

社会发生了翻天覆地的变化。这并不应该被视为正常。但奇怪的是，这确实看起来正常。在玛格丽特·阿特伍德的反乌托邦小说《使女的故事》中，丽迪亚嬷嬷说："所谓正常就是习惯成自然的东西。眼下对你们来说，这一切可能显得有些不太正常，但过上一段时间，你们就会习以为常，多见不怪了。"[2] 经过几个月的管制，面对生活中不断变化的限制，我们回以疲惫的叹息。我们开始习惯于这种新的常态。它变得平常了。

这并不是说新冠肺炎大流行揭示的问题和不平等现象不再令我们震惊。疫情暴露出社会既存的许多缺陷，它证明了将我们相连的纽带是多么脆弱，并展示出一切可以被轻易颠覆。许多人认为是自然秩序的东西不再那么确定：朝九晚五的办公室生活、安稳的工作、全民教育、消费主义、医疗保健、个人自由。很久以前，这些事情似乎都很正常。然后有一天，这些确定性出乎预料地被突然夺走。

但也许，到头来这真正表明的是，这些事情都不曾像旁人让我们相信的那样直接或正常。我们的社会结构——法律、习俗和期望——就像我们对正常身体或精神的想法一样，是由历史建构的。

[①] 为困难群体提供食物和必要生活用品的慈善机构。——译者注

社会有机体的（殖民主义）起源

《四签名》（1890年）是阿瑟·柯南·道尔创作的第二部福尔摩斯推理小说，介绍了福尔摩斯臭名昭著的注射可卡因的习惯，以及华生医生未来的妻子玛丽·莫斯坦。它还借鉴了关于正常的科学。"我来向你推荐一本书吧——一部最不平凡的著作，"在马上冲出门调查什么的时候，福尔摩斯莫名其妙地对华生这样说，"温伍德·瑞德所著的《成仁记》。"[3]尽管华生想着他未来的妻子，心烦意乱，没读这本书。① 但在案件谜底即将揭晓时，福尔摩斯又提到了瑞德这本流行但又充满争议的文明进化史，并说瑞德的观点是"尽管每一个人都是难以解答的谜，可是如果把全人类聚合起来，就有一定的规律了"。[4] 当然，自凯特勒以来，这种观点就一直在统计学的圈子里流传。瑞德的这本书出版于1872年，到1890年已经印了17版，把这个观点传达给了更多的读者。它也巩固了社会本身就是这种聚合的信念。

脾气暴躁的哲学家赫伯特·斯宾塞所说的"社会有机体"，是从关于正常的科学中产生的一个新实体。[5]社会被视为一种生物，其体内的细胞由生活和工作在其中的个人组成。[6]这说明社会和人类个体一样，都是自然实体。查尔斯·达尔文在他的《人类的由来》（1871年）中提出，社会的进化是一个自然过程，他借鉴了人

---

① 20岁出头时，我试图遵循福尔摩斯的建议，但和华生一样，我也难以专注于《成仁记》。与华生不同的是，我疑惑这本书到底与福尔摩斯手头的案子有什么关系，或与福尔摩斯的任何侦探工作有何关联。想必该书当时对柯南·道尔本人产生了很大的新的影响。

类学家的作品,将非西方民族等同于"原始人"。[7] 这些"扶手椅人类学家"——因为他们利用其他旅行者收集的数据,坐在舒适客厅里写下结果——认为小部落的社会习俗习惯与考古发掘中发现的过去社会的习俗习惯一模一样。

这种观点支持了非西方社会比西方白人社会进化程度低的既存观念。备受尊敬的人类学家爱德华·伯内特·泰勒总结说:"对低等种族的整体调查显示出,相较于更高等级的文化,他们自私和恶意的倾向比无私和仁慈的倾向更强。"[8] 达尔文基于类似的联系提出,历史上,社会本能的发展导致了合作性群体支配自私性群体的结果。[9] 然后,在遗传习惯、性选择和社会谴责等奇怪而模糊的混合之中,具有最强社会情感的个人登上了社会秩序的顶端。

正如我们一再看到的那样,西方白人科学家的这种假设——他们生活的社会是最好的社会——把关于正常的概念当作建立文化和物质支配地位的手段。泰勒说:"我们的政府近来一直在镇压英属印度的犯罪部族或种姓。这些部族的道德法则在他们自己看来自然是良善的,但当局认为这与社会的福祉并不相容。"[10] 在这里,"正常"并非指对某一特定群体而言的"自然"事物,而是由占支配地位的文化从外部强加的。泰勒指的是 1871 年的《犯罪部落法案》,这是一部压制性法律,要求对印度各地的特定群体进行登记和控制,因为他们被认定为惯犯。

法律要求所谓的英属印度的全体居民监督这些群体,特别是在英国当局很少涉足的偏僻村庄。有 1300 万人受到这项法律的影响,直到 1947 年印度最终独立,这项法律才被废除。[11] 其中一个"部落'就是"海吉拉"(hijra)或"海吉达"(hijda),这是一群性别不适者①，如今印度次大陆正式承认其为第三性别。似乎这个群体在18世纪被授予了正式的乞讨权，并可以对公共收入提出合法要求。根据历史学者劳伦斯·普雷斯顿的说法，正是这些权利遭到了英国人的反对，并导致海吉拉被列为犯罪部落。[12] 该群体被认定为异常，表面上是出于经济原因，但其实是因为英国人认为他们的做法有辱社会。萨塔拉专员在1855年写到一个"男人"成为"海吉拉"并穿着女人的服装出现在公众面前，"违反了道德和公共礼仪的规则，因此本届政府有理由立即阻止其继续存在"。[13]

虽然海吉拉已经被印度的英国政府列为问题，但在1857年印

图7-1 一群手持乐器的海吉拉的照片，印度，约19世纪60年代。

① 展现出与性别不相符的行为、文化或心理特征。——译者注

度民族起义之后，其他群体成了问题。事实上，福尔摩斯探案中的《四签名》的谜底就是在这一殖民压迫的背景下产生的。原来，一个名叫乔纳森·斯茂的英国人在"大叛乱"之后获得了财宝。说到这场"叛乱"，他的话充斥着赤裸裸的种族主义："20多万黑鬼子失去了控制，把整个印度变成了地狱。"[14] 正如当时英国的其他报道一样，柯南·道尔将这场叛乱描述为原始性情的释放，这种原始性情也感染了斯茂，他与两名锡克教徒联手谋杀了一名印度富商，并偷走了他的财宝。

然而，在印度的事件发生30年后，为另一个英国人在伦敦的死亡负责的却不是斯茂。这起谋杀的实施者是斯茂的朋友童格，他是安达曼群岛的小生番，一个"小吸血鬼"，"杀死了他，却自以为做了一件聪明的事"。[15] 再一次，非西方人被描述为对西方文明的威胁，科学界是这样，小说里亦如是。小说中的童格对斯茂忠心耿耿，但却毫无悔意，这反映了泰勒的主张，即"野蛮人的法律"是为小群体制定的，"限制部落内的谋杀和盗窃，但允许在部落外进行"。[16] 按照这一逻辑，殖民者认为小型部落、村落领导的社群和游牧民族会对更广阔的社会造成危险，因此经常对其进行残酷镇压。

当然，这些笼统的概括是由来自白人、西方、工业化社会中受过良好教育的富裕之人创造的，为执行这些观念而制定和实施的法律也是如此。它们进入了流行小说，表明关于社会标准和习俗的种族主义和殖民主义假设是多么的普遍。直到20世纪，人类学家才开始用文化相对主义的眼光看待不同的社会结构及支撑它们的法律框架。对于维多利亚时代的科学家来说，一个特定的社会，就像一个人，可能健康或不健康，正常或不正常，可取或不可取。他们认为，社会的发展就像个人的发展一样，而最正常的社会就是他们自己所处的社会。他们在其他地方看到的往往是他们所期望的，支持着一种先入为主的文明等级制度，而他们的习俗和做法则成为评判世界其他地方的标准。

社群馅饼的内馅

尽管如此——或许是正因如此——正常的西方社会本身在很大程度上没有受到审视，直到 1924 年 1 月，罗伯特·林德和海伦·林德带着一小组研究助理来到美国印第安纳州曼西市。这对年轻夫妇新婚宴尔，米德尔敦（Middletown）——他们的研究成果也是这个名字——是他们第一个联合社会科学项目。林德夫妇在曼西一直待到 1925 年 6 月，通过观察和无数次的调查来研究镇民的生活。他们的描述集中在该社会中的常见情况。"中间"（middle）这个词本身意味着常见情况也就是某种平均水平，哪怕这些东西无法通过统计来衡量（毕竟，什么是平均的工作或平均生活方式呢？）。《米德尔敦》最终于 1929 年出版，竟意外成为畅销书，在出版的第一年就印刷了 6 次。对社会科学研究来说，这是令人震惊的销售数字。[17]

是什么让美国公众对米德尔敦着迷呢？首先，这项研究的内容是所谓的"正常"人。"一战"后的几十年间，心理学家的研究方向转向了日常生活，林德夫妇的研究是对西方社会生活的第一批人类学调查之一。当然，社会学的祖师爷埃米尔·涂尔干也曾做了大量工作，以确定正常这一概念的定义。他在 1895 年声称："所有生命科学的主要目标，无论是研究个人还是研究社会，都是要定义和解释正常状态，并将其与反面区分开来。"[18] 为了判断一

图7-2 斯科特·勃兰登堡和丽莎贝尔·勃兰登堡坐在印第安纳州曼西市他们的单间小屋的床上（玛格丽特·伯克-怀特为《生活》杂志拍摄，1937年）。

个属性或者习俗是否正常，社会学家必须首先确定它是否频繁出现。然后要查看该习俗产生的条件，并查看这些条件是否仍然适用，换句话说，该习俗是否具有某种社会功能或用途。如果这两点都得到满足，那么这一"社会事实"——涂尔干如此称呼——就是正常的。正常同时成为最经常存在之物和社会中应该存在之物。这种从描述到判断的飞跃在关于正常社会的讨论中一再发生。

因此，尽管林德夫妇认为正常社会是相对的，但这根本不是世人对米德尔敦的理解，这一点也不奇怪。林德夫妇想把20世纪20年代的美国生活看成是"人类行为在这一系列特定条件下所呈现的形式"。[19] 然而，这本书——以及它所依据的小镇——并没有描述一种特定的社会类型，也没有说明标准是相对的，而是很快就成了"当代美国的速记和'我们是谁'的总结"。[20] 虽然林德夫妇明确表示，他们的研究"只能谨慎地应用于其他城市或一般的美国生活"，但读者和评论家们都认为米德尔敦是一面镜子，映出的是普通的美国。[21] 在 20 世纪 30 年代，米德尔敦是典型美国特点的总结，以至于广告商们蜂拥至曼西，将其视为面向"美国米德尔敦普通公民夫妇"的产品的理想测试场。[22]

然而，正如历史学者萨拉·埃戈在她对"被平均的美国人"的研究中指出的那样，曼西实际上并不那么典型。在同等规模的城市中，90% 的城市中都有更多的女性从事有偿工作。[23] 曼西还缺乏种族多样性，这也很不正常。林德夫妇说，在曼西，92% 的人口是"美国本地人"。

他们指的是在美国出生的白人。这个数字几乎比中西部的任何其他城市都要高。[24] 加剧这一差别的是，林德夫妇决定只调查曼西的白人人口。该市 2000 多名非裔美国人（占人口的 5.6%）的答案没有被纳入米德尔敦的表格中。[25] 就像典型女人诺玛一样，美国白人被用来设定标准，产生了一套歪曲的期望，之后强加给黑人和海外出生的居民，而这些人的数据一开始就并非定义标准所需。

这种对种族的刻意回避也改变了人们对曼西市白人人口生活的理解方式。林德夫妇说约有 3500 名公民（占总人口的 10%）是三 K 党成员，且三 K 党"控制了曼西市政府，并带头抵制天主教徒和犹太教徒的企业"。[26] 然而，这些评论在书中出现得较晚，与对工作、家庭和家庭生活的讨论完全分开。林德夫妇并没有考虑种族隔离是如何影响所有公民的生活的，也没有考虑美国白人的文化是通过系统性排斥其他群体才成为标准的。[27] 相反，他们把曼西的黑人人口从研究中剔除，从而加剧了这种排斥。正如维多利亚时代的人认为在世界的多元文化之中，特定类型的西方白人社会才"正常",米德尔敦强化了一个特定群体可以代表工业化美国的观点。

林德夫妇忽视了塑造美国社会的种族因素,但关于阶级对曼西居民的影响,他们确实写了很多。他们说,出生于商业阶级还是工人阶级,是"影响人们一生中每天所做之事的最重要的单一文化因素:与谁结婚、几点起床、是'摇喊'教派成员①还是长老会成员、开的是福特还是别克"。28 过去几十年,工作的变化加剧了曼西的阶级差距。比如说,工厂和车间的机械化正在摧毁工人阶级的工作满意度,也让老工人的生活更为艰难。29 越来越多的工人阶级女性不得不上班,哪怕获得的报酬比男人要少得多。30

虽然林德夫妇到处都能看见阶级分化,但米德尔顿是中庸的这一流行看法暗示很多读者,这一社群的代表人物是中产阶级。1937年,《生活》杂志派摄影师玛格丽特·伯克-怀特来曼西拍摄,当地人对她拍摄穷人家庭感到愤怒。"照片没有展示出曼西的平均家庭——只有极端情况。"一位当地记者抱怨说,"她拍摄了上一层皮和下一层皮,却没有拍摄中间的馅料。"另一位居民认为中产才是"社群馅饼里最重要的部分"。31

认为中产最为"正常"并非崭新的观点。维多利亚时代晚期小资产阶级的增长已经把"平均人"塑造为中产阶级专业人士的样貌。不过在米德尔顿的调查之后,中产阶级等于正常人的观念得以广泛传播,人们普遍认为正常的美国社会是由本地出生、住在小镇的中产白人居民代表的。哪怕人口主体其实并不符合这一描述——毕竟,有70%的曼西居民被林德夫妇归于工人阶级。社群馅饼里的

---

① 指的是在做礼拜时以叫喊和动作来表示虔诚。——译者注

中层馅料也许没有特别厚实，但这一中等阶层还是成为美国标准。我们今天依然能够听到"中间美国"①"中间英格兰"等词，也许带有颇多贬低意味，它们指的是这样一群人：政治上保守的中产阶级白人。这些在任何社会中都从来不是最常见的人群，但是他们作为"正常"捍卫者的角色持续强化着他们的文化主导地位，也强化着他们被认为代表的那种保守价值。当然，到头来这又进一步排挤着因各种原因不符合这一标准的人们。

未来领袖

1936年9月，约翰·F.肯尼迪入学哈佛大学。年轻的肯尼迪出生于富有的、政治人脉广阔的家庭，显然很适合两年后发起的哈佛格兰特研究项目。[32] 这个科学项目旨在衡量所谓"正常年轻男子"的所有特点：他们的身体、精神、健康、人格、背景与成就。[33] 大多数参与者绝非平均之人。② 首先，他们都进入了精英大学。而且从这一特定人群中，项目挑出了被认为在生理和心理上最健康且已经有一定学术成就的学生。三分之二的参与者念过私立学校，整整三分之一的参与者来自年收入超过1.5万美元的家庭（1940年美国男人的年收入中位数是956美元）。他们很可能——研究没有具体说明——都是白人。哪怕有了这么严格的预筛选，哈佛的"正

---

① 描述地理上的美国大部分乡村与郊区的文化状态和区域特征。——译者注

② 格兰特研究项目延续至今，与格鲁克研究并行，后者研究的是456名成长于波士顿市中心贫民区的男子。但此处考察的出版物都聚焦于调查"正常年轻男子"的格兰特研究。

第七章　社会正常吗？

常"男子们仍然显示出从体温到人格几乎每一处身体和精神特质的显著差别。历史学者安娜·克莱迪克说："唯一让他们'正常'的，是他们预先被选进了这个标签所在的分类。"[34]

声称这些年轻男子正常，依据在于该分类本身提出了一系列前提假设。按照哈佛格兰特研究，正常不是统计上的平均数，也不是健康完好的个体。它意味着"全面发展的个人，各项特质的组合使其可以以一系列方式有效活动"。[35]这个正常标准的基础只是一个特定的群体，甚至比米德尔敦代表的群体更局限：白人、中产阶级上层或上流阶级、身体健康、神经正常，以及尤其有"男子气概"的男性。[36]研究称这些年轻男子未来会成为领袖，这个论断的唯一基础就是确信他们很"正常"。

当然，起码在肯尼迪的例子上，研究确实识别出了一位领袖。从哈佛毕业21年之后，在1961年，肯尼迪成为美国第35任总统。但是这一选择在何种程度上是自我实现的预言呢？"人民的领袖应当来自那些身体健康强健之人。"哈佛的报告这样总结陈词，把优生学的语言、社会、政治权力的正常状态联系起来。[37]更有甚者，体质人类学家恩斯特·虎顿以此研究为基础创作的一本流行著作建议"采取措施防止携带劣等基因者产下后代"。[38]正常人不仅仅被发明出来强调某些特质和排斥其他特质，还被用来为持续的歧视进行辩护，哪怕是在"二战"即将结束之时。

肯尼迪在任职总统3年内遇刺，留下了玫瑰色的遗产。作为一位支持民权运动的民主党人，他无疑是某种"正常美国"的化身，在这个正常的美国，领袖需要具备一系列特征，这些特质使其看起来格外"健康强健"。在肯尼迪时代，被排挤出"正常社会"的边界之人的声音愈发响亮，包括黑人民权运动、同性恋权益运动、反精神病学运动、新的身心障碍社会模式等等。但是，公共生活许多方面的缓慢变革表明，要过着舒适生活的人承认对他者的排斥还远远不够。在西方社会内外的世界，我们都需要认识到正常理念自身并非自然实体，而是过去几百年由社会和政治塑造的。

让我们回到开篇谈到的西方社会的"WEIRD"性质（即西方的、受过教育的、工业化的、富有的、民主的）。事实上约瑟夫·亨里奇、斯蒂芬·海涅和阿拉·洛伦萨杨在 2010 年描述的 WEIRD 大学生与 20 世纪 30 年代哈佛格兰特研究中的年轻男子是非常类似的群体。他们在心理学（以及医学和社会学）测试中的结果在某种程度上被视为人类整体的"代表"，尽管他们的生活和经历是少数。如果足够多的人学着把那些经验作为正常标准，那么我们无论是否符合标准，都有可能用它来判断自己的生活。在用虚构的平均数来衡量自己的身体和心灵时，我们就会被设定一个不可能实现的目标。在社会中，平均数常常甚至不是由我们公民的统计数字创造出来的数。相反，它是为一系列政治和文化目的服务的一个理想。

著名人类学家克利福德·格尔茨在 1974 年指出，"西方人把人看作是一个有界限的、独特的、多少有着综合动机和认知的宇宙"，"在世界多元文化的背景下，这是一个相当奇特的想法"。[39] 换句话说，以个人主义的方式思考自己，将自己与其他个人截然分开——这是西方资本主义社会的一个普遍信念——并不是那么正常。记得在 A-level 心理学考试时，我认为这个概念非常难以理解。对我来说，我是一个独立于他人的单位，这显而易见。然而，仔细想想，我们生活中的大多数情况都可以从相互关系上解释。在越南语或日语等语言中，代词的变化取决于与被称呼者的关系。自我可能不是一个固定的实体，而是根据与谁在一起而有所不同。①

总之，即使是西方人也可能没有我们想象的那么有个性。当然，"二战"后的一系列心理学研究对这个问题提出了疑问。到目前为止，最著名的是斯坦利·米尔格拉姆对服从的研究，灵感来自这位年轻心理学家在毕业时与所罗门·阿什一起进行的从众行为研究。阿什发现，当人们身处一个不断给出错误答案的群体中时，他们会受到影响，对简单的问题亦会给出错误的答案。米尔格拉姆的研究更吸引眼球，研究用了一个看起来很真实但完全无害的电击装置。他的实验雇佣演员来扮演实验者和学习者的角色。实验者告诉真正的实验对象，他们在一项关于学习和惩罚的研究中扮演老师，并让他们宣读一系列的记忆测试。学习者每答错一题，老师就会施以一次电击——电压逐渐增加到最大的450伏。这个数值在机器上标为"×××"，比已经很不祥的"危险：严重电击"还高两级。

在米尔格拉姆的最初研究中，65%的受试者一路增加到450伏。这个数值比一群精神病学家在研究开始前预测的120伏~135伏要高得多。[40] 没有人预料到，在学习者因为拒绝回答进一步的问题而遭到300伏的"电击"之后，普通人还会继续加压。尽管几十年

---

① 不同语言表达事物的方式十分有趣。例如，在俄语中，人们不说"我有一个朋友"，而是说"一个朋友存在于我的身边"，想想看，这似乎更符合字面意义。"朋友"是俄语句子的主体，而"我"则是英语句子的主体。按照亨里奇的话说，这说明了 WEIRD 人群的"个人主义情结"。在亨里奇的大多数图谱上，俄罗斯的个人主义程度是中等的；北美、欧洲和澳大利亚最具个人主义。Joseph Henrich, *The Weirdest People in the World* (New York and London: Allen Lane, 2020), 26-7.

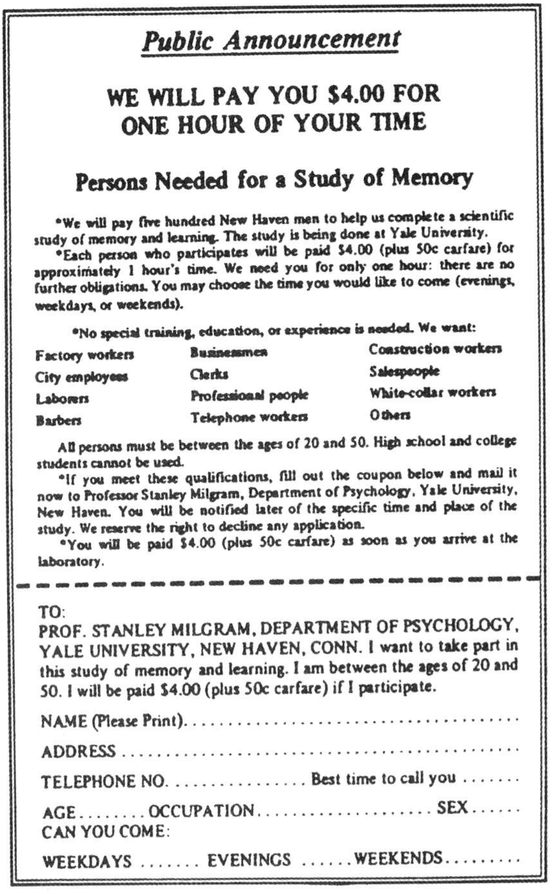

> **Public Announcement**
>
> **WE WILL PAY YOU $4.00 FOR ONE HOUR OF YOUR TIME**
>
> **Persons Needed for a Study of Memory**
>
> *We will pay five hundred New Haven men to help us complete a scientific study of memory and learning. The study is being done at Yale University.
>
> *Each person who participates will be paid $4.00 (plus 50c carfare) for approximately 1 hour's time. We need you for only one hour: there are no further obligations. You may choose the time you would like to come (evenings, weekdays, or weekends).
>
> *No special training, education, or experience is needed. We want:
>
> | | | |
> |---|---|---|
> | Factory workers | Businessmen | Construction workers |
> | City employees | Clerks | Salespeople |
> | Laborers | Professional people | White-collar workers |
> | Barbers | Telephone workers | Others |
>
> All persons must be between the ages of 20 and 50. High school and college students cannot be used.
>
> *If you meet these qualifications, fill out the coupon below and mail it now to Professor Stanley Milgram, Department of Psychology, Yale University, New Haven. You will be notified later of the specific time and place of the study. We reserve the right to decline any application.
>
> *You will be paid $4.00 (plus 50c carfare) as soon as you arrive at the laboratory.
>
> ----
>
> TO:
> PROF. STANLEY MILGRAM, DEPARTMENT OF PSYCHOLOGY, YALE UNIVERSITY, NEW HAVEN, CONN. I want to take part in this study of memory and learning. I am between the ages of 20 and 50. I will be paid $4.00 (plus 50c carfare) if I participate.
>
> NAME (Please Print)..............................
> ADDRESS ....
> TELEPHONE NO. .... Best time to call you ....
> AGE....... OCCUPATION.................. SEX.....
> CAN YOU COME:
> WEEKDAYS ...... EVENINGS ......WEEKENDS........

图 7-3　1963 年米尔格拉姆实验的原始广告，邀请志愿者进行"记忆研究"。这些志愿者实际上是服从权威实验的对象。

来，同行们对实验批评不断——主要是出于道德原因——但米尔格拉姆的实验仍然让人着迷与不安。很少有人在听到这个实验时不问自己："我会继续到什么时候？"米尔格拉姆的结果似乎颠覆了正常社会的理想。

以中产阶级家庭主妇埃莉诺·罗森布拉姆①为例,大学毕业后,她投身于公共生活,自愿担任辍学学生的导师,帮助女童子军,并积极参加家长教师联谊会。她十几岁的女儿是一名优等生。然而,罗森布拉姆却坚持到了电板的最后,两次对学习者进行了450伏的电击。米尔格拉姆说:"她几乎判若两人。"他指的是她在学生面前"称职的公开表现"与她在实验者面前的亢奋表现之间的差异。[41]

尽管罗森布拉姆的行为似乎与她的价值观相冲突,但她是否正常?战后评论家们认为米尔格拉姆的实验证实了服从权威的危险,将其与纳粹德国或冷战时期对共产主义的恐惧联系起来。1963年,《时尚先生》(*Esquire*)杂志问道:"如果希特勒让你电击一个陌生人,你会吗?"结论是:"可能会。"[42]解决方案是进一步推行个人主义吗?也许个人主义的生活滋生了孤立、导致社区崩溃,正如以下这件事表明的那样。1964年3月13日凌晨,一位名叫凯瑟琳·苏珊·吉诺维斯(报纸上称她为凯蒂)的年轻意大利裔美国女子遭到谋杀。3月27日,即吉诺维斯死后两周,《纽约时报》报道说:"在半个多小时里,皇后区38名受人尊敬的守法公民在邱园目睹了一名杀手先后3次跟踪和刺杀1名女子。"[43]这38名正常

---

① 罗森布拉姆是米尔格拉姆选择的假名,研究中的其他所有姓名亦然。米尔格拉姆给这位戴着完美面具的典型美国女性取名为埃莉诺·罗森布拉姆(Elinor Rosenblum),与苏联间谍埃塞尔·罗森伯格(Ethel Rosenberg)名字相似,他是否故意为之,我们不得而知。埃塞尔·罗森伯格是一位普普通通、受人尊敬的美国中产阶级家庭主妇,她与丈夫朱利安于1951年因犯间谍罪被捕,并被判罪名成立,1953年二人被执行死刑,案件轰动一时。

人成了传说的素材，成为都市冷漠的迷思——即使实际目击者的数量从未得到证实，而且其中两人确实报过警。[44]

到了 20 世纪中期，正常的社会成为既令人担忧又得到颂扬的事物。正常的东西不一定是令人向往的。还是说造成这点部分原因是正常的标准本身正在发生变化？当吉诺维斯的女友玛丽·安·泽朗科指认伴侣尸体时，警察盘问了她数小时之久，问她包括"女同性恋者在床上做什么"等很不恰当的问题。[45] 这在暗示，吉诺维斯之死部分要归咎于她的生活作风。那么，说到底谁才是真正的正常人？是"冷漠的"旁观者，还是受欢迎的年轻酒吧经理和她的同居女友？这个问题贯穿着许多 20 世纪末的故事，这些故事不被承认且常常不为人知，但当我们停下来寻找时，它们依旧存在。

"今天正常的事，明天就不再正常了，反之亦然。"涂尔干说，"对个人来说病态的事，对社会来说可能是正常的。"[46] 只有找出隐伏潜藏的"正常"，才可以看到社会变化是如何支持现状的。在工业化的西方，正常社会的建构方式，就像正常人的建构方式一样，不仅与某些人的生活方式，而且与大多数人生活方式的实际情况相抵触。21 世纪初，营销顾问凯文·奥基夫决定开始寻找"平均美国人"时，他很快发现，关于普通的假定并不一定与平均数一致。最典型的美国人并非生活在异性恋核心家庭的人，这种家庭只占美国家庭的四分之一。在 2000 年的人口普查中，"由工作的父亲、待在家里的母亲和孩子组成的家庭"——典型的米德尔敦刻板印象——仅占所有家庭的 7%。[47]

平均或常见的事物与我们认为正常或普通的事物之间的鸿沟，凸显出正常这一概念是如何故意且无意识地在历史中被形塑的。正如哈佛大学格兰特研究的初衷不仅是为了辨识出未来的领导者,而且还是为了按照他们的形象塑造一个社会,关于正常社会的假定也继续影响着我们的思考和行为方式、建制,以及法律和公民结构的运行。英格兰的整个法律框架都充斥着"合理"(reasonable)之类的术语,而这些术语的定义只涉及假定的普通人的信念。自1973年以来,美国最高法院的"米勒测试"同样提到"普通人"在判断淫秽物品时"运用当代社会标准"的理念。虽然这两个体系都承认正常的标准会发生变化,但它们并不怀疑在任何特定时代都存在一个平均的、合理的或"正常的"人。但所谓的"坐在克拉珀姆马车巴士上的人"①究竟是谁?本书从头到尾都在告诉您,他(或她或他们)实际上并不存在。

新 正 常?

那么,"新正常"之中,这一切通往何处?在2021年春天,英国大部分地区开始解除封锁时,我撰写了本书的结尾。每个与我交谈过的人都很纠结,既希望一切"恢复正常",又担心这可能会带来什么。早期因互帮互助和社区凝聚力产生的乐观主义似乎已经崩溃,世界变得分裂,一些居家工作者在网上消费,不那么幸运的人则依靠食物赈济处,身处福利斗争之中。几十年来,某些事物早已被认为理所当然——法律制度、国家教育、医疗保健、工作和朝九晚五的生活,还有不断上涨的租金和住房价格。在这样一个表面稳定的世界里,社会似乎只是存在着,是围绕其住民

---

① 类似于今天坐公交车的普通大众。——译者注

的一种不变也不可改变的力量。那些被对正常的期望剥夺了权利的人,以及受益于这种期望的人,都经常做出这种假设。我们接受的教育、我们居住的房屋、我们从事的工作和我们的工作时间都受制于我们对正常这一概念的认知,正如也受制于我们对种族、性别、性或移民的态度一样。

这些先入为主的关于正常的观念贯穿我们所说和所做的一切,贯穿我们周围的世界,但我们有多少次没能发现它们的存在?十几岁的时候,我拼命想要拥有地方口音(可以是曼彻斯特的,实在不行南威尔士口音也可以),因为我认为自己没有口音。几年前,一位美国朋友说我有肯特口音。当我抗议说我没有口音时,他指出,我有一种把"我"(I)说成"沃"(Oi)的倾向。我——或者应该说"沃"——现在有时会注意到自己确实这样。但在他之前,我单纯地认为自己说话就像"其他所有人"。但那个"所有人"到底是谁?十年前,它可能是全国电视上发音清晰的标准口音,如今,想听起来像英国人的外国演员仍然倾向于模仿这种口音。20世纪90年代,东南地区的大多数人,像我一样,说的是不那么正式的河口英语。这两种语言都不是全国性的主流,哪怕你可能会被误导,因为现在这两种语言在电视上占主导地位。然而对我来说,我说话的方式无疑是正常的。说话听起来和我不同的人才有口音。

所以有时候,只有在发现其他人与我们期望的不同时,我们才会注意到社会中的正常标准。在这些标准与我们自己的信仰和生活方式冲突时,我们也许更有可能注意到这些标准本身。不过在其他时候,我们看到的事物如此平常,如此符合预期,以至于我们毫不在意。然而,这种无形的正常有其自身的历史。而正常社会的历史甚至比正常人或平均人的历史还要短。在19世纪末，科学家、医生和哲学家——新的"平均人"——假定，社会有机体和物种适用相同的规律。这意味着，对这些人来说，维多利亚时代后期的社会是一种自然状态：财富和权力集中在少数人手中是正常的。同时，少数白人、西方人、资本主义社会成为了世界其他地区的代表，通过殖民主义遗产将他们的标准强加给其他文化，其影响持续至今。

然而，即使镜头转向西部本身，比如米德尔敦，一个选择某些人代表社会的排斥与强化的过程依然存在。在20世纪20年代的曼西，被选中的是美国中产阶级白人。米德尔敦的作用与其说是对"正常"生活的拷问，不如说是强化——或者说是创造——一个只以精选的少数人为基础的正常社会的概念。然而，这项研究也显示出正常这一含义是如何被扭曲和改变的。在米德尔敦，正常有时是统计学上的平均值，有时是最常见的做法或习俗。此外，在该书的公众反响中，正常通常被认为是一种理想，依据的是那些人们眼中该镇最好的公民（无论他们是否为三K党成员）。正常人是值得期待或向往的。这最后的含义，还有把"正常"等同于身体和精神健康的观点，都被应用于1938年参加哈佛格兰特研究的年轻人。

在某种程度上，是正常一词背后一系列复杂的含义，使它能够随着时间的推移依旧对我们保持相当的约束力。正常几乎可以是你想的任何东西。它可以用于日常的、平凡的和单调的事物，也可以是一种理想或期望。但最终，它的历史清楚地表明，社会标准并不是互不关联、奇迹般出现的实体，这些实体也不是一个活生生的社会有机体的一部分（不管赫伯特·斯宾塞想让我们相信什么）。标准产生于——并被用来支持——特定的意识形态纲领。对于这段艰难的、往往令人不快的历史，我们能做些什么？当然，重要的是，我们要认识到正常这一定义如何排斥和包含的：黑人、工人阶级、移民、市中心贫民区的居民和农村社区都不符合米德尔敦的理想。但不仅如此，我们还需要审视和揭示中心的空白。我们应该问，在一个特定的环境中，常态意味着什么，它是如何构成的。对涂尔干来说，"社会事实"必须是有用的，但这些标准有什么用途？它们支撑起了进化的或经济的等级制度，并以一些人为代价使另一些人受益。然而，今天的社会结构并不比赫伯特·斯宾塞时代的殖民主义政策更加自然和不可避免。如果说我们从新冠大流行中学到了什么，那不妨是去质疑是否应该寻求一种新的正常。

尾声
正常之外

我清楚地记得，约 21 岁时，在伦敦北环路的某个地方，我在一个公共汽车站台上。天色已晚，车前灯照亮了寒冷的夜空，每辆车都带着机械的咆哮声呼啸而过。街道远在前方，隐藏在昏暗的之字形道路两旁蜷缩的灌木后面。我绝不会独自走到那个公交车站的。

但那晚我并不孤单。男朋友和我在一起，他的手塞进口袋，不耐烦地在绘有涂鸦的巴士候车亭里跺脚，那候车亭并没能让冬风缓和一丁点。在那些日子里，手机还没有摄像头，更不用说网络了，你永远不知道巴士要等多久。我又冷又无聊，便开始跳舞取暖。我甚至可能开始唱歌。我的男朋友对我怒目而视。"为什么我就不能有一个正常的女朋友呢？"他抱怨说。

他说的正常是什么意思？他自己可能也并不真正了解。他的话无疑意在侮辱我：他又累又冷，又闷闷不乐，而且可能也厌倦了因为我不太稳定的心理状态而反复出现的戏剧性场面。现在回想起来，我可以看到这对他来说是一种压力和消耗，尽管当时我并不认可这一点。他的话也是在努力让我改变行为，符合某种认知中的理想，尽管我们都不知道那是什么。几年后，我的两个舍友从俱乐部回来，一路上都在争论谁有幸能成为我们这群人中唯一的正常人。"我们都不正常，"我们两个懒得去争这个称号的人反驳道，"所以我们才是朋友！"

在日常生活中，根据自己的经验去判断什么是正常的或令人向往的，似乎是一种常识，就像我们在历史上一次次地看到富有的白人男子所做的那样。然而，我们不仅有不同的视角和背景，而且很少明确知晓我们所说的正常这一概念的内涵，但我们的生活经验也是依据历史上产生的关于正常的期望形成的。这些都嵌入在我们的日常生活中，在我们的建制、医疗实践、政治和国际关系中。无论我们是否符合"标准"，它们都会影响我们。

我以为的正常，是由我这个在英格兰南部郊区长大的白人中产阶级女孩的身份及该身份赋予我的所有机会形成的，当然，也是由我这个不那么富裕的孩子对差异的认识形成的，这种认识来自与一群享有不少特权的年轻人在同一所精英公立学校就读的经历。我接近维多利亚时代倡导的平均人，尽管我经常受益于此，但我还是产生了对不正常的恐惧。当我们把正常人作为一个历史范畴来批评时，我们必须拆解它贯穿我们生命始终的方式。也正因此，个人轶事构成了本书的重要组成部分，无论你作为读者，是认同这些轶事，还是拥有大相径庭的经历。它们也需要经过质疑和比较。

在即将结束对关于正常的历史进行的考察时，我们看到，我们没能一次次地质疑。我们意识到，作为一个类别，正常人并不是简单的平均数或自然界的代表，它是被建构的——在医学、科学和流行文化中，从凯特勒的"平均人"到哈佛格兰特研究中的

"正常"年轻男子。几乎每一个正常人的化身都共享一系列特征。在西方，"正常"指白人、男性、中产阶级、身体健全、顺性别的异性恋。这与统计学上的平均数是不同的，因为这些属性在任何人口中都鲜少是最为常见的。例如，在20世纪20年代的米德尔敦，中产阶级白人男性最多只占人口的15%。

正如典型女性诺玛的测量值最终根本无法描述任何一个人，符合这种"正常"的人远比我们预期的要少。我最近参加的一个在线课程要求我写下6个个人特征，包括年龄、性别和婚姻状况，并将其与2011年人口普查中全国的统计数据进行比较。它告诉我，我的答案在英国仅与50万人一样：不到人口的1%。认为存在某种多数群体，他们是正常人的化身，这种想法是一种幻觉。假定的"正常"特征中，也没有任何固有价值。事实只不过是，在我们探索的大部分历史中，拥有这些特征的人恰好是掌握权力的人。

也许最容易认识到某个特定的正常定义的存在，是你以这样或那样的方式被排除在正常定义之外的时候。从19世纪30年代到60年代以及很久以后，无数没有被"平均人"反映出来的人都遭到了双重排除。首先，创造平均数的数据把他们剔除了。例如，米德尔敦和金赛排除了非裔美国人，高尔顿和他的同事们则为适应男性测量结果而更改女性数据。然后，由这些平均数产生的正常理想又与他们不符。尽管有这种排除，以种族、阶级、性别和性为基础，有关正常概念的标准已被用作欧洲、北美和其他国家所有公民生活和行为的指南。正常成为一种预期的成就，而非对变化的衡量，是一种无论你是否愿意——以及是否有能力——都要达到的理想。

这产生了相当重大的后果，甚至在今天的现代世界中也是如此。那些不符合预定标准的人可能会受到惩罚性制裁。他们可能被贴上不同的标签，被视为罪犯或精神病人。他们可能被关在监狱或精神病院里，得不到国家支持或医疗保健。整个社区可能遭到残酷的种族隔离。在美国，学校、住房、交通和其他无数的日常生活元素被强行分开，取决于一个人碰巧是黑人还是白人。1964年，《民权法案》从法律上结束了种族隔离的广泛实践。然而，在许多城市和许多国家，按种族和阶级划分公民的做法延续至今，并因贫穷和社会不平等而加剧。

当然，差异并不总是受到惩罚。有时它可能被简单地抹去，以支持"正常"就是大多数的错误观念，就像 20 世纪 60 年代的报纸将凯蒂·吉诺维斯的女同性恋身份完全抹去，以至于整整 50 年后才有研究者将其恢复到她的公共形象中。[1] 还可以举一个当代的例子，围绕弃名的争议——使用跨性别者的出生时或变性前的名字。这种不尊重在个人层面上是有害的，会造成痛苦，伤害人际关系；在更广泛的层面上，这种做法体现了一种观念，即存在某种正常，对于那些不符合或不能符合的人，可以通过贬低他们的差异，迫使他们符合。

虽然今天这一点似乎已经被遗忘，但在 20 世纪 60 年代，正常人这一概念在医学、科学、哲学和大众思想中受到了公开质疑。矛盾的是，它也得到了越来越多的讨论。在英国、北美和欧洲其他地区，医生们争论正常儿童是否存在，并试图定义正常的健康、体重和血压。心理学家研究了"正常"人对不愉快情况的反应或他们服从命令的意愿。人们新近担心，平均或通常的行为不一定是令人向往的甚至可能的。然而，通过前所未有地讨论正常，这些战后研究继续支持这一想法：只要我们能找到并进行理解，某种平均或通常的行为是存在的。

正常之所以具有强大的力量,是因为我们经常用其反面即所谓的异常来定义它。平均人被认为是社会的重心,"社会要素围绕他摆动"。[2] 这意味着正常人是不变的、单一的,是一种支撑所有其他变化的固定实体。正常人开始时既是平均的,也是理想的,而且因为它也是虚构的,所以很容易按照现状理解,即认为正常人是处于宇宙中心的富有白人。这些人的地位之所以固定,主要是因为他们以自己的形象创造了正常人,通过与他们自己进行比较来评判所有其他人类。正常的标准是一个信仰系统,一个渗透到整个现代西方社会的幻觉。没有人是典型女性诺玛。没有人是凯特勒的平均人。然而,正常的标准仍然有点像皇帝的新衣:我们可能想要质疑,但又不好意思或不确定彻底反驳。

创作这本书的时候,我了解到,在没有意识到的情况下复制标准性判断是多么容易。有一些时候,我不假思索地允许伴随我长大的标准不受质疑,我在不知不觉中复制了二元的思维方式或价值判断。尽管诤友们无情地关照着我,但它们可能仍然存在。在我们渴望对存在进行直接而连贯的解释时,我们可能为了遵循线性叙事,就试图把方钉子强行塞进圆洞。然而,正如金赛令人难忘地指出的那样,"世界不应该被分为绵羊和山羊"。

毫无疑问,会有一些触动了你生活的事情,我本可以把它们写进这些页面中,但却没有。但是,我希望这只是故事的开始,还有无数的故事需要讲述。我们讲述这些故事的方式与故事本身一样重要。长期以来,对正常和非正常类别的假设,为我们提供了一种便利的方式来安排叙事,有时,我们会不假思索地接受,因为这是一条更容易的道路。我希望,当你下次发现自己处于这样的十字路口时，这本书会提醒你质疑你的旅程，并考虑如何以其他方式来对待它。

最后，请你想一想，我们提出的问题如何塑造了我们对常态的思考和感受。在道格拉斯·亚当斯的《银河系搭车客指南》中，一台名为"深思"的超级计算机花了750万年时间，将生命、宇宙以及一切的答案计算出来，结果是简单到令人愉快的42。但这只表明，没有人知道生命、宇宙以及一切的终极问题是什么。在现实生活中和在科幻小说中一样，问题与答案一样重要，有时更重要。

那么，我正常吗？嗯，是，也不是。但归根结底，这个提问正确吗？

致谢

当我把正在写的新书主题告诉教女薇洛（当时 11 岁）时，她表示了某种程度的不相信，然后提出要替我写。她在 A4 纸上写了很多内容，我把它们叠放起来置于书桌。薇洛的这本书占去了书桌大部分位置，在此后漫长的三年中一直给予我源源不断的支持。"我是正常人吗？"薇洛的书封上写道，里面给出的答案是："不！接受现实吧。"这是对一个复杂话题的出色总结。

我还要感谢许多人，他们在本书写作中提供了帮助，或研究了书中的依据。我如果没有使用以下档案和图书馆，就不可能完成工作：惠康图书馆，大英图书馆，皇家护理学院图书馆和档案馆，比利时皇家科学、文学和美术学院档案馆，伦敦大学学院特别收藏馆，救世军国际遗产中心和贝特莱姆心灵博物馆。特别感谢惠康图书馆的罗斯·麦克法兰和爱丽丝·怀特提出的想法和建议，感谢伦敦大学学院的苏巴德拉·达斯和汉娜·科尼什讲解高尔顿的收藏。

我还要感谢伦敦玛丽女王大学和皇家护理学院的同事们，他们在这项工作中对我给予了支持，特别是皇家护理学院的安娜·塞门斯和伦敦玛丽女王大学的托马斯·迪克森，两位管理者提供了不折不扣的支持，还有艾玛·萨顿和弗朗西斯·里德，他们赏光阅读和讨论早期的草稿和最终的章节。我还要感谢其他朋友、家人和同事，他们友好地阅读了各章节的草稿，并提出了有益的建议和批评。他们是：阿萨·詹森、黛比·希普顿、贝基·马修斯、英迪·拉里、劳伦·克拉克内尔、艾丽斯·尼科尔斯、萨沙·加伍德·劳埃德、萨莉·弗兰普顿、杰玛·安杰尔、盖尔·罗伯特森、沙兹·洛克伍德、纳特·海登、塔拉和迈克·亚历山大、简·弗拉杰里、布莱恩和卡西·钱尼、艾利森·菲尼以及斯图尔特·凯恩。

非常感谢我的编辑弗朗西斯卡·巴里，感谢她自始至终的建议、批评和热情。这本书因为有她而变得更好。还要感谢惠康和 Profile Books 出版公司的每个人，特别是山姆·马修斯的文案编辑，以及惠康信托基金对本书依据的大部分研究资助。

独自写作的过程可能会摧残灵魂，我非常感谢所有让我坚持下去的人。感谢伦敦玛丽女王大学的博士后团队，感谢他们每周的宝贵聚会，感谢皇家护理学院的趣味部，感谢他们的填字和猜谜游戏。感谢米歇尔、萨迪（Quiplash 游戏女王）和薇洛（哥谭女王）提供的虚拟游戏和素食小吃，以及凯特、李·安妮和希拉的远程观看。还要感谢我的密友——盖尔、沙兹、纳特、塔拉和霍利，在过去的几年里，我有幸比以往更常见到你们。永远爱你们。

最后同样重要的是，感谢家人的不懈支持。感谢斯图尔特，他阅读和比较了重复的草稿，却甚少抱怨（感谢查尔斯和埃里克这两只猫，他们提供了亟须的拥抱）。谢谢妈妈和爸爸，感谢他们的建议和兴趣，谢谢阿里对第六章提出了最了不起的深思熟虑的评论，以及在各种难得的时候帮我离开伦敦。

最后，对家庭中的新成员表示深深的爱意：感谢安娜贝尔，与她一起在线上烘焙是过去两年间真正精彩的事；感谢劳拉，她富有感染力的笑容一直伴随着我。

表格与问卷

国际健康展,1884

人体测量学实验

由皇家学会会员弗朗西斯·高尔顿筹划

性别　　眼睛颜色	日期　　姓名首字母
视　力	**敏捷度**
右眼　　左眼	手击打脚每秒个数
读表（采用一种特殊字体）最远距离（单位：英寸）	**力量**
色觉良好程度	右手 抓力（单位：磅）　　左手 拉力（单位：磅）
眼睛判断力	**臂展**
划分15英寸线段的错误百分比　分为三段　分为两段	两中指指尖点之间 ＿＿＿英尺＿＿＿英寸 的直线距离
估计角度度数的错误	**身高**
	坐姿身高，从椅面开始＿＿＿英尺＿＿＿英寸
听力	站姿穿鞋身高，减去鞋跟高度＿＿＿英尺＿＿＿英寸
因噪音和回声，难以测试敏锐度	
能听见的最高音　在0.000和0.000振动/每秒	裸高＿＿＿英尺＿＿＿英寸
呼吸能力	**体重**
最大呼气 单位：立方英寸	身着普通室内服装 单位：磅

上次生日年龄？＿＿＿＿＿＿＿＿＿＿＿＿＿＿＿＿＿＿＿＿＿＿＿＿＿＿＿＿＿

婚否？＿＿＿＿＿＿＿＿＿＿＿＿＿＿＿＿＿＿＿＿＿＿＿＿＿＿＿＿＿＿＿＿＿

出生地？＿＿＿＿＿＿＿＿＿＿＿＿＿＿＿＿＿＿＿＿＿＿＿＿＿＿＿＿＿＿＿＿

职业？＿＿＿＿＿＿＿＿＿＿＿＿＿＿＿＿＿＿＿＿＿＿＿＿＿＿＿＿＿＿＿＿＿

住在城里、郊区还是乡下？＿＿＿＿＿＿＿＿＿＿＿＿＿＿＿＿＿＿＿＿＿＿＿

寻找诺玛报名表

诺玛编辑：请在下面的"寻找诺玛"表中填入我的尺寸

名字＿＿＿＿＿＿＿＿＿＿＿＿＿＿＿＿＿＿＿＿＿＿＿＿＿＿＿＿＿＿＿＿

地址＿＿＿＿＿＿＿＿＿＿＿＿＿＿＿＿＿＿＿＿＿＿＿＿＿＿＿＿＿＿＿＿

城市＿＿＿＿＿＿＿＿＿＿＿＿＿＿＿＿＿＿＿＿＿＿＿区＿＿＿＿＿＿＿

职业＿＿＿＿＿＿＿＿＿＿＿＿＿＿＿＿＿＿＿＿＿＿＿＿＿＿＿＿＿＿＿＿

年龄＿＿＿＿＿＿＿＿＿单身或已婚（圈出） 孩子数量＿＿＿＿＿＿＿＿＿

尺寸表，单位：英寸和磅

身高	58	59	60	61	62	63	64	65	66	67	68
	58½	59½	60½	61½	62½	63½	64½	65½	66½	67½	68½
胸围	30	31	32	33	34	35	36	37	38	39	40
	30½	31½	32½	33½	34½	35½	36½	37½	38½	39½	40½
腰围	25	26	27	28	29	30	31	32	33	34	35
	25½	26½	27½	28½	29½	30½	31½	32½	33½	34½	35½
臀围	34	35	36	37	38	39	40	41	42	43	44
	34½	35½	36½	37½	38½	39½	40½	41½	42½	43½	44½
大腿围	15	16	17	18	19	20	21	22	23	24	25
	15½	16½	17½	18½	19½	20½	21½	22½	23½	24½	25½
小腿围	10	10½	11	11½	12	12½	13	13½	14	14½	15
踝围	8¼	8½	8¾	9	9¼	9½	9¾	10	10¼	10½	10¾
脚长	7¾	8	8¼	8½	8¾	9	9¼	9½	9¾	10	10¼
体重	118	120	122	124	126	128	130	132	134	136	138
	119	121	123	125	127	129	131	133	135	137	139

说明：测量胸部最丰满处，腰部最窄处，臀部在腰部下的骨头顶部，大腿在髋骨和膝关节之间的中间位置，小腿在脚平放时最丰满处，脚踝在内侧凸起处，脚（右）从脚跟到大脚趾，脚平放。在所有的测量中，保持卷尺与地面平行。在上表中标出最接近你尺寸的数字，将你每个尺寸的区块涂黑。请立即将参赛作品邮寄至 Norma Editor, 508 Plain Dealer Building, Cleveland 16, O., 使用此券或精确摹本。

《克利夫兰实话报》1945 年 9 月 9 日

幻觉调查，1889

➤ 填完后将表格交给

    剑桥教授西奇威克

        国际实验心理学会议

如果在表 A 中回答是，请进一步回答问题即：你是否曾经在认为自己完全清醒的情况下，清楚地记得看到一个生命体或无生命物体，或被其触碰，或记得听到一个声音；且就你所知，这种印象不是由于任何外部物理原因造成的？

———————————

1. 请陈述你看到、听到或感觉到的内容，并尽可能给出具体的地点、日期和时刻。
2. 你当时在做什么？身体状况不佳吗？或者有没有悲伤或焦虑？你的年龄是？
3. 这个印象中是你常见的人吗？你知道他或她当时在做什么吗？
4. 当时有其他人和你在一起吗？如果有，他们怎么讲述这段经历？
5. 请讲述你的这类经历是否出现过一次以上，如果有，请给出不同情况下的详情。
6. 如果可以给出当时留下的任何记录，或者关于该体验的其他信息，将不胜感激。

        签名：_____

        地址：_____

        日期：_____

未经允许，不会刊登任何姓名或地址。

来源：芝加哥大学心理学实验室

个性问卷

1928 年版

姓名：..
　　　　（姓）　　　　　（名字或名字缩写）

　　该表的问题旨在说明各种情绪和性格特征。你的答案可能表明你在生活中将情绪调整得很好，也可能显示出你有某种形式的紧张或担忧，而你自己可能并不完全了解这种情况。

　　每个问题后都有："是""否""？"。
　　对每个问题的答案画圈。可能的话，尽量圈"是"或"否"。

1b–1	你容易笑吗	是	否	？
1b–2	对于羞辱性的经验，你是否烦恼了过长时间	是	否	？
1b–3	你是否小心翼翼不说伤害他人感情的话	是	否	？
1b–4	你是否有时担任社会活动的领导	是	否	？
1b–5	你的白日梦内容是否为不可能发生的事	是	否	？
1b–7	在新地点你是否经常迷路	是	否	？
1b–8	你是否经常感到孤单，哪怕是和别人在一起的时候	是	否	？
1b–9	你是否更喜欢父亲而不是母亲	是	否	？
1b–10	你觉得自己是个比较紧张的人吗	是	否	？
1b–11	在高处时你是否担心掉下来	是	否	？
1b–13	你会对面见一群各色各样的人感兴趣吗	是	否	？
1b–15	你是否害怕很多事物	是	否	？
1b–16	你有过精神崩溃的时候吗	是	否	？
1b–17	你的感受是否很容易受到伤害	是	否	？
1b–18	你是否会很容易被性话题、有伤风化的故事之类的内容惊吓到	是	否	？
1b–19	在社交场合你是否是背景板	是	否	？

答案见 229 页

男性气质 – 女性气质测试 / 态度 – 兴趣分析测试

首先阅读以下内容

请你认真仔细地合作，对这本册子中的项目进行评分。这不是一个智力测验。我们想找出人们的态度和兴趣如何与他们的职业、家庭情况和爱好相关。

姓名：.................... 年龄：.................... 性别：.................... 种族：....................

城市：.. 州：....................

请划线：单身、已婚、丧偶、分居、离异

练习 2

这里有一些图画，有点像墨迹。它们不是什么特定的图片，但就像云中的形状一样，几乎可以让你想到任何东西。每幅画的旁边都提到了四件物品。这幅画最让你想到什么，请划出。

例子：

婴儿
狗
男人
松鼠

手臂
火焰
花朵
尾巴

狗头
手套
手
马脑袋

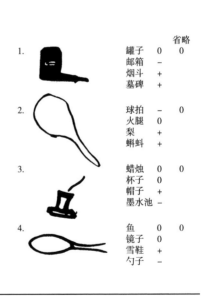

来源：lewis m. terman and catharine cox miles, *sex and personality*, 1936

答案见 230 页

《大众观察》性行为问卷（节选）

性别 _____

年龄 _____

全日制教育结束的年龄 _____

20a 你现在订婚了吗，或有没有订婚过？（说明哪一种）_____

  b 如果现在没有订婚——现在有特定的男/女朋友吗？_____

  c 如果 b 的答案是否——你曾经有过特定的男/女朋友吗？_____

21a 你有与任何男女进行性交的经历吗？_____ 是　否

  b 如果有——上一次与任何男女的性交是什么时候？_____

22a 你有做爱但没有性交的经历吗？_____ 是　否

  b 如果有——在这类做爱中你体验到性高潮有多频繁？_____

25a 你和多少名不同的男女有过性交经验？_____

  b 你与此人/这些人有恋爱关系吗？_____

  c 如果已订婚——你和未婚夫/妻有性交经历吗？_____

31a 你是否和同性有过性关系？_____ 是　否

  b 如果 a 的回答为否——你是否和同性进行任何形式的做爱？_____

  c 如果 a 或 b 的回答为是——上一次是什么时候？_____

    过去一年中……过去 5 年中过去 10 年中过去 20 年中更久 _____

  d 如果 a 或 b 的回答为是——这类关系中你体验到性高潮有多频繁？_____

32a 夜间做梦时有没有体会到任何性快感？_____ 是　否

  b 如果 a 的回答为是——上一次是什么时候？_____

  c 如果 a 的回答为是——夜间做梦时体验到性高潮有多频繁？_____

33a 你是否有过手淫的经历？_____ 是　否

  b 如果 a 的答案为是——你上一次手淫是什么时候？_____

  c 如果 a 的答案为是——你手淫时体验到性高潮有多频繁？_____

  d 如果 a 的回答为是——手淫时的白日梦或幻想有多频繁？_____

  e 如果有白日梦——粗略描述白日梦一般有什么内容？_____

36a 整体上说，你觉得自己在性方面正常吗，如果不正常请回答_____

  b 你认为自己在性方面也许不正常，为什么？_____

情感成熟度测试，1931（节选）

在以下每种情况下，"S"暂时是你的调查对象。如果被试的反应与描述的情况相似，请圈出 3；与描述的情况不同，请圈出 0。如果你从来没有在描述的情况中遇到过被测者，但你认为其反应与描述的情况相似，请圈出 2；与描述的情况不同，请圈出 1。自己完成表格，并请两位朋友、亲戚或同事以你为对象打分。测试得分越高，表示情绪越成熟。

1. S 对亲近的社会群体成员通常友好。但在关键时期会变得暴躁和敌对。	0	1	2	3
6. S 对亲近的亲人朋友非常关心。				
7. S 在制订计划时，如果有必要，会客观地思考自己的死亡。涉及这个问题时，没有显露出比制定长期旅程更大的情绪反应。	0	1	2	3
9. S 在衣着问题上一丝不苟；收入有相当一部分花在这项活动上，哪怕因此其他方面必须恪守节俭。	0	1	2	3
10. S 在选择行动方案时，会考虑到自己即时满足的最大化。	0	1	2	3
11. 在有必要进行精确或现实思考的情况下，例如在做数学题的情况下，S 会出现情感上的困难。	0	1	2	3
12. 面对一起违反他的道德规范的例子；S 对此有智识上的兴趣，没有情绪上的震惊。S 试图从违反者的角度来看有什么动机和满足感。	0	1	2	3
15. 失去一个备受期待的机会后，S 加倍努力来实现目标。	0	1	2	3
17. 解决问题时会寻求帮助是 S 的特点。				
23. 如果有比自己明显更有威望的人在场，S 相当不自然。	0	1	2	3
25. S 在讨论中的举止展现出，讨论的唯一目标就是双方都寻找到真理。				
26. 开车时，S 在普通路况中很平静，但要是其他司机造成了妨碍，就会开始生气。	0	1	2	3
29. S 的白日梦会把真实世界中具有侮辱性的场景进行翻转。	0	1	2	3
31. S 原则上相信民主，但是最好不要和与自己观点分歧很大的人产生过于密切的联系。	0	1	2	3
34. S 要求在酒店、卧铺车厢等地得到一丝不苟的服务。	0	1	2	3

说明

你对一般人的喜好和厌恶了解多少?在所有这些测试项目中,试着把自己放在假设中一般人的位置上。不要按照你自己的喜好回答问题,而要像一般人那样回答。

---

1. 非办公室职员的工厂工人在工作时一般喜欢什么音乐?按照美国非办公室职员的工厂工人中可能的受欢迎程度排序。最受欢迎的为1,第二受欢迎的为2,以此类推,最不受欢迎的是14。

排序	音乐
——	波尔卡
——	古典音乐
——	华尔兹
——	快节奏舞曲
——	西部音乐
——	恐怖音乐
——	畅销流行歌曲
——	乡村音乐
——	半古典音乐
——	圣歌
——	夏威夷音乐
——	方块舞曲
——	幽默歌曲、新奇歌曲
——	蓝调

(完成后由此折叠)

表格与问卷

2. 普通美国人选择阅读什么？从最高到最低，按照总付费发行量为以下杂志排序。

排序	杂志
——	《草原农场主》
——	《银幕》
——	《读者文摘》
——	《大众机械》
——	《周六晚邮报》
——	《好管家》
——	《时尚先生》
——	《大西洋月刊》
——	《美国新闻》
——	《财富》
——	《父母杂志》
——	《古董》
——	《妇女家庭杂志》
——	《国家地理》
——	《新共和》

3. 以下有十个对 25~39 岁的人来说常见的令人讨厌的经验。假设自己是这一年龄段的一般人，按照最烦人到最不烦人的顺序对以下情况进行排序。

排序	恼人经验
——	一个吵闹的人在寻求关注
——	听到一个人嚼口香糖
——	看见一个人流鼻涕
——	一个人冲着我咳嗽
——	一个人拍击我的背部
——	一个人一直在努力搞笑
——	一个人用了很多俚语
——	一个人霸占对话的话语权
——	口臭的气味
——	被要求去做本来我正要做的事

版权 1942——W. A. 克尔

比耐－西蒙智商测试：问题解决能力，1905

大多数 15 岁的儿童应能正确回答这些测试。每个问题都需要正确回答。

1. 一位在枫丹白露森林中行走的女子突然停下脚步，惊恐万分，她跑到最近的警察面前，告诉他，刚刚看到树枝上吊着_____（停顿）什么？

2. 我的邻居刚刚接待了一些奇怪的访客。他先后接待了一位医生、一位律师和一位牧师。邻居家发生了什么？

答案见 230 页

陆军甲等智商测试，1920

注意例句：

　　　　人们听东西用　眼睛　<u>耳朵</u>　鼻子　嘴巴

正确的词是耳朵，因为这个词令句子最真实。

　　下面的每个句子都有四个选项，只有一个是正确的。给四个词中使句子最为成立的词画下划线。如果不能确定，就猜测答案。下面有两个已经划好线的例子。

例句：
- 人们听东西用　眼睛　<u>耳朵</u>　鼻子　嘴巴
- 法国位于　<u>欧洲</u>　亚洲　非洲　澳大利亚

1. 美洲的发现者是　德雷克　哈德逊　哥伦布　巴尔博亚 1
2. 皮纳克尔牌戏用什么玩　球拍　纸牌　别针　骰子 2
3. 底特律最重要的产业是　汽车　酿酒　面粉　包装 3
4. 怀恩多特是一种　马　家禽　牛　花岗岩 4
5. 美国陆军军官学校位于　安那波利斯　西点　纽黑文　伊萨卡 5
6. 以下为食品制造商的是　Smith & Wesson　Swift & Co.　W. L. Douglas　B. T. Babbitt 6
7. 巴德·费舍尔是一位著名的　演员　作者　篮球运动员　卡通艺术家 7
8. 根西是一种　马　山羊　绵羊　牛 8
9. 玛格丽特·克拉克是一位著名的　妇女参政论者　歌手　电影演员　作家 9
10. "还没刮擦呢"这句广告语宣传的是　抹布　面粉　刷子　清洁剂 10

答案见 231 页

228　　　　　　　　　　　　　　　　　　>> 我正常吗？

答案

来源：芝加哥大学心理学实验室

个性问卷

1928 年版

神经质人群的答案

1b-1	你容易笑吗	否
1b-2	对于羞辱性的经验，你是否烦恼了过长时间	是
1b-3	你是否小心翼翼不说伤害他人感情的话	否
1b-4	你是否有时担任社会活动的领导	否
1b-5	你的白日梦内容是否为不可能发生的事	是
1b-7	在新地点你是否经常迷路	是
1b-8	你是否经常感到孤单，哪怕是和别人在一起的时候	是
1b-9	你是否更喜欢父亲而不是母亲	是
1b-10	你觉得自己是个比较紧张的人吗	是
1b-11	在高处时你是否担心掉下来	是
1b-13	你会对面见一群各色各样的人感兴趣吗	否
1b-15	你是否害怕很多事物	是

1b-16	你有过精神崩溃的时候吗	是,?
1b-17	你的感受是否很容易受到伤害	是
1b-18	你是否会很容易被性话题、有伤风化的故事之类的内容惊吓到	是
1b-19	在社交场合你是否是背景板	是

男性气质 - 女性气质测试 / 态度 - 兴趣分析测试

+ 分意味着男性特质,− 分意味着女性特质

练习2

条目	答案				
	a	b	c	d	O^1
(1)	0	−4	+3	+1	0
(2)	−4	0	+3	+3	0
(3)	0	0	−3	−3	0
(4)	0	0	−1	−1	0

比耐 - 西蒙智商测试:问题解决能力,1905

1. 根据语境,唯一的正确答案是:吊着一个人。
2. 第二个问题的正确答案是:他病得很重,快死了。——有

人病得很重,已经死了。

错误答案:我不知道。错误答案通常会重复问题内容。比如:只不过碰巧他接待的是医生和牧师。

陆军甲等智商测试答案

1　哥伦布
2　纸牌
3　汽车
4　家禽
5　西点
6　Swift & Co.
7　卡通艺术家
8　牛
9　电影演员
10　清洁剂

注释

前言：我正常吗？

1 Satadru Sen, 'Schools, Athletes and Confrontation: The Student Body in Colonial India', in *Confronting the Body: The Politics of Physicality in Colonial and Post-Colonial India*, ed. James H. Mills and Satadru Sen (London: Anthem Press, 2004), 66–7.

2 'About Us', Bureau of Indian Education (US Department of the Interior), accessed 12 January 2022, www.bie.edu/topic-page/bureau-indian-education.

3 Joseph Henrich, Steven J. Heine, and Ara Norenzayan, 'The Weirdest People in the World?', *Behavioral and Brain Sciences* 33, no. 2–3 (June 2010): 61–83; Michael D. Gurven and Daniel E. Lieberman, 'WEIRD Bodies: Mismatch, Medicine and Missing Diversity', *Evolution and Human Behavior* 41, no. 5 (1 September 2020): 330–40.

4 Kathryn B. H. Clancy and Jenny L. Davis, 'Soylent Is People, and WEIRD Is White: Biological Anthropology, Whiteness, and the Limits of the WEIRD', *Annual Review of Anthropology* 48, no. 1 (21 October 2019): 169–86.

5 Michael Morris, 'Standard White: Dismantling White Normativity', *California Law Review* 104, no. 4 (2016): 958.

6 Alyson J. McGregor, *Sex Matters: How Male-Centric Medicine Endangers Women's Health and What We Can Do About It* (London: Quercus, 2020), 78–9.

7 Henrich, Heine, and Norenzayan, 'The Weirdest People in the World?', 61.

第一章 "正常"简史

1 Saul Stahl, 'The Evolution of the Normal Distribution', *Mathematics Magazine* 79, no. 2 (2006): 96–113; Donald Teets and Karen Whitehead, 'The Discovery of Ceres: How Gauss Became Famous', *Mathematics Magazine* 72, no. 2 (1999): 83–93.
2 Theodore M. Porter, 'The Mathematics of Society: Variation and Error in Quetelet's Statistics', *The British Journal for the History of Science* 18, no. 1 (1985): 58.
3 以法语撰写，原标题为 *Sur l'homme et le développement de ses facultés, ou Essai de physique sociale*.
4 NatCen Social Research, UCL, *Health Survey for England 2016: Adult health trends*, Health and Social Care Information Centre, accessed 11 May 2022, healthsurvey.hscic.gov.uk/media/63757/HSE2016-Adult-trends.pdf.
5 Mark F. Schilling, Ann E. Watkins, and William Watkins, 'Is Human Height Bimodal?', *The American Statistician* 56, no. 3 (1 August 2002): 223–9.
6 Adolphe Quetelet, *A Treatise on Man and the Development of His Faculties*, trans. Robert Knox (Edinburgh: W. & R. Chambers, 1842), x.
7 Adolphe Quetelet, *Letters Addressed to HRH the Grand Duke of Saxe-Coburg and Gotha, on the Theory of Probabilities, as Applied to the Moral and Political Sciences*, trans. Olinthus Gregory Downes (London: C. & E. Layton, 1849), 93.
8 Quetelet, *Letters*, 90.
9 Quetelet, *Treatise*, v.
10 Martin Kemp, *Leonardo da Vinci: The Marvellous Works of Nature and Man* (Oxford: Oxford University Press, 2007), 22.
11 Alison Matthews David, 'Tailoring and the "Normal" Body in Nineteenth- Century France', in *Histories of the Normal and the Abnormal*, ed. W. Ernst (London: Routledge, 2006), 151.
12 Peter Cryle and Elizabeth Stephens, *Normality: A Critical Genealogy* (Chicago and London: University of Chicago Press, 2017), 3–4.
13 William McDowall, *History of the Burgh of Dumfries* (Edinburgh: A. & C. Black, 1867), 796–805.
14 Ian Hacking, 'Biopower and the Avalanche of Printed Numbers', *Humanities in Society* 5 (1982): 279–95.

15 For more on these developments, see Jean-Guy Prévost and Jean-Pierre Beaud, *Statistics, Public Debate and the State, 1800–1945* (London: Pickering & Chatto, 2012); Alain Desrosières, *The Politics of Large Numbers: A History of Statistical Reasoning*, trans. Camille Naish (Cambridge, MA and London: Harvard University Press, 1998); Theodore M. Porter, *The Rise of Statistical Thinking, 1820–1900* (Princeton: Princeton University Press, 1986); Kevin Donnelly, 'The Other Average Man: Science Workers in Quetelet's Belgium', *History of Science* 52, no. 4 (2014): 401–28.

16 For more on Broussais's theories and practice see Ian Hacking, *The Taming of Chance* (Cambridge: Cambridge University Press, 1990), 160–66; Georges Canguilhem, *The Normal and the Pathological*, trans. Carolyn R. Fawcett (New York: Zone Books, 1989).

17 Quoted in Canguilhem, *The Normal and the Pathological*, 49.

18 Robert G. W. Kirk and Neil Pemberton, *Leech* (London: Reaktion, 2013), 58.

19 Kirk and Pemberton, *Leech*, 58.

20 This section draws on Mary Pickering, *Auguste Comte: An Intellectual Biography*, vol. 1 (Cambridge: Cambridge University Press, 1993).

21 Frederick James Gould, *Auguste Comte* (London: Watts, 1920), 26.

22 For full details see Pickering, *Auguste Comte*, vol. 1.

23 Hacking, *The Taming of Chance*, 167.

24 Female Patient Casebook for 1898 (CB 159), Bethlem Museum of the Mind, entry 125.

25 Female Patient Casebook for 1881 (CB 119), Bethlem Museum of the Mind, entry 93.

26 Daniel Hack Tuke, 'Eccentricity', in *Dictionary of Psychological Medicine*, ed. Daniel Hack Tuke, vol. 1 (London: J. & A. Churchill, 1892), 419–23.

27 Auguste Comte quoted in Canguilhem, *The Normal and the Pathological*, 49.

28 William Corner, *The Story of the 34th Company* (*Middlesex*) *Imperial Yeomanry* (London: T. Fisher Unwin, 1902), 1.

29 Corner, *Story of the 34th*, 11.

30 Vanessa Heggie, 'Lies, Damn Lies, and Manchester's Recruiting Statistics: Degeneration as an "Urban Legend" in Victorian and Edwardian Britain', *Journal of the History of Medicine and Allied Sciences* 63,

no. 2 (2008): 182.
31 Arnold White, *Efficiency and Empire* (London: Methuen & Co., 1901), 101–2.
32 Charles F. G. Masterman, 'Realities at Home', in *The Heart of the Empire; Discussions of Problems of Modern City Life in England, with an Essay on Imperialism* (London: T. Fisher Unwin, 1907), 8.
33 For more on White and his figures, see Heggie, 'Lies, Damn Lies, and Manchester's Recruiting Statistics', 183–6.
34 William R. Greg, 'On the Failure of "Natural Selection" in the Case of Man', *Fraser's Magazine for Town and Country*, 1868.
35 Charles Darwin, *The Descent of Man, and Selection in Relation to Sex*, vol. 1 (London: John Murray, 1871), 158.
36 Robert Louis Stevenson, *The Strange Case of Dr Jekyll and Mr Hyde* (London: Penguin, 1994), 23.
37 你可以在此处查看线上地图：https://booth.lse.ac.uk/.
38 Judith R. Walkowitz, *City of Dreadful Delight: Narratives of Sexual Danger in Late-Victorian London* (London: Virago, 1992).
39 William H. Kruskal and Stephen M. Stigler, 'Normative Terminology: "Normal" in Statistics and Elsewhere', in *Statistics and Public Policy*, ed. Bruce D. Spencer (Oxford: Clarendon Press, 1997), 84–5.
40 Porter, *The Rise of Statistical Thinking*, 110.
41 Desrosières, *The Politics of Large Numbers*, 113.
42 Karl Pearson, *The Life, Letters and Labours of Francis Galton*, 3 vols (Cambridge: Cambridge University Press, 1924), 2:228.
43 Francis Galton, 'Composite Portraits', *Nature* 18, no. 447 (1878): 97–100; Francis Galton, 'Typical Laws of Heredity', *Nature* 15, no. 388–90 (1877): 492–5; 512–14; 532–3.
44 Galton, 'Composite Portraits', 97.
45 Gina Lombroso and Cesare Lombroso, *Criminal Man: According to the Classification of Cesare Lombroso* (New York: Putnam, 1911), 7.
46 Galton, 'Composite Portraits', 97–8.
47 Cryle and Stephens, *Normality: A Critical Genealogy*, 215–16.
48 R. Percy Smith, 'Sir George Henry Savage, MD, FRCP', *Journal of Mental Science* 67, no. 279 (1921): 402, 395.
49 Paul A. Lombardo, ed., *A Century of Eugenics in America: From the Indiana Experiment to the Human Genome Era* (Bloomington: Indiana University Press, 2010); Daniel J. Kevles, *In the Name of Eugenics:*

Genetics and the Uses of Human Heredity (Cambridge, MA: Harvard University Press, 1995), 99.
50 举例，可参见 Stephen Jay Gould, *The Mismeasure of Man* (Harmondsworth: Penguin, 1984), chap. 2.
51 Patrick Brantlinger, 'Victorians and Africans: The Genealogy of the Myth of the Dark Continent', *Critical Inquiry* 12, no. 1 (1985): 166–203.
52 William Booth, *In Darkest England, and the Way Out* (London and New York: Salvation Army, 1890), 9.
53 Booth, *In Darkest England*, 11.
54 Kevin R. Fontaine et al., 'Years of Life Lost Due to Obesity', *JAMA* 289, no. 2 (8 January 2003): 187–93.
55 伦敦大学学院的一个同事管理着一个博物馆研究项目，项目负责调查费舍尔测量表相关遗产。那是我第一次听说发色测量表。关于该项目的更多成果，可参见：www.ucl.ac.uk/culture/ucl-science-collections/eugen-fischers-hair-colour-gauge.
56 Anna Fazackerley, 'UCL Launches Inquiry into Historical Links With Eugenics', *Guardian*, 6 December 2018.
57 Bernard Rorke and Marek Szilvasi, 'Racism's Cruelest Cut: Coercive Sterilisation of Romani Women and Their Fight for Justice in the Czech Republic (1966–2016)', openDemocracy, accessed 2 August 2021, www. opendemocracy.net/en/can-europe-make-it/racisms-cruelest-cut- coercive-sterilization-of-roman/; Gwendolyn Albert and Marek Szilvasi, 'Intersectional Discrimination of Romani Women Forcibly Sterilized in the Former Czechoslovakia and Czech Republic', *Health and Human Rights Journal* 19, no. 2 (4 December 2017): 23–34.

第二章 我的身体正常吗？

1 'British feet are "getting bigger and wider"', BBC News, 3 June 2014.
2 在美国，是5码到11码。1988年，美国购买鞋的平均尺码为8.076（英国为5.5），标准差为1.468。
3 Paul Valéry, 'Aesthetics', in *Collected Works in English*, vol. 13 (Princeton: Princeton University Press, 1964).
4 Shigehisa Kuriyama, *The Expressiveness of the Body and the Divergence of Greek and Chinese Medicine* (New York: Zone Books, 1999), 131.

5 Peter Cryle and Elizabeth Stephens, *Normality: A Critical Genealogy* (Chicago and London: University of Chicago Press, 2017), 296.
6 Anna G. Creadick, *Perfectly Average: The Pursuit of Normality in Postwar America* (Amherst and Boston: University of Massachusetts Press, 2010), 20–21.
7 Creadick, *Perfectly Average*, 28–36.
8 Alan Petersen, *The Body in Question: A Socio-Cultural Approach* (Abingdon: Routledge, 2007), 65; Sarah Grogan, *Body Image: Understanding Body Dissatisfaction in Men, Women and Children*, 2nd edn (London and New York: Routledge, 2008), 3.
9 Karl Pearson, *The Life, Letters and Labours of Francis Galton*, 3 vols (Cambridge: Cambridge University Press, 1924), 2:458.
10 Pearson, *Life of Galton*, 2:341.
11 Charles Darwin, *The Descent of Man, and Selection in Relation to Sex*, vol. 2 (London: John Murray, 1871), 355.
12 Darwin, *Descent of Man*, 2:350.
13 William Winwood Reade, *The Martyrdom of Man*, 11th edn (London: Trubner & Co., 1886), 455.
14 Reade, *Martyrdom of Man*, 455.
15 Sander L. Gilman, *Making the Body Beautiful: A Cultural History of Aesthetic Surgery* (Princeton: Princeton University Press, 1999), 85–7.
16 Petrus Camper, *The Works of the Late Professor Camper, on the Connexion between the Science of Anatomy, and the Art of Drawing, Painting, Statuary, &c., &c*, trans. T. Cogan (London: C. Dilly, 1794), 99.
17 Samuel Roberts Wells, *New Physiognomy* (New York: Fowler and Wells, 1867), 535–8.
18 Frances Eliza Kingsley, *Charles Kingsley: His Letters and Memories of His Life* (London and New York: Macmillan, 1899), 236.
19 Shoma Munshi, 'A Perfect 10 – "Modern and Indian": Representations of the Body in Beauty Pageants and the Visual Media in Contemporary India', in *Confronting the Body: The Politics of Physicality in Colonial and Post-Colonial India*, ed. James H. Mills and Satadru Sen (London: Anthem Press, 2004), 162.
20 Munshi, 'A Perfect 10', 162.
21 Petersen, *The Body in Question*, 76.
22 Remi Joseph-Salisbury, 'Afro Hair: How Pupils Are Tackling Discrim-

inatory Uniform Policies', *The Conversation*, 20 April 2021.
23 Adolphe Quetelet, *A Treatise on Man and the Development of His Faculties*, trans. Robert Knox (Edinburgh: W. & R. Chambers, 1842), 64–6.
24 Ancel Keys et al., 'Indices of Relative Weight and Obesity', *Journal of Chronic Diseases* 25 (1972): 329–43.
25 Amy Erdman Farrell, *Fat Shame: Stigma and the Fat Body in American Culture* (New York and London: New York University Press, 2011), 34.
26 Farrell, *Fat Shame*, 27.
27 Silas Weir Mitchell, *Fat and Blood and How to Make Them*, 2nd edn (Philadelphia: J. B. Lippincott & Co., 1882), 25.
28 William Banting, *Letter on Corpulence, Addressed to the Public*, 5th edn (New York: Mohun, Ebbs & Hough, 1865), 6.
29 Farrell, *Fat Shame*, 38.
30 *Life Magazine*, 3 December 1914, 1042.
31 William Howard Hay, *Weight Control* (London: George G. Harrap, 1936), 21.
32 'Are our women scrawny?' *Harper's Bazaar*, 7 November 1896, 924.
33 Julien-Joseph Virey, *Natural History of the Negro Race*, ed. and trans. J. H. Guenebault (Charleston, SC: D. J. Dowling, 1837), 25.
34 Sabrina Strings, *Fearing the Black Body: The Racial Origins of Fat Phobia* (New York: New York University Press, 2019), 85–98.
35 Strings, *Fearing the Black Body*, 164.
36 Carl C. Seltzer, 'Limitations of Height–Weight Standards (Letters to the Editor)', *The New England Journal of Medicine* 272 (1965): 1132.
37 *Build and Blood Pressure Study* (Chicago: Society of Actuaries, 1959), 1.
38 Strings, *Fearing the Black Body*, 198.
39 Strings, *Fearing the Black Body*, 202.
40 Kevin R. Fontaine et al., 'Years of Life Lost Due to Obesity', *JAMA* 289, no. 2 (8 January 2003): 187–93.
41 Zuzanna Shonfield, *The Precariously Privileged: A Medical Man's Family in Victorian London* (Oxford: Oxford University Press, 1987).
42 *The Diary of Virginia Woolf*, ed. Anne Olivier Bell (New York: Harcourt, Brace, Jovanovich, 1980), 152.
43 George Croghan, *Army Life on the Western Frontier: Selections from*

the Official Reports Made Between 1826 and 1845, ed. Francis Paul Prucha (Norman: University of Oklahoma Press, 2014), 59.

44 Robert Ross, *Clothing: A Global History* (Cambridge and Malden: Polity Press, 2008), 56–7.

45 Quoted in Stanley Chapman, 'The Innovating Entrepreneurs in the British Ready-Made Clothing Industry', *Textile History* 24, no. 1 (1993): 14–16.

46 Ross, *Clothing*, 121.

47 Ross, *Clothing*, 109, 114.

48 Mass Observation Archive: File Report no. 2045 'Women's Clothes in Chester', March 1944. Of course, wartime rationing undoubtedly had an impact on the proportion of clothes that were home-made or altered at this time.

49 Cryle and Stephens, *Normality: A Critical Genealogy*, 314.

50 Ruth O'Brien et al., *Women's Measurements for Garment and Pattern Construction* (Washington, DC: US Dept of Agriculture, 1941), 47.

51 'Freaks in Revolt', *Daily News*, 7 January 1899.

52 'The Revolt of the Freaks', *Standard*, 16 January 1899, 2.

53 Rosemarie Garland-Thomson, *Extraordinary Bodies: Figuring Physical Disability in American Culture and Literature* (New York: Columbia University Press, 1997), 61.

54 Rachel Adams, *Sideshow USA: Freaks and the American Cultural Imagination* (Chicago: University of Chicago Press, 2001), chap. 2; Garland-Thomson, *Extraordinary Bodies*, 62–3.

55 Arthur Goddard, '"Even as You and I": At Home with the Barnum Freaks', *English Illustrated Magazine*, no. 173 (February 1898), 495.

56 Adams, *Sideshow USA*, 30.

57 Nadja Durbach, *Spectacle of Deformity: Freak Shows and Modern British Culture* (Berkeley and Los Angeles: University of California Press, 2009), 92–3.

58 Adams, *Sideshow USA*, 40.

59 Tod Browning, *Freaks* (1932; 1947 reissue), dist. Dwain Esper.

60 Susan M. Schweik, *The Ugly Laws: Disability in Public* (New York: New York University Press, 2009).

61 Schweik, *Ugly Laws*, 6.

62 Schweik, *Ugly Laws*, 4–5.

63 Oliver Wendell Holmes, 'The Human Wheel, Its Spokes and Felloes',

Atlantic Monthly, 1 May 1863, 574.
64 Schweik, *Ugly Laws*, 1.
65 Schweik, *Ugly Laws*, 3.
66 Lucy Wright and Amy M. Hamburger, *Education and Occupations of Cripples, Juvenile and Adult: A Survey of All the Cripples of Cleveland, Ohio, in 1916* (New York: Red Cross Institute for Crippled and Disabled Men, 1918), 222–3.
67 Holmes, 'The Human Wheel, Its Spokes and Felloes', 574.
68 Frances Bernstein, 'Prosthetic Manhood in the Soviet Union at the End of World War II', *Osiris* 30, no. 1 (18 January 2015): 113–33; Katherine Ott, 'Introduction', in *Artificial Parts, Practical Lives: Modern Histories of Prosthetics*, ed. Katherine Ott, David Serlin, and Stephen Mihm (New York: New York University Press, 2002).
69 Wright and Hamburger, *Education and Occupations*, 19.
70 Joanna Bourke, *Dismembering the Male: Men's Bodies, Britain and the Great War* (London: Reaktion, 1996), 44.
71 Office for National Statistics, *Updated estimates of coronavirus (COVID-19) related deaths by disability status January to 20 November 2020* (London: Office for National Statistics, 2021).
72 Daniel J. Wilson, 'Passing in the Shadow of FDR: Polio Survivors, Passing, and the Negotiation of Disability', in *Disability and Passing: Blurring the Lines of Identity*, ed. Jeffrey A. Brune and Daniel J. Wilson (Philadelphia: Temple University Press, 2013), 15.
73 The story was uncovered by Hugh Gallagher, himself a polio survivor. Hugh Gregory Gallagher, *FDR's Splendid Deception*, rev. edn (Arlington, VA: Vandamere Press, 1994).
74 Wilson, 'Passing in the Shadow of FDR'.
75 Wilson, 'Passing in the Shadow of FDR', 28.
76 George Bernard Shaw, *Plays: Pleasant and Unpleasant* (New York: Brentano's, 1906), vii.
77 More recent estimates put the proportion of people needing glasses or contact lenses at slightly lower, around three-quarters of the population. *Britain's Eye Health in Focus: A Snapshot of Consumer Attitudes and Behaviour towards Eye Health* (London: College of Optometrists, 2013).
78 Todd Rose, *The End of Average* (London: Penguin, 2015), 4.

第三章 我的心智正常吗？

1 D. L. Rosenhan, 'On Being Sane in Insane Places', *Science* 179, no. 4070 (19 January 1973): 379.
2 Robert L. Spitzer, 'On Pseudoscience in Science, Logic in Remission, and Psychiatric Diagnosis: A Critique of Rosenhan's "On Being Sane in Insane Places"', *Journal of Abnormal Psychology* 84, no. 5 (1975): 442–52; Susannah Cahalan, *The Great Pretender* (London: Canongate, 2020).
3 Rosenhan, 'On Being Sane in Insane Places', 380.
4 Nathan Filer, *The Heartland: Finding and Losing Schizophrenia* (London: Faber and Faber, 2019), 17.
5 Robert L. Spitzer et al., 'Schizophrenia and other psychotic disorders in DSM-III', *Schizophrenia Bulletin* 4 (1978): 493. See also DSM-III Task Force, *DSM-III: Diagnostic and Statistical Manual of Mental Disorders* (Washington, DC: American Psychiatric Association, 1980).
6 Henry Sidgwick et al., 'Report on the Census of Hallucinations', *Proceedings of the Society for Psychical Research* 10 (1894): 73–4.
7 可在此处观看克里斯托弗·查布里斯和丹尼尔·西蒙斯2010年的视频：www.theinvisiblegorilla.com/gorilla_experiment.html.
8 Mary Boyle, *Schizophrenia: A Scientific Delusion?* (London: Routledge, 1990).
9 Michael MacDonald, *Mystical Bedlam: Madness, Anxiety, and Healing in Seventeenth-Century England* (Cambridge: Cambridge University Press, 1981), 200.
10 Daniel Hack Tuke, *Illustrations of the Influence of the Mind upon the Body in Health and Disease*, vol. 1, 2nd edn (London: J. & A. Churchill, 1884), viii.
11 Edmund Gurney, Frederic William Henry Myers, and Frank Podmore, *Phantasms of the Living* (London: Trubner and Co., 1886), x.
12 Sidgwick et al., 'Report on the Census of Hallucinations'. See also Christopher Keep, 'Evidence in Matters Extraordinary: Numbers, Narratives, and the Census of Hallucinations', *Victorian Studies* 61, no. 4 (2019): 582–607; Andreas Sommer, 'Professional Heresy: Edmund Gurney (1847–1888) and the Study of Hallucinations and Hypnotism', *Medical History* 55 (2014): 383–8.
13 Gurney, Myers, and Podmore, *Phantasms of the Living*, 499.

14 Boyle, *Schizophrenia*, 198.
15 相关详细介绍，可参见：Gail A. Hornstein, *Agnes's Jacket: A Psychologist's Search for the Meanings of Madness* (New York: Rodale, 2009).
16 'HVN: A Positive Approach to Voices and Visions', accessed 12 January 2022, www.hearing-voices.org/about-us/hvn-values.
17 Theo B. Hyslop, *The Borderland: Some of the Problems of Insanity* (London: Philip Allan & Co., 1925), 1–2.
18 For a brief overview of Hyslop's life, see W. H. B. Stoddart, 'Obituary: T. B. Hyslop', *British Medical Journal* 1, no. 3764 (1933): 347. No one else has written much about him.
19 See John MacGregor, *The Discovery of the Art of the Insane* (Princeton: Princeton University Press, 1992), 162–3.
20 Anonymous [Theo B. Hyslop], *Laputa, Revisited by Gulliver Redivivus in 1905*, 2nd edn (London: Hirschfeld, 1905), 39.
21 Theo B. Hyslop, *The Great Abnormals* (London: Philip Allan & Co., 1925), v.
22 Hyslop, *Great Abnormals*, 275.
23 Theo B. Hyslop, *Mental Physiology: Especially in Its Relations to Mental Disorders* (London: J. & A. Churchill, 1895), 469.
24 Andrew Wynter, *The Borderlands of Insanity* (London: Renshaw, 1877), 42.
25 George Savage, 'An Address on the Borderland of Insanity', *British Medical Journal* 1, no. 2357 (1906): 489–92.
26 维多利亚时代的人们十分担心精神病院的错误监禁，这也是众多维多利亚时代小说围绕"错误诊断"而展开叙述的原因之一——而不是像现代读者经常假设的那样，因为像兰彻斯特这样的遭遇，在当时十分普遍。'The Lanchester Case, of Insanity and the New "Morality"', *The Lancet* 146, no. 3767 (1895): 1175–6.
27 'The Lanchester Case', *Journal of Mental Science* 42 (1896): 134–6.
28 Kieran McNally, *A Critical History of Schizophrenia* (Basingstoke and New York: Palgrave Macmillan, 2016), 199.
29 Samuel A. Cartwright, 'Report on the Diseases and Physical Peculiarities of the Negro Race', *The New Orleans Medical And Surgical Journal* (1851), 708.
30 Cartwright, 'Report on the Diseases', 708.
31 Silas Weir Mitchell, *Fat and Blood and How to Make Them*, 2nd edn

(Philadelphia: J. B. Lippincott & Co., 1882).

32 Elaine Showalter, *The Female Malady: Women, Madness and English Culture, 1830–1980* (London: Virago, 1987).

33 George Miller Beard, *A Practical Treatise on Nervous Exhaustion* (*Neurasthenia*) (New York: E. B. Treat, 1889), 1.

34 Female Patient Casebook for 1895 (CB 152), Bethlem Museum of the Mind, entry 79.

35 Voluntary Boarders Casebook, 1893–5 (CB 147), Bethlem Museum of the Mind, entry 66.

36 George Savage, 'Marriage in Neurotic Subjects', *Journal of Mental Science* 29 (1883): 49.

37 Wynter, *Borderlands of Insanity*, 57.

38 Hyslop, *Mental Physiology*, 469.

39 Rocco J. Gennaro, 'Psychopathologies and Theories of Consciousness: An Overview', in *Disturbed Consciousness: New Essays on Psychopathology and Theories of Consciousness* (Cambridge, MA and London: MIT Press, 2015), 3.

40 Theo B. Hyslop, 'On "Double Consciousness"', *British Medical Journal* 2, no. 2021 (1899): 782–6.

41 Ian Hacking, *Rewriting the Soul: Multiple Personality and the Sciences of Memory* (Princeton: Princeton University Press, 1998), 166–7.

42 Pierre Janet, *L'automatisme psychologique: Essai de psychologie expérimentale sur les formes inférieures de l'activité humaine* (Paris: Félix Alcan, 1889), 89.

43 Sigmund Freud and Josef Breuer, *Studies on Hysteria*, ed. Angela Richards and James Strachey, trans. James Strachey, rev. edn (Harmondsworth: Penguin, 1991), 74.

44 Freud and Breuer, *Studies on Hysteria*, 77.

45 Freud and Breuer, *Studies on Hysteria*, 95.

46 Mikkel Borch-Jacobsen, 'Making Psychiatric History: Madness as Folie à Plusieurs', *History of the Human Sciences* 14, no. 2 (2001): 29.

47 See Sonu Shamdasani, 'Psychotherapy: The Invention of a Word', *History of the Human Sciences* 18, no. 1 (2005): 1–22; Tuke, *Illustrations*, 2:231–85.

48 Letter from Freud to Carl Jung, 3 January 1913. *The Freud/Jung Letters: The Correspondence between Sigmund Freud and C. G. Jung*, ed. William McGuire, trans. Ralph Manheim and R. F. C. Hull (Princeton:

Princeton University Press, 1974), 539.
49 *Mental Health: New Understanding, New Hope* (Geneva: WHO, 2001), 23.
50 Stephen Ginn and Jamie Horder, '"One in Four" with a Mental Health Problem: The Anatomy of a Statistic', *BMJ* 344 (22 February 2012).
51 Ginn and Horder, '"One in Four"', 2.
52 Jamie Horder, 'How True Is the One-in-Four Mental Health Statistic?' *Guardian*, 24 April 2010.
53 Paul C. Horton, 'Normality: Toward a Meaningful Construct', *Comprehensive Psychiatry* 12, no. 1 (1971): 57–9.
54 Alfred H. Stanton and Morris S. Schwartz, *The Mental Hospital: A Study of Institutional Participation in Psychiatric Illness and Treatment* (New York: Basic Books, 1954), 144.
55 Kwame McKenzie and Kamaldeep Bhui, 'Institutional Racism in Mental Health Care', *BMJ* 334, no. 7595 (31 March 2007): 649–50.
56 Care Quality Commission, 'Count Me in 2010: Results of the 2010 national census of inpatients and patients on supervised community treatment in mental health and learning disability services in England and Wales' (April 2011), www.mentalhealthlaw.co.uk/media/CQC_Count_me_in_2010.pdf.

第四章 我的性生活正常吗？

1 Liz Stanley, *Sex Surveyed 1949–1994: From Mass-Observation's "Little Kinsey" to the National Survey and the Hite Reports* (London: Taylor and Francis, 1995), 166.
2 Samuel-Auguste Tissot, *Diseases Caused by Masturbation* (Philadelphia and New York: Gottfried & Fritz, 2015), 19–20.
3 Thomas Laqueur, *Solitary Sex: A Cultural History of Masturbation* (New York: Zone Books, 2003).
4 *Onania: or, the Heinous Sin of Self-Pollution, and All Its Frightful Consequences (in Both Sexes), Considered* (London: P. Varenne bookseller, 1716).
5 *Onania*, 99–101.
6 Laqueur, *Solitary Sex*, 17–19.
7 Robert Ritchie, 'An Inquiry into a Frequent Cause of Insanity in Young Men', *The Lancet* 77, no. 1955–60 (1861): 159.

8   James Paget, *Clinical Lectures and Essays*, ed. Howard Marsh (London: Longmans, Green and Co., 1879), 292.
9   David Yellowlees, 'Masturbation', in *Dictionary of Psychological Medicine*, ed. Daniel Hack Tuke, vol. 2 (London: J. & A. Churchill, 1892), 784.
10 Clement Dukes, *The Preservation of Health as It Is Affected by Personal Habits: Such as Cleanliness, Temperance, etc.* (London: Rivington, 1884).
11 Havelock Ellis, *Studies in the Psychology of Sex: The Evolution of Modesty; the Phenomena of Sexual Periodicity; Auto-erotism* (Philadelphia: F. A. Davis Company, 1901), 115.
12 Ellis, *Studies: The Evolution of Modesty*, 118.
13 George J. Makari, 'Between Seduction and Libido: Sigmund Freud's Masturbation Hypotheses and the Realignment of His Etiologic Thinking, 1897–1905', *Bulletin of the History of Medicine* 72, no. 4 (1998): 655–6.
14 'Contributions to a Discussion on Masturbation' (1912), in *The Standard Edition of the Complete Psychological Works of Sigmund Freud*, ed. and trans. James Strachey, vol. 12 (London: Hogarth Press, 1958), 239–54.
15 Lesley A. Hall, 'Forbidden by God, Despised by Men: Masturbation, Medical Warnings, Moral Panic, and Manhood in Great Britain, 1850–1950', *Journal of the History of Sexuality* 2, no. 3 (1992): 386.
16 Quoted in Hall, 'Forbidden by God', 383–4. See letter dated 24 September 1927 (Wellcome Library PP/MCS/A.189).
17 Stanley, *Sex Surveyed*, 79–81.
18 Letter from Marie Stopes, typed postscript dated 27 September 1927 (Wellcome Library PP/MCS/A.189).
19 Eustace Chesser, *Grow Up – And Live* (Harmondsworth: Penguin, 1949), 243.
20 Katharine Angel, 'The History of "Female Sexual Dysfunction" as a Mental Disorder in the Twentieth Century', *Current Opinion in Psychiatry*, 23:6 (2010), 537.
21 Mass Observation Archive, MOA12, 12-12-A, img. 9426.
22 Hall, 'Forbidden by God', 386; Marjorie Proops, *Dear Marje ...* (London: Andre Deutsch, 1976), 60.
23 Neil McKenna, *Fanny and Stella: The Young Men Who Shocked Victo-*

rian England (London: Faber and Faber, 2013), 6.

24 Cited in Michelle Liu Carriger, '"The Unnatural History and Petticoat Mystery of Boulton and Park": A Victorian Sex Scandal and the Theatre Defense', *TDR: The Drama Review* 57, no. 4 (2013): 135.
25 'Police', *The Times*, 30 April 1870, 11.
26 Charles Upchurch, 'Forgetting the Unthinkable: Cross-Dressers and British Society in the Case of the Queen vs Boulton and Others', *Gender & History* 12, no. 1 (2000): 137.
27 McKenna, *Fanny and Stella*, 35.
28 Judith Rowbotham, 'A Deception on the Public: The Real Scandal of Boulton and Park', *Liverpool Law Review* 36 (2015): 126.
29 Rowbotham, 'A Deception on the Public', 127; 130.
30 更多医学作者在谈论性时,将"正常"和"不正常"联系起来使用的例子,可参见:Peter Cryle and Elizabeth Stephens, *Normality: A Critical Genealogy* (Chicago and London: University of Chicago Press, 2017), 288.
31 Matt Cook, '"A New City of Friends": London and Homosexuality in the 1890s', *History Workshop Journal* 56 (2003): 36.
32 Jack Saul, *Sins of the Cities of the Plain* (Paris: Olympia Press, 2006).
33 Cook, '"A New City of Friends"', 40.
34 Cook, '"A New City of Friends"', 51–2.
35 Criminal Law Amendment Act, 1885, 48 & 49 Vict. c 69, section 11. In 1871, similar laws were adopted across Germany following unification, copying existing laws in Austria.
36 R. von Krafft-Ebing, *Psychopathia Sexualis, with Especial Reference to the Antipathic Sexual Instinct: A Medico-Forensic Study*, trans. F. J. Rebman, 2nd English edn (New York: Medical Art Agency, 1906), 196–7.
37 Krafft-Ebing, *Psychopathia Sexualis*, viii.
38 Renate Irene Hauser, 'Sexuality, Neurasthenia and the Law: Richard von Krafft-Ebing (1840–1902)' (PhD diss., UCL, 1992).
39 Krafft-Ebing, *Psychopathia Sexualis*, 294.
40 Krafft-Ebing, *Psychopathia Sexualis*, 382.
41 Catharine Cox Miles and Lewis M. Terman, *Sex and Personality: Studies in Masculinity and Femininity* (New York and London: McGraw Hill, 1936), 6.
42 Miles and Terman, *Sex and Personality*, 9.

43 Michael C. C. Adams, *The Best War Ever: America and World War II* (Baltimore: Johns Hopkins University Press, 1994), 78.
44 Samuel A. Stouffer, ed., *The American Soldier: Combat and Its Aftermath*, vol. 2, Studies in Social Psychology in World War II (Princeton: Princeton University Press, 1949), 523.
45 Anna G. Creadick, *Perfectly Average: The Pursuit of Normality in Postwar America* (Amherst and Boston: University of Massachusetts Press, 2010), 92.
46 Katie Sutton, 'Kinsey and the Psychoanalysts: Cross-Disciplinary Knowledge Production in Post-War US Sex Research', *History of the Human Sciences* 34, no. 1 (2021): 132.
47 Creadick, *Perfectly Average*, 93.
48 Tommy Dickinson et al., '"Queer" Treatments: Giving a Voice to Former Patients Who Received Treatments for Their "Sexual Deviations"', *Journal of Clinical Nursing* 21, no. 9–10 (2012): 1346.
49 Havelock Ellis, *My Life* (London and Toronto: William Heinemann, 1940), 250–51.
50 Ellis, *My Life*, 254.
51 Ellis, *My Life*, 263. Although, Ellis was actually already in touch with John Addington Symonds at this time, and discussing the topic in letters, so his memoirs are perhaps not entirely accurate on the order of events.
52 Ellis, *My Life*, 264.
53 Ellis, *My Life*, 179.
54 Ellis, *Studies: The Evolution of Modesty*, vi.
55 Ellis, *My Life*, 263.
56 Havelock Ellis and John Addington Symonds, *Sexual Inversion: A Critical Edition*, ed. Ivan Crozier (Basingstoke: Palgrave Macmillan, 2008), 34–5. This was the first volume of Ellis's studies to be published (it later became volume 2 of the series), written in collaboration with gay poet and essayist John Addington Symonds.
57 Havelock Ellis and John Addington Symonds, *Studies in the Psychology of Sex: Sexual Inversion* (London: Wilson & MacMillan, 1897), 94.
58 Patricia Cotti, 'Freud and the Sexual Drive before 1905: From Hesitation to Adoption', *History of the Human Sciences* 21, no. 3 (2008): 37.
59 Paul H. Gebhard and Alan B. Johnson, *The Kinsey Data: Marginal Tabulations of the 1938–1963 Interviews Conducted by the Institute*

    for Sex Research (Philadelphia: W. B. Saunders Company, 1979), 2.
60 Donna J. Drucker, *The Classification of Sex: Alfred Kinsey and the Organization of Knowledge* (Pittsburgh: University of Pittsburgh Press, 2014), 119.
61 Gebhard and Johnson, *The Kinsey Data*, 19.
62 Alfred C. Kinsey, Wardell B. Pomeroy, and Clyde E. Martin, *Sexual Behavior in the Human Male* (Philadelphia and London: W. B. Saunders Company, 1949), 637–9.
63 Kinsey, Pomeroy, and Martin, *Sexual Behavior*, 610.
64 Kinsey, Pomeroy, and Martin, *Sexual Behavior*, 666.
65 Drucker, *Classification of Sex*, 77.
66 Drucker, *Classification of Sex*, 118.
67 All these completed surveys can be found in Mass Observation Archive 12, folders 12-2-C; 12-9-G; 12-12-A to 12-12-E; and 12-13-A to 12-13-F.
68 Stanley, *Sex Surveyed*, 199.
69 One respondent did not explicitly identify as the gender they were born as.
70 Mass Observation Archive: 12-13-D, img. 10734.
71 Bob Erens et al., 'National Survey of Sexual Attitudes and Lifestyles II: Reference Tables and Summary', 2003, 8.
72 Stanley, *Sex Surveyed*, 51.
73 Tim Cornwell, 'George Michael Arrested Over "Lewd Act"', *Independent*, 9 April 1998.
74 Krafft-Ebing, *Psychopathia Sexualis*, 381.
75 John Gray, *Men Are from Mars, Women Are from Venus* (New York: HarperCollins, 1992).
76 Laura Gowing, *Common Bodies: Women, Touch and Power in Seventeenth-Century England* (New Haven and London: Yale University Press, 2003).
77 Thomas Laqueur, *Making Sex: Body and Gender from the Greeks to Freud* (Cambridge, MA and London: Harvard University Press, 1990).
78 Laqueur, *Making Sex*; Carol Groneman, 'Nymphomania: The Historical Construction of Female Sexuality', *Signs* 19, no. 2 (1994): 345–6.
79 Groneman, 'Nymphomania', 350; Ivan Crozier, 'William Acton and the History of Sexuality: The Medical and Professional Context', *Journal of Victorian Culture* 5, no. 1 (2000): 12.

80 William Acton, *The Functions and Disorders of the Reproductive Organs*, 4th edn (London: John Churchill, 1865), 112.
81 Terri D. Fisher, Zachary T. Moore, and Mary-Jo Pittenger, 'Sex on the Brain?: An Examination of Frequency of Sexual Cognitions as a Function of Gender, Erotophilia, and Social Desirability', *Journal of Sex Research* 49, no. 1 (1 January 2012): 69–77.
82 Groneman, 'Nymphomania', 341.
83 Groneman, 'Nymphomania', 337–8.
84 Groneman, 'Nymphomania', 352.
85 Ornella Moscucci, 'Clitoridectomy, Circumcision, and the Politics of Sexual Pleasure in Mid-Victorian Britain', in *Sexualities in Victorian Britain*, ed. Andrew H. Miller and James Eli Adams (Bloomington: Indiana University Press, 1996), 61.
86 Moscucci, 'Clitoridectomy', 68.
87 Andrew T. Scull, '"A Chance to Cut Is a Chance to Cure": Sexual Surgery for Psychosis in Three Nineteenth-Century Societies', in *Psychiatry and Social Control in the Nineteenth and Twentieth Centuries* (London and New York: Routledge, 2006), 160.
88 Female Patient Casebook for 1888 (CB 135), Bethlem Museum of the Mind, entry 148.
89 Josephine Butler, *Recollections of George Butler* (Bristol: Arrowsmith, 1896), 183.
90 Judith R. Walkowitz, *City of Dreadful Delight: Narratives of Sexual Danger in Late-Victorian London* (London: Virago, 1992), 88–9.
91 Butler, *Recollections of George Butler*, 194.
92 Ruth Hall, *Dear Dr Stopes: Sex in the 1920s* (London: Andre Deutsch, 1978), 162.
93 Drucker, *Classification of Sex*, 163.
94 From Lawrence's unpublished autobiography, quoted in Sutton, 'Kinsey and the Psychoanalysts', 139.
95 Sutton, 'Kinsey and the Psychoanalysts', 139.
96 Hera Cook, *The Long Sexual Revolution: English Women, Sex, and Contraception 1800–1975* (Oxford: Oxford University Press, 2005), 179.
97 Stanley, *Sex Surveyed*, 139.
98 Stanley, *Sex Surveyed*, 139.
99 Mass Observation Archive: 12-9-G / A-9-4, img. 7365.

100 Cook, *Long Sexual Revolution*, 289.
101 Susanna Kaysen, *Girl, Interrupted* (New York: Random House, 1993), 11.
102 Kaysen, *Girl, Interrupted*, 158.
103 Diane Francis, 'Sex, Cancer and the Perils of Promiscuity', *Maclean's*, 6 October 1980.
104 Sabrina Strings, *Fearing the Black Body: The Racial Origins of Fat Phobia* (New York: New York University Press, 2019), 81–2.
105 Sue Jackson, '"I'm 15 and Desperate for Sex": "Doing" and "Undoing" Desire in Letters to a Teenage Magazine', *Feminism & Psychology* 15, no. 3 (2005): 301; 304.
106 Jackson, '"I'm 15"', 305–6.
107 Samuel Osborne, 'Study Suggests "Ideal Number of Sexual Partners" to Have', *Independent*, 21 January 2016.
108 Claire R. Gravelin, Monica Biernat, and Caroline E. Bucher, 'Blaming the Victim of Acquaintance Rape: Individual, Situational, and Sociocultural Factors', *Frontiers in Psychology* 9 (2019): 2422. See also Joanna Bourke, *Rape: A History from 1860 to the Present* (London: Virago, 2007).
109 Michael Warner, 'Introduction: Fear of a Queer Planet', *Social Text* 29 (1991): 6.
110 For a fascinating analysis of the variety of ways the term is used in gender and sexuality studies, see Joseph Marchia and Jamie M. Sommer, '(Re) Defining Heteronormativity', *Sexualities* 22, no. 3 (2019): 267–95.
111 Mass Observation Archive, 'Sexual Behaviour 1939—1950', Topic Collection 12, Box 12, A9-2, 12-12-E, img. 9836.

第五章 我的感受正常吗？

1 William James, 'What Is an Emotion?', *Mind* 9, no. 34 (1884): 188–205.
2 Georges Dreyfus, 'Is Compassion an Emotion? A Cross-Cultural Exploration of Mental Typologies', in *Visions of Compassion: Western Scientists and Tibetan Buddhists Examine Human Nature*, ed. Richard J. Davidson and Anne Harrington (Oxford: Oxford University Press, 2002), 31–2.

3   Translation of Saint-Just's unfinished essay in William Reddy, *The Navigation of Feeling: A Framework for the History of Emotions* (Cambridge: Cambridge University Press, 2001), 177.
4   Thomas Dixon, *From Passions to Emotions: The Creation of a Secular Psychological Category* (Cambridge: Cambridge University Press, 2003), 98–134.
5   Entry for Tuesday, 26 March 1667, in *The Diary of Samuel Pepys*, ed. Henry B. Wheatley (London: George Bell and Sons, 1893).
6   Erin Sullivan, *Beyond Melancholy: Sadness and Selfhood in Renaissance England* (Oxford: Oxford University Press, 2016), 53.
7   Sullivan, *Beyond Melancholy*, 58.
8   Charles Féré, *The Pathology of Emotions: Physiological and Clinical Studies*, trans. Robert Park (London: University Press, 1899).
9   Daniel Hack Tuke, *Illustrations of the Influence of the Mind upon the Body in Health and Disease*, vol. 2, 2nd edn (London: J. & A. Churchill, 1884).
10 Peter Taggart et al., 'Anger, Emotion, and Arrhythmias: From Brain to Heart', *Frontiers in Physiology* 2 (2011): 67.
11 Johann Wolfgang von Goethe, *The Sorrows of Young Werther*, trans. Michael Hulse (London: Penguin Books, 1989), 23.
12 Michael MacDonald and Terence R. Murphy, *Sleepless Souls: Suicide in Early Modern England* (Oxford and New York: Oxford University Press, 1990), 190–92.
13 Charles S. Peirce, 'Evolutionary Love', *The Monist* 3, no. 2 (1893): 181.
14 Forbes Winslow, *The Anatomy of Suicide* (London: Henry Renshaw, 1840), 83.
15 Reddy, *Navigation of Feeling*, 216.
16 Thomas Dixon, 'The Tears of Mr Justice Willes', *Journal of Victorian Culture* 17, no. 1 (2012): 1–23.
17 J. A. Mangan, 'Social Darwinism and Upper-Class Education in Late Victorian and Edwardian England', in *Manliness and Morality: Middle-Class Masculinity in Britain and America, 1800–1940*, ed. J. A. Mangan and James Walvin (Manchester: Manchester University Press, 1995), 143.
18 Andrew Combe, *The Management of Infancy, Physiological and Moral*, revised and ed. James Clark, 10th edn (Edinburgh: Maclachlan and

Stewart, 1870), 197.
19 H. Clay Trumbull, *Hints on Child-Training* (Philadelphia: J. D. Wattles, 1891), 95.
20 Thomas Dixon, *Weeping Britannia: Portrait of a Nation in Tears* (Oxford: Oxford University Press, 2015), 202.
21 Mass Observation Archive: Directive Replies, August 1950, participant 105.
22 William Moulton Marston, *Emotions of Normal People* (London: Kegan Paul, Trench, Trubner & Co., 1928), 1–2.
23 Both women had children with Marston, and continued to live together for decades after Marston's early death. For more on the family's unconventional life, see Jill Lepore, *The Secret History of Wonder Woman* (Melbourne: Scribe, 2015).
24 Marston, *Emotions of Normal People*, 394–6.
25 Lepore, *Secret History of Wonder Woman*, 180.
26 Karl A. Menninger, *Man Against Himself* (San Diego, New York and London: Harcourt, Brace, Jovanovich, 1985).
27 Frieda Fromm-Reichmann, *Principles of Intensive Psychotherapy* (Chicago: University of Chicago Press, 1950).
28 *Control Your Emotions I* (Buffalo, New York: Board of Education, 1950; n.p.: AV Geeks, 2020), avgeeks.com/control-your-emotions-1950.
29 Carol Zisowitz Stearns and Peter N. Stearns, *Anger: The Struggle for Emotional Control in America's History* (Chicago: University of Chicago Press, 1986), 4.
30 W. Lloyd Warner, *American Life: Dream and Reality* (Chicago: University of Chicago Press, 1962), 108–10.
31 Stearns and Stearns, *Anger*, 211.
32 Thomas Dixon, 'What Is the History of Anger a History Of?', *Emotions: History, Culture, Society* 4, no. 1 (14 September 2020): 6.
33 Ferdinand J. M. Lefebvre, *Louise Lateau of Bois d'Haine: Her Life, Her Ecstasies, and Her Stigmata: A Medical Study*, trans. Charles J. Bowen and E. MacKey, ed. James Spencer Northcote (London: Burns and Oates, 1873).
34 'Louise Lateau', *The Lancet* 97, no. 2486 (1871): 543–4.
35 Meredith Clymer, 'Ecstasy and Other Dramatic Disorders of the Nervous System', *Journal of Psychological Medicine* 4, no. 4 (1870): 658.

36 Pamela J. Walker, *Pulling the Devil's Kingdom Down: The Salvation Army in Victorian Britain* (Berkeley: University of California Press, 2001), 103–15.
37 Thomas F. G. Coates, *The Prophet of the Poor: The Life-Story of General Booth* (New York: E. P. Dutton and Co., 1906), 116.
38 'Rowdy Religion', *Saturday Review of Politics, Literature, Science and Art* 57, no. 1492 (31 May 1884): 700.
39 'Lord Curzon's 15 Good Reasons Against the Grant of Female Suffrage' (pamphlet; NLS 1937.21(82), *c.*1910–14), digital.nls.uk/suffragettes/sources/ source-24.html.
40 Edward Raymond Turner, 'The Women's Suffrage Movement in England', *American Political Science Review* 7, no. 4 (November 1913): 600.
41 Herbert Spencer, 'The Comparative Psychology of Man', *Mind* 1, no. 1 (1876): 12.
42 William Winwood Reade, *Savage Africa: The Narrative of a Tour* (New York: Harper & Brothers, 1864), 426–7.
43 William Winwood Reade, *The African Sketch-Book*, vol. 2 (London: Smith, Elder & Co., 1873), 260.
44 J. D. Hargreaves, 'Winwood Reade and the Discovery of Africa', *African Affairs* 56, no. 225 (1957): 308.
45 William Winwood Reade, *The Martyrdom of Man*, 11th edn (London: Trubner & Co., 1886), 385.
46 British Association for the Advancement of Science, *Notes and Queries on Anthropology, for the Use of Travellers and Residents in Uncivilized Lands* (London: Edward Stanford, 1874), 13.
47 Spencer, 'The Comparative Psychology of Man', 8.
48 'Louise Lateau', *The Lancet* 104.2669 (1874): 604.
49 Almroth Edward Wright, *The Unexpurgated Case Against Woman Suffrage* (New York: Paul B. Hoeber, 1913), 165–88.
50 Ethel Smyth, 'Mrs Pankhurst's Treatment in Prison', *The Times*, 19 April 1912.
51 Anna North, 'Attacks on Greta Thunberg Expose the Stigma Autistic Girls Face', *Vox*, 12 December 2019.
52 Joseph Henrich, *The Weirdest People in the World: How the West Became Psychologically Peculiar and Particularly Prosperous* (New York and London: Allen Lane, 2020), 50–52.

53 Edwin Balmer and William MacHarg, *The Achievements of Luther Trant* (Boston: Small, Maynard & Co., 1910), 38.
54 Balmer and MacHarg, *Achievements of Luther Trant*, foreword.
55 Balmer and MacHarg, *Achievements of Luther Trant*, 352.
56 William Davies, *The Happiness Industry: How the Government and Big Business Sold Us Well-Being* (London: Verso, 2015), 58.
57 W. Stanley Jevons, *The Theory of Political Economy* (London and New York: Macmillan, 1871), 13.
58 Francis Y. Edgeworth, *Mathematical Psychics* (London: C. Kegan Paul & Co., 1881), 101.
59 Charles Darwin, *The Expression of the Emotions in Man and Animals* (London: John Murray, 1872), 310.
60 Cesare Lombroso, *Criminal Man*, trans. Mary Gibson and Nicole Hahn Rafter (Durham, NC and London: Duke University Press, 2006), 210.
61 Geoffrey C. Bunn, *The Truth Machine: A Social History of the Lie Detector* (Baltimore: Johns Hopkins University Press, 2012), 146–7.
62 'Lie Detector Test Proves Bloodhounds Are Liars', *The New York Times*, 11 November 1935.
63 Charles F. Bond et al., 'Lie Detection across Cultures', *Journal of Nonverbal Behavior* 14, no. 3 (1 September 1990): 189–204.
64 Such as the Turkish lie detector developed in Istanbul in 2015. Belgin Akaltan and Ines Bensalem, 'Lie Detector Machine Designed Especially for Turks Being Developed', *Hurriyet Daily News*, 13 June 2015.
65 David T. Lykken, *A Tremor in the Blood: Uses and Abuses of the Lie Detector* (New York: Plenum Trade, 1998).
66 Daniel Hack Tuke, 'Case of Moral Insanity or Congenital Moral Defect, with Commentary', *Journal of Mental Science* 31, no. 135 (1885): 360–66.
67 Tuke, 'Case of Moral Insanity', 365.
68 Tuke, *Illustrations*, 2:285.
69 Tuke, 'Case of Moral Insanity', 363.
70 George Savage and Charles Arthur Mercier, 'Insanity of Conduct', *Journal of Mental Science* 42, no. 176 (1896), 1–17.
71 Albert Wilson, *Unfinished Man: A Scientific Analysis of the Psychopath or Human Degenerate* (London: Greening & Co., 1910), 3.

72 Wilson, *Unfinished Man*, 6.
73 Wilson, *Unfinished Man*, 3.
74 Wilson, *Unfinished Man*, 6.
75 Stephen Jay Gould, *The Mismeasure of Man* (Harmondsworth: Penguin, 1984), chap. 1.
76 Susanna Shapland, 'Defining the Elephant: A History of Psychopathy, 1891–1959' (PhD diss., Birkbeck, University of London, 2019).
77 *Understanding Aggression* (London: Ministry of Health, 1960).
78 David Kennedy Henderson, 'Psychopathic States', *Journal of Mental Science* 88, no. 373 (October 1942): 33.
79 David Kennedy Henderson, *Psychopathic States* (London: Chapman & Hall, 1939), 129.
80 Hervey M. Cleckley, *The Mask of Sanity*, rev. edn (New York: New American Library, 1982), 212–13.
81 Robert D. Hare, *Without Conscience: The Disturbing World of the Psychopaths Among Us* (New York: Pocket Books, 1993), 44.
82 James Fallon, *The Psychopath Inside: A Neuroscientist's Personal Journey into the Dark Side of the Brain* (New York: Current, 2013), 112.
83 Jon Ronson, *The Psychopath Test: A Journey Through the Madness Industry* (London: Picador, 2011).
84 Philip K. Dick, *Do Androids Dream of Electric Sheep?* (London: Orion, 2011), 2.
85 Carlos Crivelli et al., 'The Fear Gasping Face as a Threat Display in a Melanesian Society', *Proceedings of the National Academy of Sciences* 113, no. 44 (1 November 2016): 12403–7.
86 Tuan Le Mau et al., 'Professional Actors Demonstrate Variability, Not Stereotypical Expressions, When Portraying Emotional States in Photographs', *Nature Communications* 12, no. 1 (19 August 2021): 5037.

第六章 我的孩子正常吗？

1 Philip Larkin, 'This Be the Verse', in *High Windows* (London and Boston: Faber and Faber, 1986), 30.
2 Nancy Shute, 'To Succeed at Breast-Feeding, Most New Moms Could Use Help', *NPR*, 23 September 2013.
3 Katharina Rowold, 'Modern Mothers, Modern Babies: Breastfeeding

and Mother's Milk in Interwar Britain', *Women's History Review* 28, no. 7 (2019): 1163.
4   Anna Davin, 'Imperialism and Motherhood', *History Workshop Journal* 5 (1978): 10.
5   George Newman, *Infant Mortality: A Social Problem* (New York: E. P. Dutton and Co., 1907), vi.
6   Newman, *Infant Mortality*, 221.
7   Maud Pember Reeves, *Round About a Pound a Week* (London: Persephone Books, 2008), 90–91; Newman, *Infant Mortality*, 249.
8   George Rosen, *A History of Public Health*, rev. edn (Baltimore: Johns Hopkins University Press, 2015), 205.
9   Davin, 'Imperialism and Motherhood', 11.
10 Greta Allen, *Practical Hints to Health Visitors* (London: The Scientific Press, 1905), 5–6.
11 L. Emmett Holt, *The Diseases of Infancy and Childhood, for the Use of Students and Practitioners of Medicine* (New York: D. Appleton and Company, 1902), 18–21.
12 Enid Eve, *Manual for Health Visitors and Infant Welfare Workers* (New York: Wood, 1921), 80.
13 Davin, 'Imperialism and Motherhood', 41.
14 Rowold, 'Modern Mothers', 1168.
15 Eve, *Manual for Health Visitors*, 35.
16 Eve, *Manual for Health Visitors*, 33.
17 London County Council and W. H. Hamer, *Annual Report of the Council, 1914*, vol. 3, *Public Health* (London: London County Council, 1915), 96–7.
18 Reeves, *Round About a Pound*, 23–4.
19 Reeves, *Round About a Pound*, 169.
20 Reeves, *Round About a Pound*, 174–8.
21 Reeves, *Round About a Pound*, 84–5.
22 B. C. Stevens, *Annual Report on the Health, Sanitary Conditions, etc. of the Urban District of Barnes* (London: Urban District Council of Barnes, 1918), 21; Rowold, 'Modern Mothers', 1163.
23 'Vitamines', *The Times*, 25 November 1919.
24 Walthamstow Urban District Council, *Report of the Medical Officer of Health and School Medical Officer for the Year 1925* (London, 1925), 90.

25 Mila I. Pierce, 'A Nutritional Survey of School Children in Oxfordshire, London, and Birmingham', *Proceedings of the Royal Society of Medicine* 37, no. 7 (1944): 313–16.
26 Ronald S. Illingworth, *The Normal Child* (London: J. & A. Churchill, 1953), 85.
27 Ministry of Health, *Standards of Normal Weight in Infancy* (London: HMSO, 1959), 1.
28 Roberta Bivins, 'Weighing on Us All? Quantification and Cultural Responses to Obesity in NHS Britain', *History of Science* 58, no. 2 (2020): 216–42.
29 Bivins, 'Weighing on Us All?', 8.
30 'Buns Banned at the Tuckshop', *The Times*, 14 March 1961.
31 'Fallacy of the Fine Fat Baby', *The Times*, 26 September 1962.
32 Phyllis M. Gibbons, 'An Approach to the Treatment of Overweight Adolescents', in *Public Health in Croydon 1965*, ed. S. L. Wright (Croydon: Public Health Department, 1965), 84.
33 Bivins, 'Weighing on Us All?', 11.
34 Bivins, 'Weighing on Us All?', 9.
35 'Alarming Increase in Child Obesity', *The Times*, 5 January 2001.
36 Bivins, 'Weighing on Us All?', 24–5.
37 Bivins, 'Weighing on Us All?', 26.
38 Jan van Eys, ed., *The Normally Sick Child* (Baltimore: University Park Press, 1979), 24.
39 David Wright, '"Childlike in His Innocence": Lay Attitudes to 'Idiots' and 'Imbeciles' in Victorian England', in *From Idiocy to Mental Deficiency: Historical Perspectives on People with Learning Disabilities*, ed. David Wright and Anne Digby (New York: Routledge, 1996), 121.
40 Simon Jarrett, *Those They Called Idiots: The Idea of the Disabled Mind from 1700 to the Present Day* (London: Reaktion, 2020).
41 David Wright, *Mental Disability in Victorian England: The Earlswood Asylum, 1847–1901* (Oxford: Clarendon Press, 2001), 122.
42 Wright, *Mental Disability*, 125.
43 J. Langdon H. Down, 'Observations on an Ethnic Classification of Idiots', *Journal of Mental Science* 13, no. 61 (April 1867): 121–3.
44 Down, 'Observations'.
45 Wright, *Mental Disability*, 125.
46 Although, oddly, it was not free to everyone until 1891. June Purvis,

Hard Lessons: The Lives and Education of Working-Class Women in Nineteenth-Century England (Cambridge: Polity Press, 1989).

47 Joan Burstyn, *Victorian Education and the Ideal of Womanhood* (New Brunswick, NJ: Rutgers University Press, 1984), 40.
48 Max Roser and Esteban Ortiz-Ospina, 'Literacy' (Oxford: Our World in Data, 2016), ourworldindata.org/literacy.
49 Stephen Jay Gould, *The Mismeasure of Man* (Harmondsworth: Penguin, 1984), 152–3.
50 Darwin to Francis Galton, 23 December [1869] (Cambridge: Darwin Correspondence Project, 2020), accessed 13 January 2022, www.darwinproject.ac.uk/letter/?docId=letters/DCP-LETT-7032.xml.
51 Francis Galton, *Hereditary Genius, an Inquiry into Its Laws and Consequences*, 2nd edn (London: Macmillan, 1914), 29–32.
52 Alfred Binet and Théodore Simon, *The Development of Intelligence in Children* (*the Binet–Simon Scale*), trans. Elizabeth S. Kite (Baltimore: Williams & Wilkins, 1916), 7–9.
53 Binet and Simon, *Development of Intelligence*, 46.
54 Gould, *Mismeasure of Man*, 150.
55 Gould, *Mismeasure of Man*, 191.
56 James R. Flynn, 'Massive IQ Gains in 14 Nations: What IQ Tests Really Measure', *Psychological Bulletin* 101, no. 2 (1987): 171–91; James R. Flynn, 'The Mean IQ of Americans: Massive Gains 1932 to 1978', *Psychological Bulletin* 95, no. 1 (1984): 29–51.
57 Richard J. Herrnstein and Charles A. Murray, *The Bell Curve: Intelligence and Class Structure in American Life* (New York: Simon & Schuster, 1994), 298.
58 Ulric Neisser et al., 'Intelligence: Knowns and Unknowns', *American Psychologist* 51, no. 2 (1996): 86.
59 Kathleen W. Jones, *Taming the Troublesome Child: American Families, Child Guidance, and the Limits of Psychiatric Authority* (Cambridge, MA: Harvard University Press, 1999), 1.
60 G. Fielding Blandford, 'Prevention of Insanity (Prophylaxis)', in *Dictionary of Psychological Medicine*, ed. Daniel Hack Tuke, vol. 2 (London: J. & A. Churchill, 1892), 997–8.
61 Frank Wedekind, *Spring Awakening*, trans. Edward Bond (London: Eyre Methuen, 1980), 50.
62 Jones, *Taming the Troublesome Child*, 33.

63 Jones, *Taming the Troublesome Child*, 34.
64 Jane Addams, *The Spirit of Youth and the City Streets* (New York: Macmillan, 1920), 161.
65 Sophonisba Preston Breckinridge and Edith Abbott, *The Delinquent Child and the Home: A Study of the Delinquent Wards of the Juvenile Court of Chicago* (New York: Survey Associates, 1916), 113.
66 Breckinridge and Abbott, *Delinquent Child*, 87.
67 Breckinridge and Abbott, *Delinquent Child*, 83.
68 Alice Smuts and Robert W. Smuts, *Science in the Service of Children, 1893–1935* (New Haven and London: Yale University Press, 2006), 106.
69 William Healy, *The Individual Delinquent: A Text-Book of Diagnosis and Prognosis for all Concerned in Understanding Offenders* (Boston: Little, Brown and Company, 1915), 352.
70 Healy, *Individual Delinquent*, 353.
71 Smuts and Smuts, *Science*, 3.
72 Jones, *Taming the Troublesome Child*, 239.
73 Katie Wright, 'Inventing the "Normal" Child: Psychology, Delinquency, and the Promise of Early Intervention', *History of the Human Sciences* 30, no. 5 (2017): 54.
74 John Bowlby and James Robertson, 'A Two-Year-Old Goes to Hospital', *Proceedings of the Royal Society of Medicine* 46 (1953): 425.
75 Bowlby and Robertson, 'A Two-Year-Old', 426.
76 Bican Polat, 'Before Attachment Theory: Separation Research at the Tavistock Clinic, 1948–1956', *Journal of the History of the Behavioral Sciences* 53, no. 1 (2017): 59.
77 Polat, 'Before Attachment Theory', 61–2.
78 John Bowlby, 'Some Pathological Processes Set in Train by Early Mother-Child Separation', *Journal of Mental Science* 99, no. 415 (1953): 270.
79 Bowlby, 'Some Pathological Processes', 270.
80 Polat, 'Before Attachment Theory', 64.
81 Stephen J. Suomi, Frank C. P. van der Horst, and René van der Veer, 'Rigorous Experiments on Monkey Love: An Account of Harry F. Harlow's Role in the History of Attachment Theory', *Integrative Psychological and Behavioral Science* 42, no. 4 (1 December 2008): 362.
82 Harry F. Harlow, 'The Nature of Love', *American Psychologist* 13, no.

12 (December 1958): 685.
83 *Dr Benjamin Spock's Pocket Book of Baby and Child Care* (New York: Pocket Books, 1953), 270.
84 Spock, *Baby and Child Care*, 220.
85 Illingworth, *The Normal Child*, 216–19.
86 Matthew Smith, *Hyperactive: The Controversial History of ADHD* (London: Reaktion, 2012), 64.
87 Michael E. Staub, *The Mismeasure of Minds: Debating Race and Intelligence Between Brown and The Bell Curve* (Chapel Hill: University of North Carolina Press, 2018), 57.
88 Smith, *Hyperactive*, 52.
89 Smith, *Hyperactive*, 54–5.
90 Staub, *Mismeasure*, 59; 71.
91 Bernard Coard, *How the West Indian Child Is Made Educationally Sub-Normal in the British School System* (London: New Beacon, 1971); Bernard Coard, 'Why I Wrote the "ESN Book"', *Guardian*, 5 February 2005.
92 Staub, *Mismeasure*, 76.
93 Allen Frances and Bernard J. Carroll, 'Keith Conners', *BMJ* 358 (6 July 2017).
94 Tyler Page, *Raised on Ritalin: A Personal Story of ADHD, Medication, and Modern Psychiatry* (Minneapolis: Dementian Comics, 2016), 15.

第七章 社会正常吗？

1 Caroline Davies, Pamela Duncan, and Niamh McIntyre, 'UK Coronavirus Deaths Rise by 181 as Confirmed Cases near 15,000', *Guardian*, 27 March 2020. 现在英国政府网站上报告的这一时期的死亡人数要更多，因为其中包括医院之外的死亡人数。
2 Margaret Atwood, *The Handmaid's Tale* (London: Vintage, 1996).
3 Arthur Conan Doyle, *The Sign of Four* (Harmondsworth: Penguin, 1982), 22.
4 Conan Doyle, *The Sign of Four*, 99.
5 The Eeyore of Victorian science, as historian James Moore calls him, which sums Spencer up quite nicely. James R. Moore, 'Herbert Spencer's Henchmen: The Evolution of Protestant Liberals in Late Nineteenth-Century America', in *Darwinism and Divinity: Essays on*

Evolution and Religious Belief, ed. John R. Durant (Oxford: Blackwell, 1985), 85.
6 Herbert Spencer, *Social Statics; or the Conditions Essential to Human Happiness Specified, and the First of Them Developed* (London: Williams and Norgate, 1868), 493.
7 For more details, see George W. Stocking, *Victorian Anthropology* (New York: Free Press, 1987).
8 Edward B. Tylor, 'Primitive Society (Part I)', *Contemporary Review* 21 (1872): 716.
9 Charles Darwin, *The Descent of Man, and Selection in Relation to Sex*, vol. 1 (London: John Murray, 1871), 158–67.
10 Tylor, 'Primitive Society (Part I)', 716.
11 Arvind Verma, 'Consolidation of the Raj: Notes from a Police Station in British India, 1865–1928', in *Crime, Gender, and Sexuality in Criminal Prosecutions*, ed. Louis A. Knafla, Criminal Justice History 17 (Westport, CT: Greenwood Press, 2002), 124.
12 Laurence W. Preston, 'A Right to Exist: Eunuchs and the State in Nineteenth-Century India', *Modern Asian Studies* 21, no. 2 (1987): 372.
13 Quoted in Preston, 'Right to Exist', 385.
14 Conan Doyle, *The Sign of Four*, 115.
15 Conan Doyle, *The Sign of Four*, 136.
16 Tylor, 'Primitive Society (Part I)', 717.
17 Sarah E. Igo, *The Averaged American: Surveys, Citizens, and the Making of a Mass Public* (Cambridge, MA: Harvard University Press, 2008), 69.
18 Émile Durkheim, *The Rules of Sociological Method*, ed. George E. G. Catlin, trans. Sarah A. Solovay and John H. Mueller (New York: Free Press, 1966), 74.
19 Helen Merrell Lynd and Robert S. Lynd, *Middletown: A Study in Contemporary American Culture* (New York: Harcourt, Brace and Company, 1929), 4.
20 Igo, *Averaged American*, 70.
21 Lynd and Lynd, *Middletown*, 9.
22 Igo, *Averaged American*, 87.
23 Igo, *Averaged American*, 58.
24 Lynd and Lynd, *Middletown*, 8; Igo, *Averaged American*, 56. Igo puts the figure of white American-born at a slightly lower – but still unusual – 88

per cent.
25 Igo, *Averaged American*, 57.
26 Lynd and Lynd, *Middletown*, 482–3; Igo, *Averaged American*, 59.
27 Igo, *Averaged American*, 59.
28 Lynd and Lynd, *Middletown*, 24.
29 Lynd and Lynd, *Middletown*, 74–5.
30 Lynd and Lynd, *Middletown*, 27.
31 Igo, *Averaged American*, 94.
32 See Anna G. Creadick, *Perfectly Average: The Pursuit of Normality in Postwar America* (Amherst and Boston: University of Massachusetts Press, 2010), 48.
33 Clark Wright Heath, *What People Are: A Study of Normal Young Men* (Cambridge, MA: Harvard University Press, 1946).
34 Creadick, *Perfectly Average*, 58.
35 Heath, *What People Are*, 3. Emphasis in the original.
36 Earnest Albert Hooton, *'Young Man, You Are Normal': Findings from a Study of Students* (New York: Putnam, 1945), 186.
37 Heath, *What People Are*, 5.
38 Hooton, *'Young Man, You Are Normal'*, 209.
39 Clifford Geertz, '"From the Native's Point of View": On the Nature of Anthropological Understanding', *Bulletin of the American Academy of Arts and Sciences* 28, no. 1 (October 1974): 31.
40 Stanley Milgram, *Obedience to Authority: An Experimental View* (New York: Harper & Row, 1974), 29.
41 Milgram, *Obedience to Authority*, 79–81.
42 Ian Nicholson, '"Shocking" Masculinity: Stanley Milgram, "Obedience to Authority", and the "Crisis of Manhood" in Cold War America', *Isis* 102, no. 2 (2011): 262.
43 Martin Gansberg, '37 Who Saw Murder Didn't Call the Police', *The New York Times*, 27 March 1964, 1.
44 A. M. Rosenthal, *Thirty-Eight Witnesses: The Kitty Genovese Case* (Berkeley and London: University of California Press, 1999).
45 Marcia M. Gallo, *'No One Helped': Kitty Genovese, New York City, and the Myth of Urban Apathy* (Ithaca, NY: Cornell University Press, 2015), 34.
46 Émile Durkheim, *Suicide: A Study in Sociology*, ed. George Simpson, trans. John A. Spaulding and George Simpson (London and New York:

Routledge, 2002), 332.
47 Kevin O'Keefe, *The Average American: The Extraordinary Search for the Nation's Most Ordinary Citizen* (New York: Public Affairs, 2005), 4.

尾声：正常之外

1 For the full story of this erasure, see Marcia M. Gallo, *'No One Helped': Kitty Genovese, New York City, and the Myth of Urban Apathy* (Ithaca, NY: Cornell University Press, 2015).
2 Adolphe Quetelet, *A Treatise on Man and the Development of His Faculties*, trans. Robert Knox (Edinburgh: W. & R. Chambers, 1842), 8.

表格与问卷

1 International Health Exhibition Anthropometric Laboratory card, from Francis Galton, *Anthropometric Laboratory*, 1884.
2 Search-for-Norma Entry form, *Cleveland Plain Dealer*, 9 September 1945.
3 Census of Hallucinations, 1889, from 'Report on the Census of Hallucinations', *Proceedings of the Society for Psychical Research* 10 (1894), Appendix A.
4 Personality Schedule, from L. L. Thurstone and Thelma Gwinn Thurstone, 'A Neurotic Inventory', *Journal of Social Psychology* 1, no. 1 (1930).
5 Masculinity-Femininity Test / Attitude-Interest Analysis Test, from Lewis M. Terman and Catharine Cox Miles, *Sex and Personality*, 1936 .
6 Mass Observation Questionnaire on Sexual Behaviour, 28 March 1949.
7 A Scale of Emotional Maturity, 1931, from R. R. Willoughby, 'A Scale of Emotional Maturity', *Journal of Social Psychology* 3, no. 1 (1932).
8 The Empathy Test: Form A, by Willard A. Kerr, 1947.
9 Binet-Simon Intelligence Test: Problem Solving, 1905, from Alfred Binet and Théodore Simon, *The Development of Intelligence in Children*, 1916.
10 Army Alpha IQ Test, from Clarence Yoakum and Robert Yerkes, *Army Mental Tests*, 1920.